KB152897

미래교양총서

청년, 아시아를 상상하다

미래교양총서

청년, 아시아를 상상하다

© 중앙대학교 다빈치 미래교양연구소 편, 2016

1판 1쇄 인쇄__2016년 09월 20일
1판 1쇄 발행__2016년 09월 30일

지은이__이진경·이연도·최순영·이기훈·심아정·윤여일·김민태·김진택·김영근·이지혜
펴낸이__홍정표
펴낸곳__글로벌콘텐츠
    등록__제25100-2008-24호
    이메일__edit@gcbook.co.kr

공급처__(주)글로벌콘텐츠출판그룹
    대표__홍정표
    편집__송은주 디자인__김미미 기획·마케팅__노경민 경영지원__이아리
    주소__서울특별시 강동구 천중로 196 정일빌딩 401호
    전화__02)488-3280 팩스__02)488-3281
    홈페이지__http://www.gcbook.co.kr

값 12,000원
ISBN 979-11-5852-119-6 93300

※ 이 책은 본사와 저자의 허락 없는 내용의 일부 또는 전체의 무단 복제·광전자 매체 수록을 금합니다.
※ 잘못된 책은 구입처에서 바꾸어 드립니다.

미래교양총서

청년, 아시아를 상상하다

다빈치 미래교양연구소 편

글로벌콘텐츠

청년이 열어갈 새로운 아시아 공동체를 상상하다

한 청년이 있습니다. 1917년에 만주의 북간도에서 태어나 서울에서 대학을 다녔고, 일본으로 건너가 도쿄와 교토에서 유학을 했습니다. 그리고 1945년 2월 후쿠오카 형무소에서 27년 2개월의 짧은 생을 마감했습니다. 부고를 받고 먼 길을 내달려간 아버지는 한 줌 재로 변한 아들을 가슴에 안고 현해탄을 건너 조선반도를 거슬러 고향 북간도로 돌아왔습니다. 그리고 고향 언덕에 무덤을 만들어 '시인 윤동주지묘(詩人尹東柱之墓)'라는 비명을 세긴 묘비를 세워주었습니다. 참 멀고도 기막힌 귀향이었습니다.

『청년, 아시아를 상상하다』라는 책의 출발점은 윤동주였습니다. 만주와 조선과 일본에 걸쳐진 이주의 삶, 식민지의 청년, 유학과 죽음, 청년의 삶은 여러 면에서 어려웠던 시절의 역사에 깊숙하게 유착되어 있었습니다. 제국과 식민, 지배와 피지배라는 이름으로 행해졌을 배타와 폭력, 그리고 온갖 경계로 험준했을 20세기 아시아라는 시대의 지도 위에서 청년은 길을 찾아 유랑했고, 시인으로서 천명을 다했습니다.

현재 우리가 살아가는 아시아의 지도는 급변하고 있습니다.

아시아는 다이나믹하게 유동하며 세계의 경제·정치·문화를 움직이는 새로운 엔진으로 급부상하고 있습니다. 식민지 청년이 걸었던 길과는 사뭇 다른 길들이 열려 있습니다.

하지만 국가 간, 민족 간의 해묵은 갈등이 여전히 해소되지 않고 있으며 20세기 제국의 역사가 만들어낸 상처와 불신 또한 깊습니다. 국가 간 소득 불평등에 따른 노동 인구의 유동이라든가 무차별한 개발에 따른 환경 문제 등은 한 나라의 문제를 넘어선 공동의 문제로 대두되고 있습니다. 게다가 일본의 3.11 대재해나 네팔의 지진과 같은 재난은 새로운 협력의 공동체를 절실하게 요구하고 있습니다.

그런 의미에서 청년 윤동주가 걸었던 험준한 길은 여전히 진행형이라 할 수 있습니다. 그래서 떠올린 키워드는 다시 '청년'입니다. 청년이 어떻게 생각하고 꿈꾸며, 무엇을 선택하는가가 아시아의 미래를 만들기 때문입니다. '아시아'란 단순히 우리가 거주하는 특정한 지리 공간의 이름이 아닙니다. 우리를 사유하게 하고, 선택하게 하는 사상의 장이고 실천의 장소입니다.

식민지의 청년이 걸었던 길, 그리고 현재의 청년들이 좌충우돌하는 길의 끝에 새로운 관계로 유연하게 움직이는 아시아가 있다고 상상해 봅니다. 다양성 속에서도 인간의 보편적인 공통의 가치를 잘 지켜나가는 새로운 아시아를 상상해 봅니다. 그 이름을

‘아시아 공동체’라고 명명해 보았습니다. 아시아 공동체는 아직 실체가 없는 요원한 것이지만, 매우 절실한 아젠다(Agenda)이며 미래 진행형 프로젝트라고 할 수 있습니다.

이 책은 중앙대학교에서 2016년도 1학기에 열린 ‘아시아 공동체론’ 강좌를 재구성한 것입니다. 일본의 민간교육재단인 원아시아재단(One Asia Foundation)에서는 국가와 민족, 이념과 종교를 초월하여 새로운 아시아의 평화공동체를 사유해 보자는 목적에서 세계 각국의 대학에 ‘아시아 공동체론’ 강좌 개설을 지원해 왔습니다. 전 세계 41개국의 유수한 대학에서 지금까지 234강좌가 열렸고, 156강좌가 준비 중입니다(2016년 8월 현재).

중앙대학교에서는 ‘아시아 공동체론: 청년, 미래, 교양교육’이라는 주제를 중심으로 각 분야 전문가들의 옴니버스 강좌를 구성했습니다. 청년들이 함께 살아가는 삶에 대한 감수성을 기르고 지성을 단련하는 과정에서 미래의 새로운 공동체가 탄생할 수 있다고 생각했기 때문입니다. 상상에서 실천으로, 나에게서 우리로, 유연하게 움직이는 청년의 길을 상상하며 한 학기 강의가 꾸려졌습니다. 강좌에 기반한 이 책은 청년의 거울이 되어줄 철학적 사유에서 출발하여, 아시아 청년의 어제와 오늘을 고찰해 보고, 일과 도전, IT, 재난, 사회적 기업 등의 영역에서 새로운 연대의 가능성을 진단해 보는 구성으로 되어 있습니다.

청년 윤동주는 항상 부끄러워하며 머뭇거렸습니다. 머뭇거리는 것은 불완전한 청춘의 특권이자, 청년의 이상을 지탱해 주는 고매하고도 유연한 힘이라고 생각합니다. 아시아의 곳곳에 머뭇거리면서 사유하기를 멈추지 않는 청년들이, 머뭇거리면서 행동하기를 포기하지 않는 청년들이, 머뭇거리면서도 함께 길을 걷기를 자청하는 청년들이 있습니다. 이들이 모여들고 웅성거릴 때 미래 공동체의 방향과 실체가 조금씩 드러날 것입니다. 청년들의 웅성거림으로 아시아를 가두고 있는 녹슨 경계선과 불신의 장벽이 조금씩 무너져 내리기를 기원합니다.

강좌에 참여해 주시고 소중한 원고를 모아주신 선생님들께 머리 숙여 감사를 드립니다. 특별히 강좌를 후원해 주신 원아시아재단의 사또 요우지(佐藤洋治) 이사장님과 정준곤 수석연구원님, 그리고 강좌를 기획하고 운영하는 데 정성을 쏟아주신 중앙대학교 교양대학과 다빈치 미래교양연구소의 교수님들께도 감사의 인사를 전합니다.

높고 푸르고 아름다운, 아시아의 청년들에게 이 책을 바칩니다.

한수영(중앙대학교 교양대학 교수, 미래교양총서 기획편집인)

목차

2부
청년, '뜨거운 잉여'로 살아가기

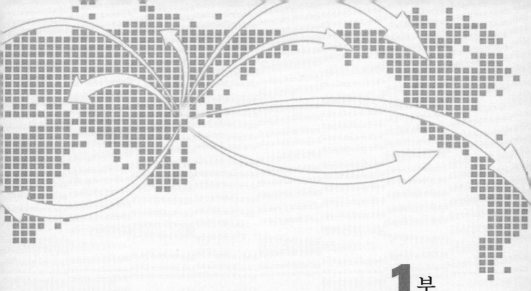

1부

나, 함께 살아갈 '자유와 용기'를 위하여

자유를 위한
작은 용기

이진경

Profile

1980년대부터 현재까지 쉼 없이 활동해 온 한국을 대표하는 지성이자 학자이다. 경제학, 정치학, 철학, 문학, 예술 등을 관통하며, 자본주의와 근대성을 넘어서는 조용한 혁명을 실천해 왔다. 서울대학교에서 박사학위를 받았다. 현재 서울과학기술대학교 교수로 재직 중이며, 수유너머 N 연구소에서 공부하고 있다. 『철학과 굴뚝청소부』, 『삶을 위한 철학수업』, 『자본을 넘어선 자본』, 『파격의 고전』 등 다수의 책을 썼다.

자유를 위한 작은 용기

자유, 가장 가까이 있지만 가장 먼 것

자유란 개념에 대해 말하려고 하면, 일단 제 자신이 새삼스럽다는 생각이 들고, 이는 여러분 또한 다르지 않을 것 같습니다. 지나가는 고등학생을 붙들고 자유가 뭔지 아느냐고 물어보아도, 모른다고 할 사람은 없을 듯하니까요. 그것의 소중함 또한 고등학생을 물론 악덕 정치인이나 경찰관 또한 부정하는 이가 없을 것 같습니다. 그처럼 자유란 누구도 모른다고 생각하지 않으며, 누구도 그 중요성을 부정하지 않는 개념일 겁니다.

그런데 어떤가요? 여러분은 자신의 삶이 자유롭다고 생각하시나요? 전적으로 자유가 없다고 하지야 않겠지만, 자신 있게 자유롭게 산다고 말할 분도 그리 많지 않을 겁니다. 다들 자유가 무언지 잘 알고 있으며, 또한 그것이 매우 소중하다고 믿고 있는데, 왜 우리의 삶은 그다지 자유롭지 않은 걸까요? 자유라는 개념을 안다고 해도 별로 의미가 없어서 그런 걸까요?

하긴 그렇게 말하기도 합니다. 특히 반지성주의적 태도를 가진 분들이 그러한데, 개념이나 이론 같은 건 삶에서 분리된 것이라 별 의미가 없다고. 중요한 건 개념이 아니라 실천이라고. 그런데 가령 자유로운 삶을 향해 실천하고자 할 때, 어떤 실천을 해야 할까요? 아무거나? 그냥 눈치껏 살아가면서 적절하게 자유롭다고 믿는 바를 찾아가면 되는 걸까요? 가치 있는 삶을 살고 싶다고 믿는다면, 어떤 게 가치 있는 것인지를 알아야 하지 않을까요? 물론 그것은 실제 삶에서 살아가면서, 실천하면서 수정해 가게 되겠지만, 그것 또한 실천을 통해 가치 있는 삶의 개념을, 즉 '가치' 개념을 만들어가는 것이 될 겁니다. 역으로 엉뚱한 가치 개념을 갖게 되면 삶이 아주 엉뚱한 길을 가게 됩니다. 가령 아무 생각 없이 시작한 실천 과정에서 돈을 버는 게 중요하고, 돈을 벌기 위해선 부동산이 최고라는 관념을 갖게 된 사람이 부동산 투기나 '삽질' 중심의 삶에서 벗어나지 못하는 경우가 그렇지요. 이런 사람이 남들에게 영향력을 미치는 자리를 차지하면 얼마나 세상을 망쳐놓는지는 전 국토를 공사장으로 만들고 수십조의 예산을 쇠락해 가는 건설업 투자에 쏟아부었던, 건설업자 출신 대통령이 아주 잘 보여주었죠. 그분 역시 개념이나 이념, 가치 같은 말들을 우습게 알면서 '실천'하는 과정에서 알게 된 것의 소중함을 확신하고 있었을 겁니다.

어떤 개념 하나가 가슴속에, 혹은 머릿속에 제대로 꽂힌다는 것은 그 사람의 삶을 아주 크게 바꾸어놓는 사건이 됩니다. 가령 '공동체'라는 개념이나 '생태주의'라는 관념이 가슴에 꽂히게 된 사람이 그렇지 않았을 때와 같은 삶을 살 순 없는 법입니다. '차이'라는 개념이 가슴에 꽂혀도 마찬가집니다. 실천이란 어쩌면 그런 개념을 자신의 현행적 조건 속에서 펼치는 과정이면서 동시에 그런 삶의 조건 속에서 개념을 구체화하는 과정이라고 해도 좋을 듯합니다. 역으로 삶의 과정 속에서 삶을 좌우할 만한 개념을 얻는 과정, 혹은 그런 개념을 체득하여 가슴속에 새기는 과정이라고 해도 좋겠습니다.

그렇기에 자유의 개념을 아는 데도 삶이 자유롭지 않다면, 혹은 삶을 자유롭게 하는 방법을 실행하지 못하고 있다면, 그건 자유가 무언지 잘 모르고 있는 것이라고, 자유의 개념을 갖고 있지 못한 것이라고 해야 합니다. 그 경우 자유롭기 위해선 자유에 대해 어떤 식으로든 배워야 하고 자신의 삶을 인도할 자유의 개념을 얻어야 합니다. '공부'란 앉아서 책을 읽는 게 아니라, 이처럼 삶을 인도하는 개념을 삶의 과정 속에서 배우고 얻어가는 과정입니다.

그런데 우리는 언제 공부할 생각을 하나요? 우리는 자신이 잘 안다고 믿는 것을 공부해야겠다고 생각하지는 않습니다. 모르는 것이라면 배워야 하고 공부해야 하지만, 안다고 믿는 것을 배우고 공부해야 한다고 하진 않지요. 자유가 바로 그렇지 않나요? 모두가 다 잘 알고 있다고 믿고 있으니, 그걸 따로 공부해야 한다고는 생각하지 않을 겁니다. 그래서 자유에 대해 얘기하려 하면 '다 아는 걸 뭘 새삼 얘기하나?' 생각하게 되는 것이고, 그리 생각할 것을 알기에 얘기를 꺼내려는 이도 '새삼스럽게 뭘…' 하는 생각이 드는 거지요. 그래서 결국은 따로 공부할 생각을 하기 어려운 게 되고 맙니다.

이런 의미에서 자유란 가장 가까이 있지만, 사실은 어쩌면 우리 삶에서 가장 멀리 있는 것이라고 해야 합니다. 아주 친숙하기에 다시 공부하거나 다시 생각해 볼 가능성이 없는, 그렇기에 삶에서 가장 멀리 떨어진 개념이 바로 자유일 겁니다. 제가 사람들 앞에서 자유에 대해 말하고 쓰는 것이 새삼스럽다는 생각을 하면서도, 약간의 민망함을 무릅쓰고라도 말해야겠다고 생각했던 건 바로 이런 이유에서입니다.

하지만 자유 개념에 대한 이론적인 논의보다는 우리의 삶을 자유롭지 못하게 제약하고 있는 것들이 무엇인지, 자유롭기 위해선 무엇이 필요한지를 따져보려고 합니다. 그런 식으로 우리는 어떤 의미에서 자유롭지 못한지, 어떻게 해야 자유로운 삶을 살 수 있는지를 같이 생각해 보고자 합니다. 그런 것을 일관되게 다루기 위해선 자유의 개념을 어떻게 규정해야 하는지를 살펴보겠습니다.

자유의 개념들

먼저, 여러분이 생각하는 자유란 무엇인지 묻는 걸로 시작합니다. 자유란 무엇이라고 생각하시나요? 이 주제의 강연을 하며 항상 물었던 것인데, 가장 빈번하게 나온 답은 크게 보면 두 가지로 요약되는 듯합니다. 하나는 '하고자 하는 것을 하는 것'입니다. 철학적 용어로 다시 쓰면 자유란 '자유의지를 실행하는 것'이란 말이지요. 그런데 이런 자유의지 개념에는 암묵적으로 선택 가능성이 전제되어 있습니다. 하나밖에 없는 선택지가 없는데 그걸 하면서 자유롭다고 생각하긴 어렵기 때문입니다. 가령 배고플 때 밥 먹고 싶다고 하며 음식을 찾는 것을 자유의지라고 할 수 있을까요? 밥이 아니라 빵, 햄버거 등의 선택지가 있다면, 그때 여러분은 자유의 여지가 있다고 느낄 겁니다. 그러나 근본적으로 따져보면, 어떤 음식을 선택하든, 배고플 때 무얼 먹는 것이 과연 자유일까요? 그건 방광이 가득 찼을 때 화장실을 찾는 것처럼, 신체의 상태에 따라 필연적으로 할 수밖에 없는 행동이지요. 그렇다면 이를 자유라고 할 순 없습니다. 하지 않으면 안 되는 어떤 신체적 요구에 따르는 것일 뿐이지요. 그래서 스피노자는 자유를 이런 식으로 정의하는 것이 부당하다고 비판한 바 있습니다.

이런 비판을 빠져나가는 방법은 배가 고프지만 먹지 않을 수 있는 가능성을 음식을 먹는 것과 대비하여 두 가지 가능성으로 만들어놓음으로써 선택의 여지를 만드는 겁니다. 하나밖에 선택지가 없으니 그것을 하는 것과 하지 않는 것으로 나누어 두 가지 가능성을 만들어내곤 거기서 하나를 선택할 가능성을 자유라고 정의하는 거지요. 자주 보게 되는 '할 것인지 하지 않을 것인지'를 묻는 선택지가 그것입니다. 그 극한은 "죽느냐 사느냐 그것이 문제로다"라는 햄릿의 선택지입니다.

이런 이유에서 아리스토텔레스는 가령 식물의 씨앗은 조건이 되면 무조건 싹을 틔우지만, 건축가는 집을 지을 수 있음에도 짓지 않을 수 있다는 식으로 대비하여 가능성 개념을 둘로 나누었던 겁니다. 라이프니츠가 오직 필연성만 있다면 자유란 있을 수 없다면서 자유를 가능성 개념을 통해 정의하려 했던 것도 이런 이유에서일 겁니다. 심지어 칸트가 필연적인 법칙을 자발적으로 따르길 선택하는 것이 자유라고 할 때도, 『존재와 시간』에서 하이데거가 '다른 선택의 여지가 없음을 받아들이는 것'이라고 할 때도 이런 생각이 바탕에 깔려 있음을 알 수 있습니다. 라이프니츠가 선택할 수 있음을 자유와 짝지었다면, 칸트나 하이데거는 선택이란 방식으로 빠져나갈 길을 찾는 것과 그러지 않고 필연적인 것이나 피할 수 없는 것을 기꺼이 자발적으로 받아들이는 것을 자유와 짝지었다는 점에서 상반됩니다. 그러나 상황을 선택 가능성과 선택의 여지가 없음이라는 두 항으로 단순화시키곤, 그 둘 중의 하나를 택하는 것을 자유라고 한다는 점에선 사실 다르지 않다고 하겠습니다.

자유에 대한 다른 하나의 관념은 하고자 하는 것을 가로 막는 장애나 구속의 부재를 자유라고 정의하는 겁니다. 하고자 하는 것을 가로 막는 것으로 인해 자유의지는 벽에 부딪치게 되니, 그런 장애나 제약이 없는 게 자유라고 하는 것이지요. 이는 피 흘리는 투쟁을 요구하는 정치적인 자유의 개념에서 쉽게 발견되는 것입니다. 하지만 유심히 살펴보면 자유의지에 대한 부정적 요인의 부재를 자유라고 한다는 점에서 '부정의 부정'이란 형식으로 자유의지로서의 자유 개념을 반복하는 것이기도 합니다. 장애라는 부정적 요인의 부정이 자유라고 하는 것이니까요.

자유를 제약하는 조건을 해체하거나 약화시키는 것, 그런 장벽을 넘어서 자유의 조건을 마련하는 것은 물론 중요합니다. 가령 노예제도가 지배하는 상태에서 흑인 개인이 누릴 수 있는 자유는 그 장벽이 제한하는 것을 넘어설 수 없고, 선거권이나 피선거권이 없는 상태에서 여성들의 자유 또한 그 벽 안에서만 허용될 게 분명하니까요. 독재정권 아래서 민중들의 자유 또한 그렇습니다. 따라서 그런 제약이나 구속을 없애는 운동은 매우 중요합니다. 이 또한 종종 목숨을 걸 것을 요구하기도 합니다. 이런 제약을 부여한 자들은 그 자유의 공간을 결코 쉽게 내주려 하지 않을 터이니 말입니다.

그러나 4.19혁명이나 6월 항쟁에서 경험한 것이지만, 억압적 조건을 철폐한다고 바로 자유가 오지는 않습니다. 독재 정권이 혁파되며 만들어진 공간은 곧바로 엄한 놈들이 와서 차지합니다. 그걸 차지할 능력이 어느 정도 미리 형성되지 않으면, 혁명이란 하나의 독재에서 다른 독재로 넘어가는 문턱이 되기 십상입니다. 더 나쁜 것은 심지어 권력을 잡은 경우에도 자유의 공간을 실질적으로 만들어가지 못하는 경우지요. 사실 권력을 장악하여 자유의 공간을 성공적으로 만들어내는 경우는 흔치 않습니다. 민주주의적 조건이 마련된 뒤에도 대중 자신이 어이없는 선택을 하는 경우도 빈번합니다. 히틀러에 열광하며 지지하던 바이마르공화국의 독일 대중이 그랬고, 기업을 운영하던 사람이 권력을 잡으면 잘 살게 해줄 거라면서 '기업 프랜들리'를 내세운 대통령을 뽑았던 한국의 대중들도 그랬습니다. 억압이나 제약이 제거된 자유의 공간이란 자유를 위한 필요조건에 불과합니다. 자유롭기 위해선 그것만으로 충분하지 못합니다.

　이상에서 말한 두 가지 자유의 개념은 철학사에서도, 정치나 예술의 역사에서도 가장 흔히 발견되는 것입니다. 하지만 이는 사실 작고 사소한 것에 대한 선택 같은 것보다는 크고 거창한 자유 개념입니다. 먹을 것을 앞에 두고 자유를 누리려는 자나 일을 할 것인지 여행을 갈 것인지를 놓고 선택하려는 자는 철학자나 정치학자들이 보기엔 너무 소소한 것이니까요. 예술도 그렇습니다. 그래서 실은 자유를 제약하는 제도의 벽을 돌파하려는 '위대한 영웅'들, 혹은 실패하여 죽을 것이 분명함에도 불구하고 그 길을 향해 의연하게 걸어가는 비극의 영웅들이 그런 자유의 개념을 표상하는 인물입니다. 자유란 말에서 거창한 대의를 떠올리는 건 모두 이 때문입니다. 최근 라캉이 '정신분석의 윤리'라고 했던 것도 비슷합니다. 어떤 거창한 대의도 없고 어쩌면 사소해 보이는 것임에도 불구하고, 죽음이나 패배가 기다리고 있는 어떤 것을 향해 자신의 '욕망'을 포기하지 않고("너의 욕망을 포기하지 말라!"는 게 바로 라캉의 윤리적 '충고'입니다) 의연하게 걸어가는 것이 그겁니다. 위대한 영웅과 달리 소문자로써야 마땅한 작은 영웅들이지요. 이런 영웅을 통해 자유란 죽음마저 넘어선 위대한 선택임을 보여주려는 것입니다.

　그래서 하이데거는 '죽음'의 의미를 아는 것이야말로 인간의 남다른 본성이라고 말했고, 희생이란 '죽음 앞에서 결단한 자의 고요함'이라고 했던 것이겠지요. 이처럼 이런 자유에는 목숨을 건 '결단' 같은 것이 대개 따라붙습니다. 죽음으로 미리 달려가 보는 거대한 용기가 요구되지요. 이런 관점에서 보면, 소소한 선택 가능성을 갖고 자유의지를 발동하여 살아가는, 흔히 말하는 자유는 아주 작고 보잘 것 없어 보이기도 합니다. 그래서 그것들이 사실은 동일한 계통의 자유 개념에 속한다는 것을 잊게 되기도 합니다.

그러나 잊지 말아야 합니다. 아무리 거창하고 '위대해' 보일지라도 선택 가능성을 놓고 자유를 정의하는 것이란 점에서 자유의 개념으로 보자면 앞서 말한 것은 모두 근본적으로 다르지 않다는 것을. 그리고 이런 식으로 죽음 앞의 결단을 요구하는 자유는 많은 경우 자신의 삶을 희생할 것을 요구하는 것이란 점에서, 어쩌면 삶의 본성에서 가장 먼 길로 우리를 유혹할 수 있다는 것을. 또 하나 중요한 것은 이런 자유의 개념은 우리의 일상적 삶과 멀리 떨어져 있다는 겁니다. 목숨을 건 결단이나 피 냄새 나는 자유란, 영웅적인 인물조차 자신의 삶의 한순간에만 행사할 수 있는 것입니다. 이런 자유의 개념은 우리를 일상의 삶에서 벗어나게 해주긴 할 수 있겠지만, 우리의 일상적 삶을 자유롭게 해주진 못합니다. 그리고 자유의 거창함으로 인해 자유를 우리와 무관한 것, 영웅적인 인물들에게 속한 제한적이고 특정한 것으로 축소해 버립니다. 이런 위대한 자유의 개념은 영웅들에게 넘겨주기로 합시다. 그리고 그들의 결단과 희생에 감사합시다. 그러나 자유란 오직 그런 거라고 생각하여 자신의 삶과 무관한 것으로 작별해버리면 안 됩니다.

자유를 나의 삶 속으로, 삶 깊숙이 끌어들이기 위해선, 충분히 이해할 순 있지만 거창한 용기를 요구하는 저런 자유 개념에 대해 좀 더 가볍게 생각하는 것이 필요하기도 합니다. 감동적이지만 나와는 거리가 먼 자유의 개념보다는 소소해 보이지만 내 삶의 매 순간 작동하는 자유의 개념을 찾아야 합니다. 이를 위해 우리는 다시 선택 가능성과 제약의 부재라는 두 가지 자유 개념을 삶에 관한 것으로 크기를 '축소'시키고, 그것이 정말 자유로운 삶에 유효하고 충분한지 따져보기로 합시다.

능력으로서의 자유

영웅 아닌 민초들의 세계, 일상적인 삶 속에서 두 가지 자유 개념을 다시 살펴봅시다. 먼저 자유란 선택 가능성이란 관념을 검토해 보지요. 이 정의에 따르면 자유란 선택 가능성의 폭이 큼에 따라 커진다고 할 수 있을 듯합니다. 약간 단순화하는 것이 되겠지만, 선택 가능성이 하나일 때는 자유의 정도는 없다고 해야 하고, 둘이 되면 비로소 최소한의 자유가 발생할 겁니다. 통계학에서 사용하는 '자유도'는 이런 자유 개념을 수량적으로 단순화한 경우라 하겠지요(n개의 선택 가능성이 있을 때 자유도는 n-1이 됩니다).

그런데 선택지가 많은 게 정말 자유도를 크게 해줄까요? 가령 제가 종종 경험하는 것인데, 친구들과 와인을 한 잔 하려고 와인 파는 곳에 갔을 때, 거기 있는 수십 가지 와인의 선택지 앞에서 무얼 사야 할지 몰라 멍하니 있다 그냥 돌아오는 경우가 자주 있었습니다. 지금은 그래서 아예 와인을 살 생각도 하지 않습니다. 이 때 와인의 수많은 선택 가능성은 제게 자유로운 행동을 하게 해주는 게 아니라 아무것도 하지 못하게 해줍니다. 저만 그런가 했는데, 다행히도 그건 아니더군요. 마케팅 연구하는 이들이 세제를 가지고 실험했다고 해요. 20개 정도의 세제를 진열해 놓고 하나 골라서 사오라고 하면 대부분 그냥 돌아온다는 겁니다. 반면 5~6개의 세제만 진열해 놓은 곳에서 사오라고 하면 대부분 하나 사 온다고 합니다. 선택지가 적으면 대충이나마 선택하지만, 선택지가 너무 많으면 선택하지 못하고 선택의 자유를 포기한다는 겁니다. 그래서 물건을 팔 때, 너무 많은 상품을 진열해놓으면 물건이 잘 팔리지 않는 역설이 발생한다고 해요.

'세제 선택의 역설'은 음반이나 음악파일을 두고 우리가 흔히 경험하는 것이기도 합니다. 엄청난 양의 음악파일이 들어 있는 하드디스크를 선물하는 일이 종종 있는데, 나중에 확인해 보면 대부분 들어보지 않았음을 알게 됩니다. 무얼 들어야 할지 알지 못해서 듣지 못하는 겁니다. 이 역시 선택 가능성의 크기가 자유의 정도를 뜻할 거라는 생각을 간단하게 반박해 주는 사례라 하겠습니다. 따라서 선택 가능성이 자유를 뜻한다는 관념에 대해서 다시 생각해 보아야 합니다.

반대로 제약의 부재를 자유로 정의하는 경우를 살펴봅시다. 자유를 제약하고 구속하는 정도가 가장 큰 곳은 어디인가요? 맞습니다. 감옥입니다. 거기 가두는 것을 '구속'이라고 하지요. 감옥이란 구속해두기 위한 곳이니, 자유와 가장 반대되는 공간인 셈입니다. 저도 감옥에 한 2년 갇혀 살았는데, 거기서 많은 흥미로운 경험을 했습니다. 그중 하나인데, 제가 구속되어 구치소에 갇혀 있을 때는 정치범이 300명을 넘던 시절이었습니다.

흔히 정치범과 조직폭력배를 감옥의 양대 세력이라고 하는데, 아마도 개인들이 조직되어 집단적 힘을 형성하기 쉽다는 점 때문일 겁니다. 특히 정치범은 스스로도 그렇고 교도관도 그렇고 '범죄자'라는 의식이 없으며, 교도소와 대결하려는 태도를 다들 갖고 있기에 감옥 안에서 통제하기 어렵습니다. 그래서인지 정치범이 많으면 감옥생활이 좀 '트이게' 되는데, 규칙 속에 여백 같은 것이 확장되는 현상이라 하겠습니다. 그러다보니 독방문을 열고 그 여백 안에서 생활하는 게 가능하게 됩니다.

그런데 제가 살던 동 바로 옆에 노회찬이란 분이 있었는데, 누군지는 다들 아시지요? 당시에는 노동운동과 조직운동을 하다 잡혀 왔는데, 밖에서는 만나기 힘든 분인데 운 좋게도 가까운 '이웃'이기도 하니 종종 찾아갔었습니다. 그런데 이분 방에 가면 항상 독방 문이 잠겨 있는 겁니다. 다들 열어놓고 사는데 말입니다. 하여 "따달라고 할까요?" 하고 물었더니 그러지 말라는 겁니다. 이유를 물었더니, 읽고 싶은 책이 많았는데 바깥에서 운동을 할 때는 너무 바빠서 읽을 수 없었다는 겁니다. 하여 잡혀 들어오면서는, '이젠 앉아서 책 좀 실컷 봐야지' 했다는데, 찾아오는 이들이 많아서 책을 볼 수가 없더랍니다. 하여 교도관에게 부탁하여 문을 잠가 달라고 했다는 겁니다. 찾아왔던 이들이 아크릴판으로 차단된 작은 창문 사이로 말하다가 금방 돌아가도록 말입니다.

사실 협소한 공간이 주는 스트레스는 결코 적지 않습니다. 그래서 엔간하면 독방에 앉아 있더라도 문은 열려 있기를 바라게 됩니다. 반면 이분은 자신이 '하고 싶은 것'을 위해 더 한층의 구속을 자청한 것입니다. 통념대로 자유란 하고 싶은 것을 하는 것이라고 해도, 그것은 구속이란 조건으로 제한할 수 없는 것임을 뜻하는 거지요. 그래서 만델라 같은 분은 27년이나 감옥에 갇혀 살았지만, 구속에 찌들기는커녕 해탈한 이같은 편한 얼굴을 하고 있을 수 있었을 겁니다.

그렇다면 누구나 이럴 수 있을까요? 그렇지 않을 겁니다. 저도 읽고 싶은 책이 많았고, 많이 읽어야지 생각했지만, 노회찬 씨 얘길 듣고도 책 읽기 위해 문을 잠가 달라고 할 생각은 하지 못했습니다. 그건 구속이라는 조건이 읽고 싶은 책을 못 읽게 하기 때문은 아닙니다. 사실 공간적 구속은 책 읽는 것 자체를 그다지 방해하지 않습니다. 그걸 잘 알면서도, 그리고 책을 읽는 게 '하고 싶은 것'이라 해도, 바로 그 하고 싶은 것을 하는 것이 쉽지 않습니다. 그것은 그럴 수 있는 능력이 있을 때만 가능한 일입니다. 독방에 가두어 놓아도 할 수 있는 능력이 있는 이만이 책 읽기 위해 독방 문을 잠가 달라 할 수 있습니다. 역으로 그런 능력이 있는 이라면 감옥 같은 구속도 그 자유를 저지할 수 없습니다. 이는 '하고 싶은 것을 하기' 위해선 그럴 수 있는 능력이 있어야 함을 뜻합니다. 자유란 자유의지이기 이전에 그것을 할 수 있는 능력인 것입니다. 담배를 끊어야지, 기타를 배워야지 하는 의지를 갖고, 그 자유의지를 발동시키지만 담배로부터 자유롭지 못하고 기타를 자유롭게 치지 못하는 것은, 그 의지를 실행하고 지속할 능력이 없기 때문입니다. 능력이 없다면 자유의지란 자유를 뜻하는 것이 되지 못합니다. 능력이 있다면, 구속조차 자유를 제거하지 못합니다.

비슷한 경우가 또 있습니다. '무문관(無門關)'이란 말을 들어보셨나요? 맞습니다. 불교에서 수행자들이 집중수행을 하기 위해 문을 바깥에서 잠가놓고 넣어주는 밥 먹으며 방 밖에 안 나가고 수행을 하는 것을 뜻합니다. 종종 들어보셨겠지만, 이 역시 '대자유'를 얻기 위해, '대자유인'이 되기 위해 하는 수행입니다. 이 분들도 자유를 위해 문을 잠그는 극단적인 방법을 사용하는 겁니다. 이 역시 아무나 할 수 있는 것은 아닙니다. 가부좌 틀고 앉는 거야 누구나 할 것 같지만, 실은 하루는커녕 한 시간도 하기 힘든 일입니다. 반면 능력이 되는 분들은 그런 생활을 십년 넘게 하지요. 자거나 눕지 않은 채 9년의 장좌불와를 했다는 성철 스님 말고도 그런 고도의 수행을 하신 스님들이 꽤 많이 알려져 있습니다. 그것 역시 능력만큼 할 수 있는 것입니다. 물론 처음부터 그런 능력을 타고 나는 건 아니겠지요. 수행하면서 능력이 증장되는 것이겠지요. 그 능력이 늘어난 만큼 더욱더 잘할 수 있는 것이겠구요.

이런 이유에서 자유란 선택 가능성이나 제약의 부재가 아니라 '능력'이라고 해야 합니다. 어떤 것을 할 수 있는 능력이고, 하고자 하는 것을 할 수 있는 능력이며, 하지 못하던 것을 향해 나아갈 수 있는 능력입니다. 앞서 와인 앞에서 어떤 선택도 못하는 제 얘길 했습니다만, 만약 제가 와인에 대해 판단하고 선택할 수 있는 능력이 있었다면, 즉 와인에 대한 지식이나 맛에 대한 감각 등이 있었다면, 와인이 많다는 게 자유로이 선택할 수 있는 조건이 되었을 겁니다. 음악도 그렇지요. 저는 음악을 많이 듣는데, 그렇기에 엄청난 양의 파일을 받았다면, 이건 말로

만 듣던 건데 하며 듣거나 이건 좋아하지 않은 음악이니 젖히고 이건 좋아하지만 음원을 구할 수 없었던 거고, 이건 이름만 들어본 건데 신난다, 이건 처음 보는 건데 어떤 음악이지 등등 하며 선택해서 들었을 겁니다. 선택할 수 있는 능력이 있을 때에만 선택 가능성은 자유도를 뜻한다는 겁니다. 선택할 수 있는 능력만큼만 자유도를 갖는다는 겁니다.

자유란 능력이며, 능력만큼 자유로울 수 있기에, 자유에 대해 잘 알고 있어도 능력이 없으면 실제론 자유로울 수 없는 겁니다. 역으로 자유에 대해 명시적으로 말하지 못 해도 그럴 수 있는 능력이 있다면 실제론 자유로울 수 있는 것입니다. 그렇기에 여러분이 자유에 대해 나름대로 알고 있음에도 그다지 자유롭지 못한 것일 겁니다. 하지만 자유롭다고 말은 못 하지만 전적으로 자유가 없음을 뜻하는 것도 아닐 겁니다. 다들 나름대로, 자신의 능력만큼 자유로운 것일 겁니다. 누구나 상대적으로 자유로운 영역도 있고 매우 자유가 제한된 영역도 있을 겁니다. 제가 와인에선 거의 자유롭지 못 하지만 음악에선 어느 정도의 자유로움을 갖고 있듯이 말입니다.

누구나 자신이 잘하는 것이 있기에, 상대적으로 자유로운 영역을 갖고 있으며, 잘하는 것이 적기에 자유롭지 못한 영역 또한 갖고 있습니다. 각자는 자신의 능력에 따라 자유롭고, 그 능력만큼 자유로운 영역들을 갖습니다. 그렇지만 이와 다른 차원에서 자신의 삶 전반에 대해 자유롭다고 하거나 그렇지 않다고 할 수 있는 것은, 그 능력이 언제나 증장을 향해 열려 있는가 여부에 따라 달라집니다. 잘하는 일을 할 때에는 능력만큼 자유롭게 하겠지만, 거길 벗어나는 순간 자유와는 반대되는 삶이 기다리고 있게 되는 거니까요. 오히려 능력의 증장이나 고양, 혹은 확장에 지속적으로 열려 있고, 그럼으로써 자신이 잘할 수 있는 것의 강도를 높여가거나 그 범위를 확장해 간다면, 그는 자유로운 삶을 살고 있다고 느낄 것이고, 밖에서보다도 그렇다고 해야 합니다. 반면 그렇지 못한 채 현재의 상태에 머물고 안주하는 경우에는, 아무리 현재 능숙하게 잘 하는 일이 있다고 해도 자유롭다고 하기 어렵습니다.

덧붙이면, 어떤 일을 능숙하게 잘하는 이조차 자신의 삶이 자유롭다고 느끼지 못하는 경우도 있고, 능숙하게 하는 건 아니지만 자유롭다고 느끼는 경우도 있습니다. 그건 잘하는 특정한 활동과 별개로 진정 하고자 하는 것인지 여부와 관련되어 있습니다. 이는 능력과 다른 차원에서 욕망 자체가, 즉 '하고자 하는 것' 자체가 자유와 밀접함을 뜻합니다. 아무리 능숙하게 잘해도 자신이 하고자 하는 것이 아니고, 하는 것이 즐겁지 않으면 자유롭다고 하기 어렵기 때문입니다. 이는 능력과는 약간 다른 주제인데, 이에 대해서는 다른 기회를 빌기로 하고, 일단 오늘은 능력으로서의 자유에 대해 얘기하고자 합니다.

자유란 능력이라는 말은, 능력이 없으면 자유도 없다는 의미에선 안타까운 의미를 담고 있지만, 반대로 능력을 증장시킨다면 그만큼 자유 또한 증장된다는 것을 뜻한다는 점에선 반가운 얘기이기도 합니다. 그렇다면 이제 던져야 할 물음은 이것입니다. 자유를 증장시키기 위해선 어떻게 해야 할 것인가? 자유로울 수 있는 능력을 증장시키기 위해선 어떻게 해야 할 것인가?

이에 대해선 '삶을 위한 철학수업'에 여러 가지 주제로 쓴 바 있는데, 여기에선 몇 가지를 추려 간단히 얘기해 볼까 합니다.

능력의 훈련

자유란 능력이라고 하면서 와인이나 음악 같은 예를 들어서, 자칫하면 활동능력이나 직업적 능력 같은 걸 떠올리게 한 건 아닐까 싶기도 합니다. 자유란 어떤 특정한 활동과 관련된 것이기도 합니다만, 우리가 지금 삶이 자유로운가, 어떻게 하면 좀 더 자유로운 삶을 살 수 있을까 하는 문제는 특정한 활동보다는 우리가 살아가는 양상 전반에 대한 것에 더 가까이 있습니다. 우리가 여기서 지금 말하고자 하는 것은 정치적 자유의 조건을 확보하는 것이나 직업이나 특정 활동과 결부된 것보다는 우리의 일상적 삶 전반에 대한 것, 개인의 삶을 방향 짓는 것과 관련된 것입니다.

자유로운 삶을 위해선 능력이 필요하며 그 능력을 증장시키기 위해선 훈련이 필요하다고 할 때, 그 능력이란 대체 어떤 능력이냐고 물어 마땅합니다. 특정한 활동과 관련된 것이라면 그 각각의 활동과 관련된 모든 능력이 거론될 수 있겠지만, 방금 말씀드렸듯이 개개인의 일상의 삶 전반과 관련하여 보자면 감각적인 능력, 감정적인 능력, 지적인 능력 등이 일단 문제가 될 겁니다. '나'의 신체, '나'의 생각을 구성하는 감각·감정·지성 등이 문제인 것이니까요.

감각

먼저 감각에 대해 말해 봅시다. 감각은 우리의 이성보다 먼저 작동하고 그것보다 앞서 반응합니다. 그래서 종종 이성이 좋다고, 혹은 좋아해야 한다고 믿는 것에 대해서조차, 그보다 앞서 밀쳐내고 거리를 두는 반응을 하게 합니다. 그렇기에 이성을 아무리 강조해도 감각이 수용할 수 없으면 스스로 원하는 것과 다른 삶을 살게 합니다. 자유와 거리가 먼 삶이지요. 예를 들면 우리의 혀가 그렇습니다. 미각, 매일 세 끼의 식사는 동물적 삶의 입구인 '먹는 것' 전반에 대한 판단을 일차적으로 하는 영역입니다. 영어에선 취향(taste)이라는 말이 맛과 결부된 단어를 사용하는데, 이는 입맛이 감각적 취향 전반과 관련된 힘을 갖고 있음을 뜻합니다. 예술가들이 요리에 관심이 많고 또 요리를 잘하는 사람이 많다는 얘기를 들은 적이 있는데, 이와 무관하지 않을 겁니다.

전에 독일 베를린에서 1년 가까이 산 적이 있고, 파리에서 한 달 정도 산 적이 있습니다. 그때 유학을 하던 친구들이 많았는데, 그들이 가장 많이 하는 아르바이트가 관광가이드였습니다. 그들에 따르면 관광가이드에게 가장 중요한 것은 미술에 대한 안목이나 역사에 대한 지식 같은 게 아니라 훌륭한 한국식당을 알고 있는 것이라고 하더군요. 많은 사람들이 대충 날이 저물면 "머 이 정도 하고, 이제 식사나 하러 가지. 어디 좋은 한국식당 없어?"라고 한다는 겁니다. 어딜 가든 그처럼 한국식당을 찾아 한국음식을 먹고, 와인의 나라 프랑스에 가서도 만 원씩이나 주고 소주를 마시는 분들이 많습니다. 그리곤 대개 그게 무슨 자랑거리인 양 남들에게 신이 나서 말하지요. "내가 파리에 가서 소주를 마시고 왔지!" 그게 무슨 애국이라도 되는 듯 말입니다. 혀끝으로 애국하시는 분들인 셈이지요.

여행이란 모름지기 내가 살던 곳과 다른 세계에 가서 그 다른 세계를 체험하는 것입니다. 다른 공기, 다른 언어, 다른 문화를 체험하며, 그 다름을 통해 나의 감각과 생각, 신체를 바꾸어가는 것이지요. 손오공이 잘 보여주듯, 여행의 과정에서 이루어지는 낯선 것과의 만남은 사람을 바꾸어 놓습니다. 보통은 '성숙'시킨다고 하지요. 『서유기』에서 중요한 것은 손오공이 가려는 목적지가 아니라 그가 거쳐 가는 행로, 거기서 만나는 것과 벌어지는 사건들입니다. 그걸 통해 손오공이 달라져가지요. 그게 바로 깨달음의 과정입니다. 그래서 동양에선 그 깨달음으로서의 삶을 길을 뜻하는 말 '도(道)'라는 개념으로 집약해서 표현하지요. 그런 점에서 보면 제대로 된 여행이란 평소 보던 것과 다른 것을 보고, 먹던 것과 다른 것을 먹고, 평소 듣던 것과 다른 것을 듣는 것이라고 해도 좋을 겁니다.

그러나 많은 분들이 가서 평소 먹던 것만 찾아 먹고, 평소에 알고 있던 것을 찾아가서 보고, 평소에 하던 말만 하다 오는 겁니다. 이럴 거면 굳이 애쓰고 돈 들여 외국 나갈 이유가 없지요. 그냥 한국에서 먹던 걸 먹고 하던 걸 하면 되는 겁니다. 그런 분들은 아무리 외국을 많이 다녀도 낯설고 이질적인 것들에 대해 마음이나 감각이 열리지 않습니다. 그저 '우리 것은 좋은 것이야!'만 거듭해서 확인하고 올 겁니다. "나도 가 봐서 아는데

말야…" 하면서 자신의 그 닫힌 마음을 정당화하는 근거만 차곡차곡 쌓고 있을 겁니다. 갈수록 더 좁아지고 작아져 가는 겁니다.

사실 낯선 음식을 맛있게 먹는 것은 쉽지 않습니다. 우리의 감각은 익숙하지 않은 것에 대해 경계심을 갖고 있고, 익숙한 것을 즐기기 십상이지요. 그렇기에 그 약간의 불편함을 감내하면서 맛보고 먹어보지 않으면 언제나 먹던 것만 먹게 됩니다. 남들이 먹는 것이 무슨 맛인지 알 수 없게 됩니다. 어디든 매일 먹는 음식이라면, 우리가 매일 먹는 것처럼 감각적인 쾌감을 주는 어떤 맛이 있기에 그럴 겁니다. 익숙하지 않은 맛을 그렇게 쳐내기만 하면, 그들이 즐기는 맛이 대체 어떤 맛인지, 무슨 맛으로 저리 매일 먹고 있는지 알 수 없게 됩니다. 내가 아는 맛으로 맛의 세계를 축소하게 됩니다.

익숙하지 않은 것을 먹을 수 없다는 것은 감각의 무능을 뜻합니다. 낯선 음식의 맛을 모른다는 것은 감각적 능력의 협소함을 뜻합니다. 가까이 지내던 후배와 이탈리아를 여행한 적이 있는데, 이 친구는 제가 여행지에서 한국음식 찾는 것을 경멸한다는 걸 잘 알고 있었어요. 그래서 이틀 정도는 제 뜻을 따라 현지 음식을 먹었는데, 이틀 지나니까 "형의 생각은 잘 알고 또 동의하는데, 그래도 너무 힘드니 한국음식점 한 번 가면 안 될까요?" 하더군요. 음식으로 고문을 할 순 없는 일이니 한국음식점을 가야 했지요. 이게 보여주는 것은 익숙한 음식 말곤 못 먹는다는 게 감각적 수용력이 약함을 뜻한다는 걸, 즉 감각의 무능함을 뜻한다는 겁니다. 이는 자유를 제한합니다. 자유롭게 먹을 수 없으니 자유롭게 여행하기 어렵습니다. 더 불행한 것은 익숙하지 않은 것이 싫어서 여행 자체를 포기하게 되는 겁니다. 반대로 맛에 대한 감각적 수용력이 크다면 역으로 새로운 맛을 보기 위해 새로운 곳을 찾아 나설 수도 있습니다. 감각적 능력이 되는 만큼 여행이나 체험의 자유도가 커지는 겁니다.

미각만 그런 것은 아닙니다. 우리의 귀도 익숙한 것만 즐겨 듣습니다. 예컨대 음악을 좋아하는 사람이 지금은 매우 많지만, 대개는 자신들이 듣던 음악만 듣습니다. 클래식을 듣는 이는 록음악을 시끄럽다고 싫어하고 메탈음악을 듣는 이들은 포크음악은 시시하다고 싫어합니다. 흑인음악을 좋아하는 이들은 백인음악을 싫어합니다. 같은 흑인음악임에도, 힙합을 즐기는 사람은 재즈의 나른함이 불편할 겁니다. 이런 분들이 몽골이나 티벳음악을 들어보려 하는 경우는 찾아보기 힘들 겁니다.

사실 듣기 좋은 소리만 좋아하는 건 음악만은 아니지요. 남들이 하는 얘기도 그렇습니다. 평소에 듣지 못하던 소리, 낯선 얘기를 들으면 어느새 거부반응이나 경계반응이 나타나고 결국 귀를 닫고 듣지 않게 됩니다. 듣기 좋은 얘기만 듣고자 하는 이들이 정치를 하게 되면 어떤 거대한 불행을 만들어내는지는 잘 알려져 있습니다. 청각이라는 감각의 능력(capacity, 수용능력), 그것이 그 사람의 감각적 자유도뿐 아니라 정치적 판단력도 제한한다는 것을 잘 보여준다 하겠습니다.

이런 점에서 보면, 감각과 관련된 자유의 정도는 익숙한 것을 보고 듣고 먹으며 편안함을 느끼는 것과는 반대로 낯선 것을 통해 보이지 않던 것을 보고 들리지 않던 것을 들을 수 있게 되는 능력에 의해 규정된다고 해야 합니다. 그게 클수록 감각적 자유도가 큰 겁니다. 감각의 능력이란 익숙하지 않은 것, 새롭고 이질적인 것들 안에 깃들어 있는 어떤 것을 감지하는 능력입니다.

그렇다면 어떻게 감각적 능력을 증장할 것인가? 방법은 분명합니다. 가능하면 익숙하지 않은 것을 보고, 듣고, 먹고 하는 것입니다. 저는 음악을 아주 좋아하여 항상 음악을 틀어놓고 사는데, 음반을 고를 때 가능하면 안 들어본 것, 많이 듣지 않던 것을 선택하여 들으려고 합니다. 음식도 그렇지만 음악 역시 무의식적인 것이어서 어느 정도 반복하지 않으면 그 맛을 알기 어렵습니다. 반복해서 듣고 기억되면 그때 비로소 그 맛을 알 수 있고, 그게 좋은 음악인지 아닌지도 구별할 수 있게 됩니다. 그렇게 되면 감각은 새로운 영역으로 확장되어 간 것입니다. 듣는 것만으론 부족할 때도 있습니다. 그럴 땐 책을 읽거나 세미나를 하여 이해하려 합니다. 제게는 재즈나 힙합이 그랬습니다. 그냥 듣는 것만으론 그 맛을 충분히 알 수 없기에 공부를 하고 듣고 했습니다. 읽고 이해하는 게 그것만으론 감각을 바꾸진 못하지만, 감각이 그 음악에 다가가는데 좋은 참조가 됩니다. 음식도 그럴 겁니다. 와인의 맛을 즐기는 게 그저 마시는 것만으론 부족할 때, 와인맛을 잘 아는 사람의 얘기를 듣거나 관련된 책을 찾아 읽는 게 좋습니다. 음식도 그 맛을 하는 사람의 얘기를 들으면 그 맛에 다가가는데 지름길을 얻을 수 있습니다. 이 모두가 감각적 능력을 증장시켜 감각과 관련된 삶에서 자유의 정도를 높이는 방법이 될 겁니다.

감정

우리의 삶을 자유롭지 못하게 가로 막는 또 하나의 중요한 요인은 감정입니다. 누군가 싫다거나 밉다는 감정이 있다면, 그 사람의 도움이 필요할 때조차 우리는 쉽게 손을 내밀지 못합니다. 가족이나 친구처럼 가까운 사람이어서 좋든 싫든 만나야 하는데도, 만나는 것이 싫어지고, 무엇을 같이 하는 건 물론 말을 나누기도 불편해집니다. 그 경우 그런 이들과 함께 '하고 싶은 것을 하는 것'은 대개 어려워지게 됩니다.

좋아하는 감정은 이보다 덜하지만 그것 역시 자칫하면 자유 아닌 구속으로 인도하게 됩니다. 가령 담배나 술을 좋아하는 게 지나쳐 중독되기에 이른 경우가 대표적이지요. 중독자의 신체는 자유롭지 못합니다. 마시고 싶을 때 마시는 게 아니라, 마시지 않으면 안 되기에 그것부터 찾게 되는 거니까요. 그런 이들 또한 자신이 "하고 싶어 하는 것"을 하는 거라고 말하겠지만, 그 하고 싶어 하는 마음이 실은 담배나 술에 매여 있는 것이어서, 먹을지 말지를 자유롭게 선택하지 못하며, 오직 해야 하는 처지인 셈입니다. 그러니 그것은 자유와 반대되는 방향에 있음이 분명합니다. 음식이나 옷을 좋아하는 게 지나쳐, 무리를 하면서까지 맛과 음식에 매달리는 것도 크게 다르지 않을 겁니다. 이 역시 "내가 하고 싶어 하는 것"이라 말하겠지만, 없을 땐 없는 대로, 있을 땐 있는 대로 받아들이고 적절하게 행동할 수 없다면, 좋다는 감정이 자유와는 거리가 먼 방향으로 끌고 가고 있는 겁니다. 사람을 좋아하는 것도 그렇습니다. 스토커가 그렇듯이, 자신이 좋아서 하는 것이라도 상대방의 의사나 상황과 무관하게 좋아하는 이 옆에 있고자 한다면, 그 역시 자신이 뭐라 말하든 자유와는 거리가 멀다 하겠습니다.

물론 감정이 언제나 자유에 반하는 건 아닙니다. 미움이나 싫어하는 감정은 자유와 호응하기 어렵지만, 좋아하는 감정은 무언가를 열심히 하도록 추동하기에 능력의 증장을 야기하고 그 결과 자유의 정도를 높여줍니다. 그렇지만 좋아하는 감정도 꼭 그런 건 아니라고 했을 때, 자유의 정도를 확장하는 감정과 그렇지 않은 것은 대체 무엇으로 구별할 수 있을까 하는 문제가 제기됩니다. 여기서 니체가 말하는 힘의 두 가지 질이 유용한 개념적 구별을 제공합니다. 흔히 힘이란 크기에 따라 강약이 있다고 하지만, 니체는 힘에도 질이 있다고 합니다. 그는 강함과 약함을 힘의 크기보다는 오히려 그 질에 따라 구별해야 한다고 말합니다. 힘의 질이란 어떤 것인가? 두 가지가 있습니다. 하나는 능동적인(active) 힘이고 다른 하나는 반동적인(reactive) 힘입니다. 물리학에서 힘의 방향에 따라 작용(action)과 반작용(reaction)을 나누는 것을 떠올리게 하는 개념입니다.

능동적인 힘이란 무언가를 시작하는 힘이고, 반동적인 힘은 어떤 자극에 대해 반동적으로 반응하며 발동하는 힘입니다. 새로운 가치를 창조하거나 새로운 관계를 만들어내는 힘이 능동적인 것이라면, 기존의 가치에 반응하거나 어떤 자극에 사로잡혀 반응하는 힘은 반동적인 것입니다. 이해하기 쉬운 예를 들면 새로운 스타일을 창안하는 예술가들에게서 발견되는 게 바로 능동적인 힘입니다. 새로운 공동체를 만들거나 혁명적 관계를 만드는 것처럼 새로운 인간관계를 만들어가는 것 또한 능동적인 것입니다. 반면 돈이라는 지배적 가치의 힘에 사로잡혀 돈을 자기 삶을 이끄는 가치로 삼는 것이나 세상을 지배하는 권력의 힘에 압도되어 그것에 포섭되거나 그것을 따라가는 것은 반동적인 것입니다. 혁명이란 깃발을 내건다 해도 기존의 가치나 관계를 바꾸지 못하고 지배적인 권력에 반발하는 수준에 멈추어 있다면 그 또한 능동적이라 할 수 없습니다.

니체는 능동적인 힘을 갖고 있는 이들이야말로 진정 '강한 자'라고 하고, 반동적인 힘을 갖고 있는 이들이라면 아무리 그 힘의 크기가 크다고 해도 '약한 자'라고 합니다. 돈이나 권력을 아무리 많이 갖고 있어도, 새로운 것을 창조해 가지 못한다면, 모두 약자라는 겁니다. 우리가 흔히 말하는 강자와 약자의 구별과 아주 다른 것이지요. 니체가 강자의 도덕에 대해 말할 때, 그건 바로 이런 맥락에서 이해해야 합니다. 여기서 제시되는 니체의 중요한 테제는 "약자들로부터 강자를 보호해야 한다"는 것이라고 들뢰즈는 말합니다. 반 고흐나 세잔처럼 새로운 스타일을 창안했지만 당대의 지배적인 스타일이나 권력에 의해 배제되거나 외면당한 '강자'들을 떠올린다면, 무슨 말인지 이해할 수 있겠지요?

감정은 이 능동적인 힘이 작동하는 것과 반동적인 힘이 작동하는 것에 의해 구별되어야 합니다. 우리를 힘들게 하고 삶을 자유롭지 못하게 하는 것은 반동적인 힘에 사로잡힌 감정입니다. 미움이나 앙심, 분노나 원한 같은 감정은 모두 반동적인 힘에 지배되는 감정, 반동적인 감정입니다. 누가 들어도 화낼 이유가 있다고 하는 경우에라도 화는 내고 싶어서 내거나 화내려고 마음먹고 화내는 일은 없기 때문입니다. 미움이나 화는 모두 남이 내게 한 언행에 매여 있는 반동적 감정입니다.

우리 삶을 돌아보면, 이 반동적 감정의 영향이 얼마나 큰지 금방 알 수 있을 겁니다. 가족이나 친구와 다투고 사랑하는 이와 헤어지게 하는 것이 모두 이것입니다. 우리는 안타깝게도 즐겁고 기쁜 일들은 쉽게 잊지만 기분 나쁘고 열 받은 일들은 잘 잊지 못합니다. 열 받고 기분 나쁜 일이 많으면 많을수록 삶은 힘들고 불행합니다. 잊으면 덜 힘들고 덜 불행하겠지만 그러지 못해서 불행을 덜기 힘듭니다. 이는 앞서 말했듯이 자유로운 삶과는 반대 방향으로 우리를 인도합니다.

분노와 원한의 감정이 얼마나 강력하고 영향력이 큰지는 흔히 보는 영화들을 대강 떠올려보는 것으로도 알 수 있습니다. 정확한 수치는 아니지만, 우리가 아는 영화의 80% 정도는 아마 상처에 매인 이들을 다루거나 원한으로 인해 목숨을 걸고 복수하려는 이를 다룹니다. 한마디로 대개 복수극이지요. 가령 중국의 무협영화는 몇 편의 예외를 제외하곤 모두 복수극입니다. 미국의 서부극도 그렇지요. 지금 만들어지는 헐리우드 영화도 유심히 보면 대부분 복수극입니다. 무협영화는 복수극의 구조를 잘 보여줍니다. 악당들이 들이닥쳐 주인공의 스승이나 가족을 죽이고 도장이나 마을을 망쳐놓지만, 주인공은 불행히도 힘이 없어 분루(憤淚)를 흘리며 도망칩니다. 대개는 산으로 들어가 기인을 만나고 그에게 무공을 익혀 고수가 되지요. 그리곤 돌아와 나쁜 놈들을 징치하고 마을은 평화를 되찾는다는 식입니다. 서부극은 산 대신 황야, 무공 대신 총질을 익히는 것만 다를 뿐

서사구조는 유사합니다.

그런데 이들 영화가 잊고 있는 중요한 질문이 있습니다. 이렇게 복수가 끝난 뒤에 주인공은 대체 무얼 하고 살까 하는 겁니다. "마을의 새로운 지도자가 되어 잘 살았답니다...."가 되면 좋겠지만, 그동안 배운 거라곤 남 두들겨 패고 죽이는 것밖에 없는 이가 어찌 그럴 수 있겠습니까?

복수극으로선 너무 일방적이어서 별로지만, 드물게도 이 질문을 던진 영화가 있습니다. 〈올드보이〉가 그것입니다. 이 영화에서 이우진(유지태 분)은 생각 없이 입을 놀려 사랑하던 누이를 죽게 한 오대수(최민식 분)에게 복수하기 위해 인생을 걸고 치밀하고 집요하게 준비하여 복수를 합니다. 오대수 또한 이유도 모르는 채 15년의 감금 생활을 한 것에 대해 복수하기 위해 삶을 걸지요. 하지만 나중에 보면 오대수는 모두 이우진의 계획대로 움직였음이 드러납니다. 결국 오대수는 이우진 앞에 무릎을 꿇고 자신의 혀를 자르라고 합니다. 이우진의 완벽한 승리지요. 이우진은 자기가 하고 싶은 대로 모든 것을 다했습니다. 그런데 이 이우진의 행동이나 삶이 자유로웠다고 할 수 있을까요? 맞습니다. 자유와는 전혀 거리가 먼 삶이고 행동입니다. 이걸 보면 자기가 하고 싶은 걸 다한다고 해도 결코 자유롭지 못한 경우가 있음을 알 수 있습니다. 자유란 '자기가 하고 싶은 걸 하는 거'라고 말할 수 없음을 이보다 더 잘 보여주긴 어렵습니다.

모든 걸 자기 뜻대로 했건만 왜 이우진은 자유로웠다고 할 수 없을까요? 그건 그 '뜻'이 원한과 복수라는 반동적 감정에 매여 있었기 때문입니다. 복수하는 인생이 그가 애초에 원했던 삶은 아닐 겁니다. 복수자들이 모두 그렇지요. 공부해서 관리가 되고 싶었을 사람도 있었을 것이고, 그림을 그리며 살고 싶었던 이도 있었을 것이며, 사랑하는 사람과 만두집이라도 하며 알콩달콩 살고 싶었던 이도 있었을 겁니다. 그러나 원한의 감정에 사로잡히고 복수에 인생을 걸기 시작하자마자, 그 모든 소망은 무효가 되고 맙니다. 복수하는 것만 남게 됩니다. 원하는 삶을 사는 게 아니라, 원수에게 자기인생을 바치게 되는 겁니다.

반동적 감정에 매인 삶이 더 난감한 것은 복수가 성공적으로 끝난 뒤입니다. 복수가 다 끝나고 나면 어떻게 될까 하는, 모든 영화가 잊고 있는 질문이 그것입니다. 〈올드보이〉에서 오대수가 무릎을 꿇고 비는 것으로 복수가 완벽하게 끝난 뒤 이우진이 오대수에게 묻지요. "아저씨, 이제 난 무얼 하고 살지요?" 인생을 걸고 오직 하나 목표로 삼았던 게 끝났으니, 이제 무얼 하고 살아야 하나 하는 질문인 겁니다. 다 아시겠지만, 결국 이우진은 그 질문 직후에 자살하고 맙니다. 살 이유도 목적도 사라진 셈이니, 자살은 어쩌면 필연적입니다. 이게 바로 모든 복수극과 이 영화를 다르게 만들어주는 것입니다.

원한의 감정은 원수에게 매인 감정이고, 반동적 삶은 원수에게 매인 삶입니다. 그러니 아무리 하고자 하는 대로 살아도 자유로울 수 없습니다. 처음부터 상처에 매인 삶이니까요. 원한과 복수처럼 강하고 거창한 게 아니라 소소한 미움이나 앙심도 이와 다르지 않습니다. 상처나 미움에 매인 사고와 행동은 특히 나와 가까운 이들과의 관계를 망쳐 놓습니다. 멀리 떨어진 이들에겐 그런 감정을 느낄 일이 많지 않기 때문입니다. 사랑하는 연인이 누구보다 싸우기 쉽고, 가까운 가족이 누구보다 많이 싸우는 상대 아닌가요?

그렇다면 능동적 힘에 따라 산다는 건 어떤 것인가? 이에 대해선 제가 『삶을 위한 철학수업』에 썼던 걸 인용하는 게 좋을 듯합니다.

"능동적 감정은 반동적 감정의 자극에 대해 다르게 '반응'하는 방식으로 시작하기도 한다. 반동적 감정을 정지시키는 어떤 시작으로. 내가 매우 존경하는 선생님이 한 분 있다. 실천적인 활동에 항상 열심일 뿐 아니라 '정치적 입장'은 나와 다르지만 도량이 넓고 성격도 밝고 '가벼우며' 권위적인 데라곤 전혀 없는 분이다. 그래서 나는 엔간하면 이분 하시는 일은 함께하거나 도와드려야지 생각하고 있었다. 하여, 몇 가지 활동을 함께하게 되었다. 하지만 일이 뜻대로 되는 경우는 많지 않고, 하려고 하던 일을 계속하는 것은 '인연조건'이 맞춰주지 않으면 쉽지 않다. 하여, 그분의 바람과 달리, 하던 일을 중단하는 일이 있었다. 이런 일이 두어 번 반복되어서일 것이다. 언젠가 그 선생님을 만났는데, 평소와 달리 눈을 돌리며 외면해버리시는 게 아닌가! 당황했지만 이유는 짐작할 수 있었다. 그 경우 속 좁은 평소의 나였다면 "아니, 뭐 그럴 수도 있는 거지. 나도 한가한 사람이 아닌데, 내 사정은 생각해주시지 않고……" 등등의 생각을 하면서 마찬가지로 외면해버렸을 것이다. 그랬다면 반동적 감정에서 반동적 감정으로 이어지는 연쇄반응이 일어났을 테고, 결국 우리는 서로 얼굴 보지 않는 썰렁한 관계가 되고 말았을 것이다. 호감이 만들어낸 관계에서 이런 반동적 감정이 싹트는 건 얼마나 쉬운 일인지! 그걸로 좋았던 관계가 나쁜 관계로 반전되는 건 또 얼마나 빈번한 일인지!

그러나 이분에겐 특별한 호감과 존경심이 있었기에, 돌린 눈을 따라가 웃으며 인사를 드렸다. 어색한 응답이 있었지만, 되도 않는 허언을 몇 개 던졌다. 다음번에 다시 만났을 때에도 역시 그분은 얼굴을 돌리셨지만, 나는 어울리지 않는 넉살로 따라가 다시 웃으며 인사를 했다. 그랬더니 이번에는 "헤헤헤"하는 예의 그 가벼운 웃음으로 응수해주셨다. 그리고 그다음에 만났을 땐 외면하지 않는 사이로 되돌아갔다. 물론 그분 성품이 좋아서 쉽게 빨리 풀린 것이겠지만, 나중에 생각하니 "아, 이런 게 능동적인 것인가" 싶었다. 덕분에 좋아하고 존경하던 분과 불편한 관계가 아니라 여전히 좋은 관계를 지금까지 지속할 수 있었다. 내가 생각해도 스스로 대견스러운 일이라.^^; 반동적인 감정을 넘어서는 능동적 태도를 설명한다는 빌미로 걸핏하면 자랑삼아 이야기한다."

능동적인 힘에 따라 사는 것, 그것은 좋다고 믿는 관계, 옳다고 믿는 관계를 '시작'하는 것이고, 반동적 감정에 매이지 않고 생각하고 판단하고 행동하는 것입니다. 물론 쉬운 일은 아닐 겁니다. 하지만 하려고 한다면 못할 것도 없는 일입니다. 더 큰 문제는 능동적으로 시작하기 이전에 우리는 어느새 반동적 감정에 사로잡히며, 그런 줄도 모르는 채 끌려간다는 겁니다. 그래서 자신이 지금 그런 감정에 사로잡힌 건지 아닌지를 얼른 알아차리는 게 중요합니다. 자신의 감정을 주시하고 그런 감정임을 알아차린다면 그로부터 벗어나기 시작합니다. 화난 줄 알면 화가 일단 반은 꺾이듯이 말입니다. 이런 알아차림은 빠를수록 좋습니다. 늦으면 늦을수록 이미 치성하게 커진 감정에서 벗어나는데 시간과 노력이 많이 필요하니까요. 그러면 반동적 감정의 곡선에서 벗어나, 자신이 원하는 선을 그릴 수 있게 됩니다. 반동적 감정에서 벗어나는 이탈의 선, 그것이 감정에서 자유로워지는 길을 표시합니다. 그 길을 가는 훈련, 그게 감정에서 자유의 능력을 증장시키는 훈련입니다.

지성

지성은 자유로운 삶을 사는데 매우 중요한 능력입니다. 감각이나 감정이 일단 어떤 대상이나 자극을 수용하는 방식으로 작동하며 의식보다 먼저 작용하기에 능동적이기보다는 수동적이기 쉽고, 그에 따라 반동적이기 쉬운 반면, 지성은 대상이나 자극에 대해 적극적으로 판단하기에 능동적이기 쉽습니다. 이미 앞에서 감각적 능력의 증장을 위해 공부하는 경우처럼 지성이 사용되는 경우에 대해 말했듯이, 감각이나 감정의 능력을 능동적인 것으로 바꾸는 데 중요한 역할을 하는 게 바로 지성입니다. 지성을 잘 사용하는 것이 자유로운 삶을 만들어가는 데 매우 중요합니다.

그러나 그렇게 적극적으로 사용된다고 해서 능동적인 것은 아닙니다. 화가 나서 하는 행동은 적극적으로 나서서 어떤 행위를 하지만 반동적이고, 원한에 사로잡힌 행동은 아무리 치밀하게 생각하고 뜻대로 하는 경우에도 반동적이듯이 말입니다. 오히려 지성은 의식적으로, 적극적인 방식으로 사용되기에 그렇지 않은 경우에도 능동적이라고 오해되기 쉽습니다. 그런 점에서 지성의 사용에서도 자유를 위한 것과 그렇지 않은 것을 구별할 수 있어야 합니다.

우리가 흔히 하거나 듣는 말 가운데 하나가 "난 너를 이해할 수 없어!" 혹은 "난 저걸 이해할 수 없어!"라는 말입니다. 가령 2013년 5월 동성애가 합법화되는 사태에 격분하여 파리의 노트르담 성당 제단에서 권총자살을 했던 한 노인이 그랬을 겁니다. 성당에서 자살한 걸로 봐서 충실한 가톨릭 신자였을 것으로 짐작되는데, 그가 보기엔 동성애란 소돔과 고모라의 타락을 상징하는 것이었을 겁니다. 그런데 동성애자의 결혼마저 합법화한다니, "도저히 이해할 수 없는 사태"였을 겁니다. 그걸 참을 수 없어서 자살까지 하게 된 것이겠지요. 그가 아는 한, 다시 말해 그의 지성을 통해 판단하건대 그건 있을 수 없는 일이며 있어선 안 될 일이었겠지요.

사실 "이해할 수 없어"란 자신의 지적인 능력 밖에 있음을 표현하는 말이고 지적인 능력의 한계를 표시하는 말입니다. 그렇다면 그걸 이해하기 위해 자신이 알고 있는 것 밖으로 나가야 하고, 그를 위해 지성을 사용해야 합니다. 그러나 알다시피 "이해할 수 없어!"란 이해하고 싶지 않으며, 있어선 안 될 일이라며 비난하는 말이지요. 이해하기를 포기하고, 눈앞에 있는 사태나 사람을 부정하는 것입니다. 그 말대로라면 자신이 이해할 수 있는 범위 안에서 세상일이 일어나길 기대하는 셈인데, 그게 대체 어떻게 가능하겠습니까? 우리가 이해할 수 없는 일들은 매순간 지구, 아니 우주 곳곳에서 빈번하게 벌어지고 있을 겁니다. 그걸 부정하고 비난한다고 그런 일이 안 일어날 리는 없을 겁니다.

"이해할 수 없어"란 말은 자신의 지성이 이해하는 것만 이해하려는 태도, 그런 방식으로 지성을 사용하는 방식을 표현합니다. "아는 만큼 보인다"고 하는데, "이해할 수 없어"라는 말은 자신이 알지 못하는 것은 보여선 안 되며 있어선 안 된다고 하는 비난입니다. 이것처럼 어리석은 일은 없습니다. 방금 말했듯이 세상일이 누구 한 사람이 아는 범위 안에서만 일어날 리 없으니 말입니다. 그럼에도 우리는 자신이 이해할 수 있는 범위를 벗어나면 그걸 이해하기 위해 노력하기보다는 그걸 비난하며 이해하려는 마음을 닫아버립니다. 자살한 저 노인도 그랬던 겁니다. 충실한 기독교도들에게 동성애란 이해할 수 없는 것이겠지요. 그러나 수많은 고통에도 불구하고 동성애자의 삶을 선택했다면, 거기엔 무언가 하지 않을 수 없는 이유가 있는 게 아니겠어요? 튜링처럼 탁월한 재능과 훌륭한 지성을 가진 사람이 당시 동성애를 함으로써 초래될 고통을 모를 리 없었을 겁니다. 그럼에도 그 길을 선택했다면, 그것을 두고 아무런 이유 없는 것이라고 누가 말할 수 있겠습니까? 그리고 그렇게 비난해도 그 길을 가는 이들이 나타나는 걸 누가 막을 수 있겠습니까?

이해할 수 없다면, 이해하려고 해야 합니다. 그걸 이해하기 위해 지성을 사용해야 합니다. 과학도, 철학도 모두 이해할 수 없는 어떤 현상이나 사태를 이해하기 위해 지성을 사용하는 학적 영역이지요. "난 이 현상을 이해할 수 없어!"라며 자기 이해 범위를 벗어난 일들을 외면하고 비난한다면 대체 인류의 지적인 능력이 어떤 상태에 있겠습니까?

이해할 수 없는 것은 모두 내 능력 밖에 있고 내 뜻대로 할 수 없습니다. 이해할 수 없는 것이 많을수록 뜻대로 할 수 없는 것이 늘어납니다. 반대로 이해할 수 없는 것을 이해하게 된다면, 그런 게 늘어난다면, 뜻대로 될지는 모르지만 그런 일이 있다는 사실로 고통 받을 일이 줄어들 것은 분명합니다. 이해할 수 없는 것들을 이해하려 하지 않고 비난하거나 한탄하는 한, 세상은 나를 절망시키고 나를 무력하게 만드는 일들로 가득 찬 게 될 겁니다.

지성이란 이해할 수 없는 것을 이해하기 위해 사용하는 능력입니다. 자신이 알고 있고 옳다고 믿고 있는 것을 넘어서는 방식으로 사용될 때, 지성은 자신이 이해할 수 있는 사태의 범위를 확장해 주며, 그런 만큼 자유롭게 생각하고 행동할 능력을 고양시켜 줍니다. 심지어 동의할 수 없고 내가 따라갈 생각이 없는 것이라도, 이해할 수 있다면 대체 왜 그런지 알 수 있고 그럴 때에만 마음이 편안해집니다. 그런 일에 어떻게 대처해야 하는지도 그런 이해가 있을 때 정확해집니다. 이런 점에서 지성은 지혜와 같지 않지만, 지혜로운 삶의 자원이 됩니다. 마찬가지로 이해할 수 없는 것을 향해, 내가 이해할 수 있는 것의 경계를 넘어가는 방식으로 사용될 때, 지성은 자유로운 삶의 자원이 됩니다. 반면 이해할 수 있는 범위 안에서만 지성을 사용할 때, 가령 이해할 수 없는 이유를 추론하고 정당화하며, 이해할 수 없는 일을 비난하는 방식으로 사용될 때, 지성은 자유를 확장해 주는 게 아니라 그것을 축소해 주며, 앞서 말한 노인처럼 죽음에 이르게 할 수도 있습니다. 저 노인은 자신이 아는 것에 의해, 자신이 '옳다/그르다'고 믿는 관념에 의해, 그런 판단을 형성하고 유지하는 지성에 의해 자살에 이르게 된 겁니다.

지성을 자신이 알고 있고 옳다고 믿고 있는 범위 안에서 사용하는가, 아니면 그것을 넘어서기 위해 사용하는가, 이것이 지성을 사용하는 아주 다른 두 가지 방법입니다. 누구도 자기가 옳다고 믿는 것을 넘어서기 힘들고, 누구도 자신이 이해할 수 없는 것을 이해하기 어렵습니다. 그러나 그렇기에 우리는 자유 아닌 구속 속에 살고 있는 겁니다. 자신이 아는 지식의 구속, 자신이 갖고 있는 신념의 구속, 자신이 지지하고 있는 도덕의 구속 말입니다. 자유란 어쩌면 그 경계를 넘어서는 지점에서 시작되는 것인지도 모릅니다. 경계를 넘어 지성의 이해범위가 확장되는 만큼 커지는 날개를 갖게 될 겁니다.

지성은 자유를 위해 매우 중요한 능력입니다. 모르면 보이지 않습니다. 하지만 지성이 자명한 것들에 대해 묻는 능력을 갖지 못한다면, 지성이란 그 안에 들어앉은 관념의 권력을 확장하고, 그에 대한 복종을 심화하는 능력에 머물 뿐입니다. 지성이란 대개 추론을 통해 작동하는데, 추론이란 전제된 것들 속에 함축된 것을 찾아내는 절차이기 때문입니다. 지성은 그것이 잘 알고 있는 것이 아니라 잘 모르는 것, 이해할 수 없는 것을 통해 비로소 자유의 계기가 됩니다. 지성이 능숙하게 작동하는 것이 아니라 고장 나는 지점이 자유의 장소가 됩니다. 그 이해할 수 없는 것을 향해 작동하기 시작할 때, 그 이해할 수 없는 것을 통해 자신이 생각지 못한 것을 생각하려 할 때, 지성은 자유를 향해 나아가게 될 겁니다.

자유를 위해 지성을 사용하는 방법을 훈련해야 합니다. "이해할 수 없어!"라는 단정적인 감탄문을 쓰기보다는 이해할 수 없는 것을 이해하기 위해 "대체 왜 그랬을까?"를 이해하기 위해 지성을 사용하는 것, 그것은 훈련 없이는 잘 되지 않습니다. 반면 훈련을 통해 능숙해질 수 있는 것이기도 합니다.

자유를 위한 작은 용기

지금까지 능력으로서의 자유에 대해, 그리고 자유로움의 정도를 높이기 위해 무엇이 필요한가에 대해 얘기했습니다. 감각적 능력을 확장해야 하고, 반동적 감정에서 벗어나 능동적인 삶을 살아야 하며, 내가 지금 이해할 수 없는 것을 향해 지성을 사용하는 법을 배워야 합니다. 이 모든 것은 약간의 용기를 필요로 합니다. 낯선 음식을 먹어보고, 그 맛이 어떤가에 관심을 기울이는 것도, 화난 사람에게 미안하다고 사과하는 것도, '삐진' 사람을 향해 웃으며 다가가는 것도, 이해할 수 없는 것에 대해 화를 내기보단 그걸 이해하려 마음먹는 것도 모두 그냥은 되지 않습니다. 약간의 용기를 필요로 합니다. 그게 없다면, 자유란 계속 저 멀리 있을 것이며, 가까이 있어도 다가갈 수 없는 거리 저편에 머물러 있을 겁니다.

약간의 용기와 더불어 우리의 자유는 증장되기 시작할 겁니다. 사실 이 얼마나 다행입니까? 결단을 요구하는 거창한 용기가 아니라 누구나 가능한 한 줌의 용기, 약간의 용기면 되니까 말입니다. 자유를 위해 영웅이 되는 결단은 필요 없습니다. 그러나 그렇기에 자유는 사실 더 어려운 것일 수 있습니다. 결단을 요구하는 것이라면, 그 거대한 벽 앞에 마주서서 명시적으로 고심하게 되겠지만, 그게 아니기에 맘먹을 생각을 하기도 어렵고 용기를 내야 한다는 것을 알기도 어렵습니다. 그저 습관적으로 하던 것을 그대로 하게 될 가능성이 크지요. 먹던 것만 먹고, 듣던 것만 듣고 이해할 수 있는 것만 이해하는 것 말입니다. 자유가 어쩌면 내 몸 가까이에 있지만, 여전히 멀리 있는 것은 이 때문일 겁니다. 그것은 여러분이 손을 내밀고 불러주길 여러분 바로 옆에 서서 기다리고 있는 것입니다. 약간의 용기를 발동해 주길 기다리고 있는 것입니다.

대동의 이상과
유토피아를 향한 꿈

이연도

Profile

베이징대학교에서 중국 근현대철학으로 박사학위를 받았다. 강유위의 대동
사상을 바탕으로 한 동양적 유토피아 담론을 현재 젊은이들과 공유하는 데
관심이 있다. 『강유위가 들려주는 대동이야기』를 썼고 『공자전』을 번역했다.
현재 중앙대학교 교양대학 교수로 재직 중이다.

대동의 이상과 유토피아를 향한 꿈

'유토피아'를 이야기하는 이유

오늘 제가 여러분과 나눌 얘기는 인류가 꿈꿔왔던 이상사회, '유토피아'에 대한 것입니다. 최근 우리 시대 청년을 규정짓는 단어 중에 '3포' 세대라는 말이 있습니다. 미래에 대한 희망이나 꿈이 없는 현실을 반영한 말이라고 생각합니다. 올해 초 타계하신 성공회대의 신영복 교수님은 『처음처럼』이란 책에서 "청년 시기에 꿈과 이상을 품지 못하면 참담한 실패의 삶"이라 하셨는데, 그런 점에서 우리 시대는 참 암울한 시대입니다. 이런 상황에서 '유토피아'를 이야기하는 것은 여러분 상황과 너무 맞지 않는 얘기인지 모르겠습니다. 다만, 모든 가치 기준이 '돈'으로 모아지고, 청년들의 꿈 역시 '안정적 직장'이나 '물질적 풍요'로

왜소해진 지금 모습이 결코 바람직하지는 않겠지요. 우리가 오늘 이상사회에 대해 다시 생각해 보는 이유입니다.

우리는 흔히 '유토피아'란 말을 들으면, 뭔가 현실과 동떨어진 이상주의자나 몽상가를 생각합니다. 이런 생각은 우리 주변에서 흔히 발견되는 '유토피아'라는 간판을 내건 모텔이나 아파트에서 더욱 강화됩니다. 실제 '유토피아'를 꿈꾸었던 인류의 역사를 살펴보면 이런 생각이 심각한 오해에서 비롯되었다는 사실을 쉽게 확인할 수 있습니다. 플라톤부터 토마스 모어, 로버트 오웬, 마르크스에 이르기까지 유토피아의 꿈을 얘기했던 사상가들의 저서에 화려한 생활에 대한 이야기는 없습니다. 이는 동양의 유토피아라 할 수 있는 '대동'사상 역시 마찬가지입니다.

동양과 서양의 유토피안들이 꿈꾸었던 이상사회는 결코 욕망의 해방구가 아니었습니다. 그들이 꿈꾸었던 사회의 가장 큰 특징은 '절제'와 '균형'이었습니다. 이들에게 맘껏 마시고 거리낌 없이 욕정을 발산하는 사회는 유토피아라기보다는 디스토피아였습니다. 유토피아와 대비되는 디스토피아는 마치 동전의 양면처럼 인간 사회의 어두운 단면을 보여주고 있습니다. 인간의 욕망을 무한정 충족시켜 주는 사회는 결코 이상적이지 않습니다. 인간의 욕심은 한계를 모르며, 이를 충족시키기 위해선 다른 사람의 희생이 불가피하기 때문입니다.

오늘날 한국 사회의 모습은 어떻습니까. 우리 사회가 추구하는 목표가 무엇인지, 이 시대를 사는 사람들이 꿈꾸는 삶의 목적이 무엇인지 살펴본다면, 지금 대한민국의 모습은 전형적인 디스토피아라 할 수 있습니다. 인간보다 돈이 우선되고, 진실보다 위선이, 정의보다 권력이 판치는 사회. 흙수저, 금수저로 대변되는 빈부의 세습은 우리 사회를 중세 신분제 사회로 되돌려 놓았습니다. 민주주의의 마지막 보루라는 대학마저 자본과 실용성의 잣대에 휘둘리는 모습은 우리를 깊은 절망감에 빠지게 합니다. 그렇더라도 우리는 포기해서는 안 됩니다. 새로운 사회에 대한 희망을 포기하는 것이야말로 이 시대의 권력을 가진 사람들이 바라는 일일 겁니다. 인류의 역사는 고달프고 힘들지만 정의를 향해 걸어왔던 사람들에 의해 조금씩 전진해 왔습니다. 이상사회를 꿈꾸었던 인간들에 대해 얘기하는 일은 그 길의 이정표를 확인하는 첫걸음입니다.

이상사회를 꿈꾸는 인간

인간은 아주 오래전부터 이상사회를 꿈꿨습니다. 지상낙원에 대한 인류의 오랜 열망은 어쩌면 아무런 염려 없이 자연에 순응하며 살고자 했던 태초 인간들의 모습, 인간의 원초적인 본능에서 비롯된 것일 겁니다. 성경에 나오는 태초의 인간은 에덴동산에서 자연의 질서만을 따르며 아무런 걱정 없이 즐겁게 살았습니다. 인류는 선악과를 따먹고 옳고 그름이 무엇인지 알게 되었습니다. 삶의 고통은 거기에서 시작되었습니다. 옳고 그름을 알게 된다는 것은 자신의 행위에 책임을 져야 한다는 의미를 갖고 있습니다.

그리스 신화 속 판도라의 상자 이야기는 더 나은 세상, 즉 이상사회에 대한 갈망이 인간에게 얼마나 중요한 것인지를 가르쳐 줍니다. 인간에게 불을 훔쳐다 줘 제우스의 노여움을 샀다는 프로메테우스 이야기를 들어 본 적이 있을 겁니다. 그의 발칙한 행동에 크게 화가 난 제우스는 그와 인간들에게 복수를 하기로 마음먹었죠. 장인(匠人)의 신 헤파이스토스를 찾아가 여신을 닮은 처녀, 판도라를 빚게 해 프로메테우스의 동생 에피메테우스에게 시집을 보냅니다. 결혼 예물로 아주 예쁘게 만든 상자 하나도 딸려 보내죠. 제우스의 선물이 불안했던 프로메테우스는 절대 그 상자를 열지 말라 신신당부를 합니다. 하지만 호기심을 참지 못한 판도라는 끝내 상자를 열고 맙니다. 그 순간 그 안에 봉인되어 있던 질병, 미움, 슬픔, 절망, 질투, 복수 등이 인간 사회로 쏟아져 나왔습니다. 평화롭던 세계는 한순간에 불행의 소용돌이에 빠지고 말았습니다. 겁에 질린 판도라는 얼른 상자를 닫았지만, 이미 상자 속의 모든 것이 빠져나간 뒤였습니다. 그때, 마지막 남아 있던 요정이 이렇게 말을 건넸습니다.

"판도라님, 제가 나가야만 사람들이 살아갈 용기를 가질 수 있어요!"

이 요정이 바로 희망입니다.

인간이 슬픔과 절망에 빠져 있다가도 다시 세상을 살아갈 수 있는 힘을 가질 수 있는 것은 바로 희망이 있기 때문입니다. 내일은 오늘보다 더 좋은 일이 생길 거라는 믿음이 있기에 살아갈 용기를 낼 수 있는 것이죠. 결국 이상을 꿈꾸는 것은 희망이 있기에 가능합니다. 이상사회, 유토피아에 대한 이야기는 결국 희망의 이야기라고도 할 수 있습니다.

유토피아, 세상 어느 곳에도 존재하지 않는 곳

우리가 흔히 말하는 '유토피아'는 영국의 대법관이었던 토마스 모어가 1516년 출간한 『유토피아』라는 책에서 유래한 것입니다. 올해는 이 책이 나온 지 정확히 오백 주년이 되는 해입니다. 그는 이 책에서 인류가 꿈꿔 온 이상사회의 모습을 실감나게 묘사했습니다. '유토피아'는 '없음'을 뜻하는 그리스어 '우(ou)'와 '장소'를 뜻하는 '토포스(topos)'라는 단어가 결합된 말입니다. '어디에도 없는 장소'라는 뜻이지요.

토마스 모어가 '유토피아'라 이름 붙인 섬의 가장 큰 특징은 '돈'이 애초부터 존재하지 않았다는 것입니다. 모든 재산은 주민들 모두가 공동으로 소유했습니다. 섬에 사는 사람들은 필요한 모든 것들을 무상으로 지급받았으며, 모두 같은 옷을 입고 공동식당에서 함께 식사하였습니다. 그곳에는 고리대금업자나 자본가처럼 다른 사람의 노동에 기대어 사는 사람들이 없었습니다. 금이나 보석은 아무런 값어치가 없어 물건을 매다는 사슬이나 변기를 만드는 데 사용되었습니다.

여러분께서 눈치 챘겠지만, 유토피아의 모습은 당시 영국의 사회와 선명한 대조를 이루고 있습니다. "한쪽에서는 엄청난 사치가 번성한 반면 다른 쪽에서는 비참이 번성했다. 빈민은 걸식을 했고, 자존심이 있는 사람들은 도둑이 되었다"는 표현이 이를 잘 말해 주고 있습니다. 토마스 모어는 법률가답게 당시 권력에 아부하는 법원의 모습 또한 신랄하게 비판했습니다. 그는 판사나 배심원들이 국왕의 주장이 아무리 정의에 어긋난다 해도 국왕에게 유리하도록 법을 교묘히 왜곡하는 방법을 발견한다고 꼬집었습니다. 토마스 모어는 '유토피아'라는 가상의 섬을 통해 당시 영국의 부조리와 부패를 풍자한 것입니다. 그에게 '유토피아'는 현실에서 이루고 싶은 이상사회의 모습이었지요. 이는 동양에서도 비슷한 형태로 나타납니다.

동양에서 『유토피아』와 비슷한 책으로는 4세기경 도연명이 쓴 『도화원기(桃花源記)』가 대표적입니다. 우리는 흔히 이상향을 뜻하는 말로 '무릉도원'이라는 말을 사용하는데, 그 어원이 되는 작품입니다. 길을 잃은 어부가 우연히 발견한 도화원의 사람들은 진시황의 죽음도, 세금을 거두는 관리의 존재도 모릅니다. 때가 되면 씨 뿌리고, 모든 수확은 구성원 모두가 고루 나눠 갖습니다. 도화원에 사는 모든 사람은 서로 평등하고, 전쟁이나 부역의 고통을 받지 않습니다. 『장자』에 나오는 '건덕지국(建德之國)'이나 『열자』의 '종북지국(終北之國)' 역시 이와 비슷한 내용을 담고 있습니다. 여기에서 작가들이 묘사하는 이상향의 모습은 황제와 관리들의 가혹한 억압으로 민중이 고통 받는 현실에 대한 풍자입니다.

중국이나 우리나라에서는 오래전부터 백성들이 꿈꾸는 이상사회를 대동(大同)이라 표현해 왔습니다. 대동은 '크게 더불어 하나가 된다'는 의미입니다. 중국 경전에서 '대동'이란 단어가 처음 명확하게 사용된 것은 『예기』의 〈예운〉편입니다. 〈예운〉편은 대동사회의 모습을 다음과 같이 묘사합니다. "대도가 행해지니, 천하는 모든 사람의 것이다. 현명한 자를 뽑고, 능력에 따라 관직이 수여되며, 신의와 화목을 가르친다. 사람들은 자신의 어버이만을 섬기지 않고, 자기 자식만을 따로 보살피지 않는다.” 천하가 황제의 것이 아니라, 모든 사람의 것이라는 생각. 자기 가족뿐만 아니라 나이든 사람이나 어린 아이들을 함께 보살피는 사회. 동양에서 꿈꾼 대동사회의 모습입니다.

근대 중국의 사상가 캉유웨이가 쓴 『대동서』는 동양의 이상 사회에 대한 생각을 근대적 시각으로 정리한 책입니다. 여기에서 그는 중국의 전통적 이상사회관을 당시 유입된 서양의 정치 사상과 결합하여 서술했습니다.

대동사상은 우리나라와 중국을 비롯해 유교문화권에 속하는 아시아 여러 나라에 적지 않은 영향을 미쳐 왔습니다. 맹자가 이야기했던 정전제(井田制)와 오늘날 중국이 표방하는 ‘중국의 꿈(中國夢)’은 시간적으로는 이천 년이라는 차이를 두고 있지만 내면으로는 동일하게 대동을 향한 열망을 담고 있습니다. 현재 중국 정부는 대동을 이루기 위한 전 단계로 ‘소강(小康)사회’ 실현을 정책 목표로 삼고 있습니다. 소강은 ‘조금 안정된 상태’라는 뜻으로, 기본적인 의식주 문제가 해결된 상태를 뜻합니다. 시진핑(習近平) 주석의 집권 이후 등장한 ‘중국의 꿈(中國夢)’이라는 구호는 현실사회에서 이상향을 이루고자 하는 동양 문화의 특징을 보여 주는 하나의 사례이기도 합니다.

서양 문화의 중심을 이루는 기독교 사상은, 행복한 낙원은 이 세상에 있는 것이 아니라 하나님이 준비해 둔 ‘천국’에 있다고 봅니다. 불교도 비슷하죠. 지금 우리가 살고 있는 현실 세계는 온갖 고통과 슬픔으로 가득 차 있고, 생명이 다한 후 가게 될 다른 세계, 즉 ‘극락’에 진정한 천국이 있다고 합니다. 하지만

우리나라나 중국의 전통문화에서 핵심을 이루는 유학은 이상사
회를 그렇게 보지 않습니다. 우리가 꿈꾸는 낙원은 천국이나 극
락에 있는 것이 아니라 바로 여기, 지금 우리가 살고 있는 이
세계에서 실현될 수 있다고 봅니다. 우리 역사 속에 생생하게
남아 있는 꿋꿋한 선비정신의 근원도 바로 여기에 있습니다. 이
세상을 인간이 살 만한 사회로 만들어야 한다는 강한 소명 의식
에서 비롯된 것이지요. 우리나라에도 『유토피아』나 『대동서』에
나오는 이상사회를 다룬 이야기가 적지 않게 있습니다. 대표적
으로 『홍길동전』에 나오는 '율도국'이나 근현대사회에 큰 영향
을 주었던 동학사상에서 이런 이야기의 흔적을 찾아볼 수 있습
니다.

유토피아의 실험들

세상 어느 곳에도 존재하지 않지만 모두가 꿈꾸는 세상, 유토
피아는 철학이 탐색하는 아주 중요한 영역 중 하나입니다. 수많
은 철학자와 작가들이 인류의 꿈과 이상사회에 대한 이야기를
해 왔습니다. 16세기 프랑스 작가 라블레는 『가르강튀아』라는
작품을 통해 '텔렘 수도원'이라는 유토피아를 그려 냈습니다. 영
국 작가 디포가 쓴 『로빈슨 크루소』에도 '리베르탈리아'라는 이
상사회가 등장합니다. 이런 공간들이 문학으로 표현된 유토피
아라면, 19세기 프랑스 사회주의자 푸리에가 구상한 사회주의
적 공동생활체 '팔랑스테르'나 1858년 뉴욕에 건설된 '통합 가

구(unitary household)'는 현실 세계에서 직접 실험한 유토피아라 할 수 있습니다.

『로빈슨 크루소』는 스코틀랜드 출신 선원의 실제 표류기가 영감이 되어 탄생한 작품입니다. 내용을 검토해 보면 국가와 정부의 문제, 사회계약에 대한 비판 등을 꽤 깊게 다루고 있다는 것을 엿볼 수 있습니다. 『가르강튀아』에 나오는 탈렘 수도원의 '탈렘'이라는 이름은 '나는 원한다'라는 뜻의 그리스어 '텔로(theolo)'에서 따왔습니다. 이곳 사람들은 자기가 일어나고 싶을 때 일어납니다. 먹고 싶을 때 먹고, 일하고 싶을 때 일하고, 자고 싶을 때 잡니다. 우리가 일반적으로 알고 있는 딱딱한 수도원의 이미지와는 많이 다르죠. 여기에 거주하는 사람들은 그 누구에게도 자기가 하고 싶지 않은 일을 억지로 하도록 강요받지 않습니다. '원하는 대로 행동하라'는 것이 이곳의 종교입니다. 그야말로 이상적인 곳이지요.

일반적인 상식으로는 도저히 이해할 수 없는 기묘한 이야기들이 유토피아 책들 속에서는 펼쳐집니다. 이야기의 주 무대는 대개 섬이나 수도원 같은 고립된 장소들이죠. 현실의 사회에서는 이상적인 삶을 실현하는 것이 그만큼 어렵다는 의미이기도 합니다. 대개 이런 이야기들은 주로 평온한 시기에 나타나기보다는 역사적으로 큰 변화가 있는 시기에 활발하게 논의됩니다. 가령 중세 신분제 사회가 근대 시민사회로 전환되던 시기, 근대 제국주의가 본격적으로 등장하던 시기에 유토피아를 다룬 이야기들이 많이 등장했습니다.

캉유웨이가 『대동서』를 썼던 시기인 20세기 초는 중국 역사상 가장 고통스러운 시기였습니다. 서구 열강의 침략으로, 중국은 이천여 년 동안 유지해 온 동양의 맹주 자리를 빼앗기고 생존마저 위협받고 있었지요. 1895년 청일전쟁에 패하며 마지막 남은 자존심까지 무너졌습니다. 캉유웨이는 그 위기의 원인이 중국이 시대의 흐름을 읽지 못한 데 있다고 보고 강력한 개혁을 촉구했습니다. 하지만 당시 그가 주도 했던 변법자강(變法自强) 운동은 반개혁파의 저지로 실패로 끝나고 말았죠. 그러나 이후 그 불씨가 발전해 왕조 정치를 청산하고 새로운 민주 공화제를 여는 데 큰 역할을 했습니다. 『대동서』는 무술변법 실패 후 캉유웨이가 외국으로 망명해 완성한 책입니다.

모두를 위하는 마음

대동사상의 핵심은 '모두를 위하는 마음'과 '고루 잘 사는 것'으로 요약할 수 있습니다. 이는 대동 사회를 구체적으로 다뤄 낸 경전인 『예기』와 『시경』, 『묵자』에서도 공통적으로 확인할 수 있는 내용입니다. 동양에서는 하(夏)나라 이후 이천 년 넘게 군주전제가 유지되어 왔습니다. 그리고 그 속에서 '천하는 한 개인이나 집안의 소유물이 아니다'라는 생각 역시 면면히 이어져 왔지요. 유학의 대표 경전인 『맹자』에서도 그런 내용을 확인할 수 있습니다. 맹자는 "왕의 본분을 다하지 못한 걸왕과 주왕은 한낱 필부에 지나지 않는다"고 비판했습니다. 조선의 성리학자들이 "왕은 선비의 한 사람에 불과하며, 수양(修養)을 게을리

한다면 왕의 자격이 없다"고 한 것도 바로 여기에 그 근거가 있습니다.

캉유웨이는 『대동서』에서 고대 중국의 이상향인 대동사상을 구체화시켰습니다. '사회의 경계를 극복하고 모두가 행복하게 사는 인류 공동체'가 그가 꿈꾼 세상이었지요. 그는 전쟁은 국가 간에 경계가 있기 때문에 일어나는 것이라 보았습니다. 그가 제시한 대안은 '국가 없는 세계'였습니다. 그는 나아가 우리 사회의 다툼은 대부분 가족이기주의에서 비롯된 것이라며 가족제도 역시 해체해야 한다고 주장했습니다. 지금 들어도 깜짝 놀랄 만한 얘기죠. 현실적으로 실행하기는 어려운 일들입니다. 그렇지만 지금 우리 사회에 팽배해 있는 개인주의나 전쟁의 위협 등을 떠올려 보면, 충분히 그 의미를 되새겨볼 가치가 있습니다.

실제로 국가는 사람들이 전쟁을 벌이는 근본적인 원인입니다. 국제기구 유엔(UN)을 비롯해 전쟁을 반대하고 평화를 지지하는 세력들이 이렇게 많은데도 왜 전쟁의 포성은 여전히 끊이지 않는 것일까요? 그것은 아마 각 나라들이 자신의 이익만을 위해 힘쓰고, 강대국들은 특히 더 유엔의 권고를 쉽게 무시해 버리기 때문일 것입니다. 국경에 상관없이 지역별 블록을 형성하고 국가들을 통합해 '세계 정부'를 구성한다면 어떨까요? 세계 의회가 구심력을 발휘해 모두가 무기를 버리게 한다면, 더 이상 전쟁은 일어날 수 없게 되지 않을까요? 물론 현실적으로 어려운 일이겠지만, 인류의 가장 큰 희생인 '전쟁'이 왜 발생하는지에 대해 생각해 보는 계기가 될 것입니다.

이상사회가 도래하여 경계와 격차가 해소되면 이외에도 많은 갈등들이 해결될 것입니다. 오늘날 국가 간의 전쟁보다도 더 치열한 갈등은 부자와 가난한 자 사이의 갈등입니다. 생산 규모가 거대해지고 유통 과정이 복잡해지며, 돈 있는 사람과 없는 사람 간의 격차는 마치 하늘과 땅만큼 크게 벌어졌지요. 대동 사회가 실현되려면 빈부의 격차, 자본가와 노동자의 간극이 해소되어야만 할 것입니다.

가족제도의 철폐는 캉유웨이뿐 아니라 이탈리아의 철학자 캄파넬라도 주장했던 내용입니다. 캄파넬라는 『태양의 도시』에서 유토피아를 가족이 없는 사회로 그려냈습니다. 그는 부자와 가난한 자 사이의 갈등도 근본적으로는 가족제도에 그 원인이 있다고 보았지요. 인류 역사에서 가족이라는 개념이 생긴 것은 공동으로 소유하던 재산을 개인들이 나누어 갖게 되면서부터 입니다. '내 재산은 내 자식에게 물려주겠다'는 이기적인 생각이 싹트며, 원시의 인류 공동체가 무너지고 각각의 가족이 생겨난 것이지요. 물론 그것이 인간의 본성이고, 그로 인해 경쟁심이 생겨나 인류 역사 발전의 원동력이 되었다고 주장하는 이들도 있지만요.

실제로 가족이기주의는 심각한 사회 분열과 함께 교육적 빈곤과 차별 문제까지 야기합니다. 부유한 집에서 태어난 아이는 좋은 교육을 받아 성공할 가능성이 높아지지만, 가난한 집에서 태어난 아이는 상대적으로 덜 좋은 교육을 받게 될 수 있고 공부보다는 다른 일에 신경을 써야 하는 경우가 많죠. 결국 가난이 대를 이어 계속될 수 있다는 데에 문제의 심각성이 있습니다.

캉유웨이는 인간이 세상에 태어나 겪게 되는 슬픔을 크게 여섯 가지, 허약한 신체, 자연재해, 사회 지위의 불평등, 제도적 제약, 인간적 슬픔, 견디기 힘든 의무로 이야기했습니다. 그런데 이 모든 고통들은 실상 우리가 스스로 만들어 놓은 경계, 즉 벽에서 비롯되는 경우가 많습니다. 그러니 국가, 가족, 성별, 인종 등과 같은 벽과 경계 그리고 격차를 만들어 내는 여러 요인들에서 벗어나야만 비로소 인류가 크게 하나 되는 이상사회를 건설할 수 있을 것입니다.

오늘의 한계를 뛰어넘는 열망

이상사회를 꿈꾸는 희망은 왜 소중한 것일까요? 독일의 철학자 블로흐는 그의 저서 『희망의 원리』에서 "우리 시대의 철학이 빈곤한 이유는 인간이 '사유가 지닌 초월적 세계'를 포기했기 때문이다"라고 설파했습니다. 오늘날 철학의 주류 중 하나인 논리실증주의는 근본적으로 '논리의 저편에 초월이 존재한다'는 사실을 부정하지요. 그 결과는 어떻습니까? 논리성에 대한 강조로 합리적 사고 능력은 향상되었을지 모르지만, 현실을 극복하고 더 나은 미래로 향하려는 희망은 사라져 버렸습니다. 초월을 포기한 철학은 이렇게 '사상적 빈곤의 함정'에 빠질 수밖에 없습니다. 오늘날 우리사회의 가치를 결정짓는 실용주의 또한 마찬가지입니다. 어디에 유용한지, 어떤 이익을 낼 것인가에만 관심을 두는 사고는 단기적 결과에만 집착하게 만듭니다. 실제 인류의 역사는 쓸모없어 보이는 일에 관심을 가졌던 사람들에 의해 발전해 왔습니다.

인간의 사유는 근본적으로 현실을 초월하는 행위입니다. 육체는 이곳, 문제 많은 현실 속에 갇혀 있어야 하지만 생각은 언제든 현실보다 더 나은 세상을 꿈꿀 수 있으니까요. 현실을 넘어서는 이상에 대해 공부하는 것이 중요한 이유입니다. 오늘날 사람들이 유토피아 사상에 관심을 갖는 것은 결코 우연한 일이 아닙니다. 이상사회에 관심을 갖고 쉼 없이 논하며 그곳을 꿈꾼다는 건 기존 사회의 질서가 위기에 처해 있다는 사실을 반영합니다. 독일의 사회학자 만하임은 그의 저서 『이데올로기와 유토피아』에서 다음과 같이 얘기합니다. 이상사회를 원하는 이들의 의식 바탕에는 하나같이 그들을 억압하는 사회집단을 개혁하겠다는 강렬한 의지와 희망이 있다고. 유토피아를 향한 열망은 현 사회의 변화와 개혁을 요구하는 이들의 목소리와도 같은 것입니다.

우리의 오랜 역사 속에서 인류가 이뤄 낸 수많은 일들은 사실 과거로 돌아가 그때의 관점에서 생각해 보면 모두 현실적으로 불가능한 일이었습니다. 자유, 평등, 민주주의, 법치, 여성의 투표권, 아동의 권리, 모두가 수많은 희생을 통해 이룩한 것들이지요. 도저히 깨지지 않을 것처럼 보였던 철벽을 향해 거침없이 자신의 몸을 날렸던 숱한 이상주의자들이 자기 목숨과 맞바꾼 것들입니다. 유토피아를 향한 열망을 기반으로 일으킨 혁명이 오늘을 이룬 것입니다.

동아시아의 근대는 혁명의 시대였습니다. 아울러 청년의 역할이 새롭게 주목받은 시대이기도 했습니다. 중국의 5.4운동은

2천 년 동안 유지되어 오던 봉건 질서를 뒤엎고 민중의 시대를 열었습니다. 신해혁명에서 신문화운동으로 이어진 이 거대한 흐름의 선봉에는 청년이 있었습니다. 당시 신문화운동을 주도했던 그룹의 기관지 이름이 '신청년(新靑年)'이었습니다. 그 이름이 말해 주듯 새로운 시대의 주역은 청년들이었습니다. 우리 역시 마찬가지입니다. 1970~80년대 군사독재의 억압에 맞서 민주화를 이뤄냈던 자랑스러운 역사의 선봉엔 청년이 있었습니다. 이상과 꿈은 어느 세대나 가지고 있지만, 그것을 과감히 실천에 옮길 수 있는 힘과 패기는 청년에게 있습니다. 세상을 탓하고 포기하기보다는 잘못된 사회를 바꾸려는 꿈을 청년이 가져야 하는 이유입니다. 우리 사회가 과거의 역사로 후퇴하는 듯 보이는 것도 청년의 기개와 패기가 예전만 하지 못하기 때문이 아닐까요? 청년이 이상을 꿈꾸지 않는 사회는 미래가 없습니다.

모든 사람이 더불어 행복하게 사는 세상, 그런 세상을 꿈꾸는 것은 인류가 존재하는 한 계속될 것입니다. 인간은 모두 오늘보다 나은 미래를 바라기 때문입니다. 우리 시대의 청년이 그 꿈을 간직하고 실현하는 모습을 기대합니다.

니체의 운명애(amor-fati)와 운칠기삼(運七技三)의 세계

: 힐링을 넘어 파이팅으로

최순영

Profile

서울대학교에서 정치학을 공부하고 독일 훔볼트 대학에서 철학박사학위를 받았다. 니체를 공부하며 인생의 역경과 고투하면서도 삶을 사랑하는 힘을 배웠다. 젊은이들에게 운명애의 힘을 열정적으로 전달하고 하고 있다. 『니체와 도덕의 위기 그리고 기독교』를 썼다. 서원대학교에서 연구교수로 재직하고 있다.

니체의 운명애(amor-fati)와
운칠기삼(運七技三)의 세계

: 힐링을 넘어 파이팅으로

철학자 프리드리히 니체에 대하여

마르크스가 좌파를 대표하는 혁명적 지식인라면 니체는 우파를 대표하는 혁명적 지식인이라 할 수 있습니다. 니체의 저서 중에『우상의 황혼』(1888)이라는 책이 있습니다. 이 책의 부제는 '망치로 철학하기'입니다. 모든 우상들을 깨부순다는 뜻이지요. 니체가 말하는 우상에는 황금만능주의, 유일신, 국가 등이 있습니다.『차라투스트라는 이렇게 말했다』에 '새로운 우상에 대하여'라는 제목의 글이 있는데, 우상으로서 근대민족국가 비판입니다. 참고하시기 바랍니다. 우상들이 부서진 후, 음산한 허무주의에 빠진 유럽문화를 재건하기 위해 니체는 모든 가치의 전도를 시도합니다. 그래서 니체철학을 '미래 철학' 또는 '실험 철학'

이라고 합니다.

내가 아는 철학자 중에서 니체만큼 인생의 불행과 고통, 고독 속에서 산 사람은 없습니다. 이러한 삶을 살았음에도 불구하고 니체가 '너 자신의 운명을 사랑하라'고 말하기에 그의 운명애 사상이 우리에게 의미심장하게 다가오는 것입니다.

니체는 1844년 독일에서 목사의 아들로 태어났습니다. 그는 어릴 때부터 우수한 학생이었고, 고등학교, 대학교에서 그의 탁월한 학문적 재능을 드러냅니다. 그리하여 니체는 박사학위를 받기 전에 그의 지도 교수의 추천에 힘입어 25세(1869)에 스위스 바젤에 있는 바젤대학교의 고전문헌학 교수로 초빙됩니다. 그

러나 니체는 고질적 병과 철학적 저술에 대한 열정으로 인하여 10년 만에, 시쳇말로 철밥통인 교수직을 포기합니다. 이때부터 고전문헌학 교수가 아닌 철학자 니체의 인생 역경과의 지난한 투쟁이 시작됩니다.

힐링을 넘어 파이팅으로

여러분 힐링이 뭐지요? 상처를 치료하는 것이지요? 힐링은 파이팅 하다가 다친 상처를 치유하는 것입니다. 인생은 일종의 전투 내지는 게임입니다. 학생들은 시험으로 경쟁하고, 기업은 시장에서 경쟁합니다. 삶의 전투에서 파이팅 하다, 상처를 입으면, 우리는 휴식과 더불어 힐링을 하는 것입니다.

저는 요즘 '힐링'이 무슨 상품이 된 것 같은 느낌을 받습니다. 많은 책들과 강연들이 힐링을 주제로 하고 있습니다. 그러나 파이팅을 이야기하는 경우는 거의 없더군요. 한국인들 힐링이라는 말을 너무 많이 합니다. 파이팅 없이 힐링만 하는 사람은 병든 사람 또는 정신적 아편환자라고 말할 수 있습니다. 인생은 파이팅&힐링, 힐링&파이팅의 연속입니다.

저는 전임교수가 아닙니다. 전임교수 공채에 50번 넘게 시도해 봤으나, 성공하지 못했습니다. 마지막 과정인 3차 총장 면접까지도 여러 번 갔었습니다. 그러나 매번 고배를 마셨습니다. 저는 서울대학교를 나왔습니다. 어려서부터 줄곧 '총명하다', '재치 있다'는 소리를 듣고 자랐습니다. 저는 인생에서 열심히 해도 안 되는 일이 있다는 것을 교수공채 낙방을 통해서 처음 경험해 봤습니다. 이 경험은 아주 중요한 경험입니다. 우리사회에서 요즘 소위 갑질하는 사람들, 그 사람들에게 부족한 경험이 바로 이 좌절의 경험. '열심히 해도 안 되는 일이 있다.'는 고뇌의, 쓴잔의 경험이 이들에게 부족한 것입니다.

삶과 運七技三(Fortuna와 Virtu)

여기서 우리는 니체의 운명애 사상을 동양철학의 運七技三의 맥락에서 이해할 수 있습니다. 동양이든 서양이든 삶의 구조는 동일합니다. 運七技三을 서양철학의 개념으로 말한다면 라틴어인 Fortuna,와 Virtu로 말할 수 있습니다. Fortuna는 영어의 행운을 뜻하는 Fortune의 어원입니다. Virtu는 영어의 덕을 의미하는 Virtue의 어원입니다. 쉽게 말하자면 運과 Fortuna는 인간의 능력 밖의 일이고, 技와 Virtu는 인간이 할 수 있는 능력을 의미한다고 할 수 있습니다. 잘 봅시다. 동서양을 막론하고 인간이 할 수 있는 것보다 인간이 할 수 없는 것이 많은 것이 인생이라고 인류는 인식하고 있습니다. 우리는 運의 영역에 속하는 일들을 수용할 수 있어야 합니다. 반면에 技는 갈고 닦아야 능력을 배양해야 되겠지요. 그런데 문제는 이렇게 간단하지 않습니다. 우리 인생의 많은 부분이 運에 의해서 결정됩니다. 인간의 능력 밖의 사건, 즉 運이 삶에서 차지하는 비율이 70%입니다. 이건 과거의 이야기입니다. 고도로 조직화되고, 관료화된 현대사회에서 技의 비율은 30% 이하로 떨어집니다.

　사람이 가장 견디기 힘든 혹독한 시련(예를 들면, 교통사고, 취업난의 시대에 태어남, 치명적 질병에 따른 의학적 사형선고 등)은 불행이 나의 잘못에 의한 것이 아니라 나에게 그냥 무작위(random)로 닥쳤을 때입니다. 여기서 우리는 로마의 여신 Fortuna에 해당하는 그리스의 여신 '티케(Tyche)'상을 한 번 자세히 살펴 볼 필요가 있습니다. 여기에 서양 고대인들의 運에 대한 생각이 들어있기 때문입니다. 우리가 運七技三, Fortuna vs. Virtu의 관계만 잘 이해하면 극단적 좌절을 견디지 못해 발생하는 자살이라는 비극을 피할 수 있습니다. 한국이 OECD 회원국 중에서 자살 1, 2위 국가인 것은 잘 알려진 사실입니다. 그럼 티케의 모습이 우리에게 어떤 메시지를 주는지 살펴봅시다.

　우리는 우선 티케여신의 눈이 천으로 가려져 있음을 볼 수 있습니다. 그리고 그녀의 팔에서 황금동전이 떨어지고 있습니다. 사람이 가장 열심히 추구하는 것이 가치는 돈, 권력, 명예라고 할 수 있습니다. 황금동전은 돈입니다. 특히 우리가 살고 있는 자본주의는 돈을 중요시하는, 아니 우상화하는 문화라 할 수 있습니다. 티케여신은 황금동전을 눈을 감고 무

〈행운의 여신 티케〉

작위로 흘리고 있습니다. 이것이 무엇을 뜻할까요? 행운(fortune)과 불운(misfortune)은 모든 인간에게 무작위로 다가온다는 것을 의미한다고 볼 수 있습니다. 인생 80년을 크게 보면 대부분의 사람들에게 서너 번의 큰 행운과 서너 번의 큰 불행이 온다고 할 수 있습니다. 이점에서 볼 때 티케여신의 행운의 무작위 분배는 매우 공평한 처사입니다. 단지 사람은 자신에게 다가온 행운보다 불행을 더 잘 기억하고, 불행을 더 과대평가하는 버릇이 있음을 기억할 필요가 있습니다. 니체의 생철학(life philosophy)적 관점에서 볼 때, 이는 생존과 번영을 위한 인간의 무의식적 행위라 할 수 있습니다. 행운보다 불행이 인간에게 더 깊이 각인되는 것은 그러므로 자연스러운 이치라고 할 수 있겠습니다. 그러나 여기서 우리는 철학적 질문을 던져보아야 합니다. 왜 사람들은 자기의 세대를 가장 불행한 세대 내지는 소위 어정쩡한 낀 세대하고 인식할까요? 영화 〈국제시장〉에서 주인공 황정민 '여보 우리가 겪은 고생을 자식들이 겪지 않아서 참 다행이다.'라는 내용의 대사가 기억납니다. 영화 〈국제시장〉에 대한 반응도 다양하더군요. 공감하는 사람이 있는 반면, 기성세대의 자기 합리화라고 반발하는 사람도 있습니다. 왜 자기 세대가 가장 행복한 세대라고 하는 사람은 없을까요? 그러므로 우리는 자신을 객관적으로 바라볼 수 있는 능력을 길러야 할 것입니다. 소크라테스의 '너 자신을 알라'는 그리스의 신전에 새겨져 있는 고대 그리스의 격언입니다. 니체 또한 철학은 자신에 대한 탐구와 반성임을 강조하고 있습니다. 이는 동양의 경우도 마찬가지입니다. 유교의 수기치인(修己治人), 불교의 팔정도(八正道)의 첫째 덕목인 정견(正見)은 자신에 대한 공부라 할 수 있습니다. 우리가 자신을 객관적으로 평가할 수 있는 능력을 길러야 함을 내가 강조하는 이유는, 이 능력이 자신의 불행에 대한 과대평가로부터 우리를 해방시켜주기 때문입니다. 즉, 자기를 정확하게 평가할 수 있는 철학적 지혜는 우리를 낀 세대 콤플렉스에서 해방시켜 줄 것입니다.

마지막으로 볼 부분은 사진에는 안 보이는데, 티케여신의 뒷머리가 대머리이라는 사실입니다. 아름다운 그리스 여신과 대머리, 뭔가 어울리지 않습니다. 이것이 의미하는 바는 무엇일까요? 행운은 무작위로 오고, 지나가면 잡을 수 없다는 뜻이지 않을까 생각해 봅니다. 준비되지 않은 사람에게 행운은 그냥 지나쳐 버립니다. 티케여신의 뒤통수는 지나가버린 행운을 뒤 늦게 깨달아도 붙잡을 수 없다는 것을 우리에게 말해 줍니다. 행운은 무작위로 오지만 행운을 붙잡는 것은 우리의 능력, 곧 技, Virtu에 속한다고 말할 수 있습니다. 영어로 기회는 chance입니다. chance는 우연이지만 chance를 붙잡는 것은 우리의 능력입니다. chance는 준비된 자에게만 행운이 됩니다. 그러므로 우리는 기회가 왔을 때 행운을 받을 준비가 되어 있어야 할 것입니다.

니체철학에서 우연(chance)은 중요한 위치를 차지합니다. 니체 이전의 서양철학의 주류를 이루던 합리주의 철학에서 우연은 필연과 합법칙성에 비하여 보잘 것 없는 것 내지는 필연과 합법칙성에 종속된 것으로 인식되었습니다. 플라톤, 아리스토텔레스, 헤겔, 마르크스의 철학이 그 예입니다. 니체는 이에 반해 우연의 철학적 가치를 격상시켰습니다. 흔히들 니체를 포스트모더니즘의 선구자라고 합니다. 니체로부터 우연, 놀이, 생성, 게임, 애매모호함과 같은 개념들이 중요한 철학적 의미를 갖게 됩니다. 運七技三에서 運이 70%인데, 그동안 서양철학의 주류는 運, fortuna를 가치 절하했던 것입니다. 니체는 『차라투스트라는 이렇게 말했다』의 '정신의 세 가지의 변화에 대하여'에서 정신의 세 단계를 낙타→사자→아이로 표현합니다. 정신의 최고 단계는 놀이하는 아이로 비유되어 있습니다. 놀이에서 중요한 것은 필연성, 합법칙성이 아닌 우연성입니다. 우연성이 없으면 놀이, 게임이 될 수 없습니다.

삶은 때론 우리가 수용할 수 없을 정도로 잔혹하고, 비극적입니다. 앞에서 예를 들었던 우연한 불행이 그 예입니다. 니체의 인생관을 비극적 인생관이라고 할 수 있습니다. 그러나 니체의 운명애는 인생의 이러한 우연적 요소, 비극적 요소를 긍정하고 사랑하라는 메시지입니다. 니체는 삶은 필연성에 속박된 고된 노동이 아니라, 우연성을 긍정하는 놀이임을 보여줍니다. 니체의 운명애는 우리를 필연성에 종속된 노예가 아닌 우연성—때론 이것이 매우 잔혹할지라도—을 수용하고, 우연성을 긍정하는 놀이로써의 삶이라는 해방적 지평을 열어줍니다. 우연성이 있는 곳에만 자유가 있습니다. 그리고 자유는 책임감을 요구합니다. 그러나 운명을 사랑한다는 것은 쉽지 않습니다. 그래서 니체는 힘에의 의지와 강함을 중시 여기는 것입니다.

'운명'하면 베토벤이 생각납니다. 그는 작곡가임에도 불구하고 청력을 잃습니다. 그는 자살하려고 유서를 쓴 적이 있었습니다. 베토벤의 음악이 우리에게 감동을 주는 중요한 이유 중에 하나는 그가 이 잔혹한 운명을 이겨냈다는 점입니다. 그의 말년 대작들은 그가 청력을 완전히 잃고 난 뒤에 작곡된 것입니다.

'고통을 통과해서 환희에로'

—루드비히 반 베토벤

우리는 삶에서 수많은 어려움과 고통과 직면합니다. 때론 우리는 좌절하기도 합니다. 그러나 휴식하고, 힐링한 후 우리는 다시 파이팅 해야 합니다. 그렇지 않다면 우리는 베토벤의 '운명 교향곡'과 니체 운명애의 매력을 알 수 없을 것입니다.

니체의 삶과 철학

니체철학을 흔히 생철학, 실험철학, 미래철학이라고 합니다. 니체는 삶과 괴리된 이론을 삶의 쇠락을 의미하는 데카당스 현상으로 비판합니다. 그러므로 니체에 따르면 철학은 우리에게 각자의 삶에 맞는 방향과 의미를 제시할 수 있어야 합니다. 제 다음 장에서는 니체의 운명애가 어떻게 그의 삶과 긴밀히 관련되어 있는지 살펴보고자 합니다.

니체의 질병과 위대한 건강론

니체의 아버지 칼 루드비히 니체는 니체가 다섯 살이었던

1849년 뇌와 관련된 질병으로 젊은 나이에 죽습니다. 아버지로부터의 유전인지, 니체는 평생 동안 두통, 눈병, 위장병을 앓았습니다. 한 번 발작을 일으키면 니체는 구토와 두통에 시달립니다. 그리고 2~3일 동안 아무 것도 먹지 못한 채 침대에 가만히 누워 있습니다. 니체는 미혼이며, 은둔을 사랑한 철학자였습니다. 그는 대도시를 혐오했습니다. 『차라투스트라는 이렇게 말했다』의 '시장터에서', '그냥 지나치기'라는 제목의 글은 도시문명 비판에 대한 것입니다. 대도시는 그냥 지나쳐버려야 할 정도로 니체에게는 별 볼일 없는 곳이었습니다. 그는 고독과 자연을 사랑한 철학자였습니다.

그러나 니체가 지병에 시달릴 때면, 그는 시골의 조그만 방에서 홀로 고통을 받아들이며 이겨냈습니다. 그래서 니체의 말년 저작 『우상의 황혼』의 구절 '나를 죽게 하지 않는 것은 나를 강하게 만든다'는 구절과 니체의 '위대한 건강'론은 우리에게 더 감동적으로 다가오는 것입니다.

니체는 소크라테스로, 플라톤부터 시작되는 서양의 이성중심주의 철학을 비판합니다. 그리고 그는 작은 이성인 정신보다 더 큰 이성인 몸을 중시하는 철학을 주장합니다. 그의 질병은 그에게 기후, 섭생에 관한 예민한 감각을 가져다주었습니다. 니체 자신의 작품에 대한 자기비판적 회고록인 『이 사람을 보라』를 보면, 니체는 철학에서, 기후, 풍토, 음식이 매우 중요함을 밝히고 있습니다. 그의 이러한 철학적 태도는 그의 질병과 깊은 관련이 있습니다. 쉽게 말하자면 그의 지병은 니체의 몸중심 철학, 위대한 건강론의 토대가 되었다고 할 수 있습니다. 니체는 그의 지병조차도 운명으로 사랑한 것입니다. 우리에게도 이러한 삶에 대한 철학적 지혜가 필요하지 않을까요? 모든 사건은 빛과 그림자가 있습니다. 인생에서 어떤 것도 백 퍼센트 좋음, 백 퍼센트 나쁨으로 되어 있지 않다고 저는 생각합니다. 니체의 경우를 보더라도 그의 질병은 그를 강하게 만들었고, 그의 몸철학의 기초가 되었습니다. 제가 여러분에게 여러 번 강조했던 자신을 객관적으로 바라볼 줄 아는 능력이 그래서 중요한 것입니다. 운명을 사랑하기 위해서는 삶을 구성하는 행운과 불운, 건강과 질병, 탄생과 죽음을 모두 수용하는 긍정적이고 폭넓은 안목이 필요합니다. 인간이 가장 무서워하는 죽음조차도 좋은 면이 있습니다. 우리의 조상들이 돌아가셨기 때문에 그 자리에 우리가 태어난 것입니다. 우리가 죽지 않는다면 우리의 후손들은 태어날 수 없는 것입니다. 낙엽이 져야, 봄에 꽃이 피는 이치와 똑 같은 것입니다. 우리는 그림자만 보는 비관주의도, 빛만 보는 낙관론도 경계해야 합니다. 극단적인 생각인 all or nothing, winner or loser라는 틀에서 벗어나면 청년자살 일등국가라는 불명예에서 벗어날 수 있을 겁니다. 삶에는 행운과 불행이 공존합니다. 우리는 둘 다 적극적으로 수용해야만 합니다. 니체의 운명애 사상은 우리가 삶을 보다 폭넓게 받아들이고 사랑하는데 도움을 줄 것입니다. 니체의 지병은 그의 몸철학과 위대한 건강론의 자양분이 되었습니다. 우리도 불행을 회피하지 않고, 잘 수용할 수 있도록 지혜와 용기를 기릅시다. 우리가 예기치 못한 불행을 잘 이겨내기만 하면, 불행은 우리를 보다 강건하게 하고, 너그럽게 해주는 행운이 될 수 있습니다.

가난과 고독

앞서 말했듯이 니체는 안정된 삶이 보장된 교수직을 그만 둡니다. 그리고 대도시인 바젤을 떠나 이탈리아와 스위스의 수려한 자연 속에서 고독한 철학자의 길을 선택합니다. 『차라투스트라는 이렇게 말했다』는 스위스의 실스 마리아에서 집필된 책입니다. 니체의 영원회귀 사상은 실스 마리아의 자연 속을 니체가 산책하는 과정에서 탄생하였습니다. 니체가 바젤대학 고전문헌학 교수를 계속했더라면 『차라투스트라는 이렇게 말했다』는 탄생하지 못했을 것이고, 니체는 오늘날처럼 유명한 철학자가 되지 못했을 겁니다.

니체가 포스트모더니즘의 탄생에 큰 영향을 주었다는 것은 잘 알려진 사실입니다. 니체는 20세기 대표적인 철학자인 하이데거, 들뢰즈, 푸코, 데리다 등에게 큰 영향을 주었습니다. 우리는 또한 『차라투스트라는 이렇게 말했다』가 자비로 출판되었다는 점을 잊지 말아야 합니다. 왜 니체는 안락한 삶이 보장된 교수직을 버리고 고독, 병마, 가난과 싸우면서 자신의 대표저서인 『차라투스트라는 이렇게 말했다』를 자비로 출판할 수밖에 없는 고난의 길을 선택했을까요? 편안한 웰빙을 추구하는 우리의 삶의 태도와 다르지 않습니까? 안정된 직장을 갖는 것이 마치 삶의 최종적 목표인 양 버둥대는 우리의 모습에 철학자 니체의 삶을 대하는 자세는 마치 우리를 비웃는 듯합니다. 『차라투스트라는 이렇게 말했다』의 '새로운 우상에 다하여'의 한 구절, '여기 존재할 가치가 없는 자들을 보라! 부를 축적하는데도 더욱더 가난해지고 있지 않은가. 저들은 권력을 원하며 그 무엇보다도 먼저 권력의 지렛대인 많은 돈을 원한다. (…중략…) 위대한 영혼에게는 여전히 자유로운 삶이 열려 있다. 진정 적게 소유하고 있는 자는 소유되는 일도 그만큼 적을 것이다. 조촐한 가난이여 찬양 받을 지어다!'라는 니체의 명언을 곰곰이 되새겨 볼 필요가 있습니다.

니체는 가난하고 고독한 철학자였습니다. 그의 철학이 매력을 갖는 이유 중에 하나는 그의 글과 그의 삶의 일관성입니다. 니체철학은 조촐한 가난과 고독 속에서 무르익어 갔던 것입니다. 니체는 고독이 없는 공간인 대도시와 시장을 경멸했습니다.

너의 고독 속으로 달아나라! 너는 하찮은 자들과 가엾은 자들과 너무 가까이에 살고 있다.[1]

니체가 고독을 찬양한 이유는 현대인들의 자아상실을 비판하기 위함이라 볼 수 있습니다. 지구상의 유일한 존재로서 자신의 개성과 가치를 찾기보다 타인의 시선에 몰두하여 돈, 권력, 명예에 탐닉하는 진정 가난한 자들인 현대인의 자아상실은 니체에게 고독의 상실을 의미하는 것이었습니다. 니체가 『선악의 저편』에서 말한 '공통적인 것은 가치가 적다'는 주장은 인간의 유일성

1) 니체의 도시문명 비판에 대해서는 『차라투스트라는 이렇게 말했다』의 '그냥 지나쳐 가기에 대하여'참조. 고독에 대한 찬양은 니체의 글 곳곳에서 볼 수 있다. 위에 인용한 고독에 대한 문장은 『차라투스트라는 이렇게 말했다』'시장터의 파리에 대하여' 참조.

과 개성에 대한 니체의 강조라 할 것입니다. '우리는 얼마만큼 우리 존재의 유일성을 존중하고 고독을 사랑하는가?'라고 니체는 우리에게 질문을 던지고 있습니다.

상호성은 커다란 비천함이다. 즉 내가 하는 것은 다른 이에 의해서 행해져서도 행해질 수도 없기에 대체할 수 있는 것이 있어서는 안 된다―엄선된 나와 비슷한 이들 사이는 예외이다―심오한 의미에서 우리는 되돌릴 수 없다. 왜냐하면 사람은 유일한 존재이고 유일한 것을 행하기 때문이다.

―『니체유고』 1887/88

니체의 명언

너에게 고통받는 친구가 있다면 그의 고뇌에 휴식처가 되도록 하라. 그러나 딱딱한 침대, 야전침대가 되도록 하라.

―『차라투스트라는 이렇게 말했다』

과거 봉건적 농업사회를 대면사회라고 합니다. 대부분의 사람들을 서로 압니다. 반면 우리가 사는 산업사회는 도시 중심의 익명사회입니다. 현대인은 대면사회의 사람들보다 훨씬 많은 사람들과 교류하며 삽니다. 우리의 휴대폰에는 수백 명의 이름이 있습니다. 그러나 우리가 힘들 때 고뇌의 휴식처가 되어 줄 수 있는 친구는 드뭅니다. 딱딱한 야전침대가 될 친구는 거의 없습니다. 니체는 왜 고통받는 친구의 휴식처가 되어주되, 푹신한 침대가 아닌 딱딱한 야전침대가 되어주라고 했을까요? 우리 주변에 넘치는 힐링 담론은 딱딱한 야전침대와는 거리가 멉니다. 우리가 고통을 딛고 일어설 수 있도록, 휴식처에서 힐링한 후 파이팅 할 수 있도록 해주는 친구가 여러분은 있습니까? 니체가 야전침대라는 표현을 쓴 것은 인생이 일종의 전투임을 암시합니다. 현실의 삶은 결코 녹록하지 않습니다. 불교에서는 그래서 인생을 고해(苦海)라고 합니다. 찬란한 그리스 문화의 배경에는 시민간의 경쟁, 그리스어로 아곤(Agon)이의 정신이 있습니다. 현대인들은 이해하기 어렵겠지만, 4년마다 그리스 남부 펠로폰네소스 반도의 서북부에 위치한 올림피아에서 개최되는 전체 그리스 폴리스들의 체육축제 올림픽의 승리자에게 주어지는 것은 월계관과 명예뿐입니다. 그리스인들은 경쟁을 통해 유려한 문화를 이룩한 것입니다. 우리에게 잘 알려진 그리스의 비극 시인 아이스킬로스, 소포클레스, 유리피데스는 비극 경연대회에서 여러 번 우승한 적이 있습니다. 비극 또한 그리스인들은 콘테스트를 통해 우승을 결정지었던 것입니다.

제가 여기서 강조하고자 하는 바는 니체가 바라본 삶은 일종의 전투이자, 게임이라는 것입니다. 전투에서는 이겨야 하겠지요? 이기기 위해서는 우리는 자기규율과 고된 훈련을 마다하지 않는 정신과 야전침대가 필요한 것입니다. 그리고 나의 진정한 친구, 니체의 표현을 빌리자면, '우리는 친구에게서 적을 발견할 수 있어야 할 것입니다.'[2]

좋은 친구는 나의 건전한 라이벌이 되어서 나의 능력을 업그레이드 시켜주는 친구라 할 수 있습니다. 늘 좋은 말만 하고 같이 놀기만 하는 친구는 멀리 보면 나에게 도움이 되지 않는 친구입니다. 왜냐하면 나를 정체하게 하고, 안주하게 하기 때문입니다. 우리는 때로는 휴식과 놀이를 필요로 합니다. 그러나 우리는 항상 자신을 극복해 나가야 하는 존재임을 잊어서는 안 될 것입니다. 고인 물이 썩듯이 발전하지 않는 사람, 일신우일신(日新又日新)하지 않는 사람은 결국 정신과 몸이 썩게 됩니다. 여러분은 휴식처이자, 야전침대인 친구를 찾고 있습니까? 아니면 푹신한 소파 같은 친구를 찾고 있습니까? 여러분은 누군가에게 휴식처이자 야전침대가 되어 준 적이 있습니까? 니체가 우리에게 던지는 질문이라고 해도 무방할 것입니다.

청년을 망치는 것: 자신과 똑같이 생각하는 사람을 자신과 다르게 생각하는 사람보다 더 많이 존경하라고 청년을 지도하는 것은 그를 가장 확실하게 망치는 길이다.

—『아침놀』

앞에서 우리는 니체가 인간존재와 행위의 유일무이성을 강조한 것을 보았습니다. 그리고 니체철학에서 자아성찰의 중요성을 살펴보았습니다. 우리는 지구상에서 유일무이한 존재입니다. 시간을 T축, 공간을 S축으로 하여 인생의 좌표를 그려봅시

---

2) 『차라투스트라는 이렇게 말했다』 참조.

다. 저는 1967년 08월 10일 04시 08분 부산에서 태어났습니다. 그리고 2016년 04월 05일 오전 현재 중앙대학교에서 특강을 하고 있습니다. T/S 좌표를 그려보면 나와 일치하는 존재는 지구 상에서 아무도 없습니다. 우리의 물리적 실존의 위치와 시간만 유일한 것이 아니라, 우리의 얼굴, 개성, 성격 등도 또한 유일합 니다. 니체가 존경했던 고대 그리스의 철학자 헤라클레이토스 는 '우리는 같은 시냇물에 발을 두 번 담글 수 없다.'고 했습니 다. 존재의 유일무이성은 인간에게만 적용되는 것이 아닙니다. 인간은 그 어떤 존재보다 개성이 다양합니다. 예를 들면 소, 개, 야생동물들은 다르게 생기고, 개성도 있겠지만 인간에 비한다 면 이들 사이의 차이는 인간에 비하면 거의 의미가 없을 정도라 할 수 있습니다. 인간은 이름이라는 고유명사로 불리지만 짐승 은 보통 명사로 불린다는 점을 보아도 이를 알 수 있습니다.

그럼에도 불구하고 왜 사람들은 자신의 고유성을 포기하고 다수의 견해, 유행을 쫓아가는 것일까요? 여기서 우리는 니체가 강조한 고독의 중요성을 되짚어 볼 필요가 있습니다. 저의 생각 에 대부분의 사람은 고독 속에서 자신의 유일성을 찾기보다, 메 인 스트림의 흐름에 적응하려고 합니다. 고립을 두려워하기 때 문이겠지요. 에리히 프롬의 『자유로부터의 도피』를 읽어보기 바랍니다. 프롬은 여기서 현대적 자유의 딜레마를 잘 표현하고 있습니다.

니체는 『차라투스트라는 이렇게 말했다』 '세 가지 변화에 대 하여'에서 이러한 현대인의 모습을 사막의 고독 속에서 울부짖 는 사자로 표현하고 있습니다. 사자는 봉건적 속박에서는 해방

되었으나, 아직 자신의 의미와 자유의 적극적 목표를 찾지 못하여 고통스러워하는 현대인의 모습을 나타내고 있습니다. 현대인은 이러한 고독 속의 자유에서 도피하여 무리 속으로 뛰어듭니다. 그래서 니체는 현대인을 짐승무리라고 신랄하게 비판하고 있는 것입니다. 자신의 고유성을 망각한 인간이야 말로 니체가 묘사한 잉여인간이라 할 수 있을 것입니다.

우리는 고독한 자유와 때론 힘든 자유에 대한 책임을 감내하는 주권적 개인(『도덕의 계보 참조』)에 가까운가요? 아니면 짐승무리에 가까운가요? 만약, 후자에 가깝다면 우리는 인간으로서 자신을 잘못 대하고 있는 것입니다. 인간은 가장 자신에 충실할 때 인간다워진다고 할 수 있습니다. 그래서 니체는 '너 자신이 되어라'라고 강조하고 있는 것입니다.

"나를 죽게 하지 않는 것은 나를 강하게 만든다."

—『우상의 황혼』

니체는 병, 가난, 고독 속에서 살았습니다. 그리고 마지막에는 졸도하여 10년간 정신병자로 살다가 1900년 8월 25일 숨을 거둡니다. 한마디로 처절한 인생이었습니다. 그는 자신에게 다가오는 수많은 역경들을 이겨내며 스스로를 강하게 만들어 자신이 주장한 초인의 모습이 되고자 하였던 것입니다. 우리 또한 삶의 고통을 회피하지 말고 고난을 직시하며 당당히 맞서야 할 것입니다. 고난은 개처럼 달아나는 사람에게 더욱 맹렬히 달려듭니다. 삶의 즐거움도, 고통도 삶의 당연한 모습으로 우리는 받아들여야 할 것입니다. 웰빙은 고통 없는 삶이 아닙니다. 웰빙은 고통을 당당히 수용하는 삶이어야 합니다. 왜냐하면 삶의 고난은 우리가 잊고자 멀리하고자 한다고 해서 없앨 수 있는 것이 아니기 때문입니다. 그래서 니체의 세계관을 비극적 세계관이라고 합니다. 삶이 비극적일지라도 우리는 그것을 감당하고 그속에서 삶의 행복을 추구해야 할 것입니다. 고통 없는 삶을 꿈꾸는 사람은 현실에서 늘 도피하게 될 것이고, 그의 삶은 결코 풍요로운 삶이 될 수 없을 것입니다.

강연을 마무리하며

앞에서 OECD 자살률 데이터를 통해서 우리는 한국사회의 자살이 IMF를 전후로 급상승하였음을 보았습니다.

학생의 질문이 사회구조와 개인의 역량에 관한 것이었습니다. 거대한 사회구조 앞에 개인이 무력감과 좌절을 느끼는 것은 어쩌면 당연한 것입니다. 특히 거대조직 속에서 사는 현대인에게 이는 실로 중요한 문제입니다. 제가 니체의 운명애와 주권적 개인을 강조한 것은 절대로 이러한 현실을 무시하는 것이 아닙니다. 요약하자면 그럼에도 불구하고 우리는 어떻게 살아야 하는가? 하는 문제에 대한 저의 견해를 니체의 운명애를 통해서 밝히고자 한 것입니다. 예를 들면 갑자기 폭우가 쏟아진다고 합시다. 우리는 폭우를 멈추게 할 수 없습니다. 그러나 손수건이나 가방으로 머리를 가리고 가까운 건물을 찾아서 달려야 할 것입니다. 폭우가 쏟아지는데 가만히 서 있다가 감기가 걸리면 자기의 잘못입니다. 자기가 할 수 있는 최대한 조치와 노력을 하지 않고 폭우를 탓하지 말자는 이야기입니다. 가방으로 머리를 가리고 속히 건물로 피했음에도 불구하고 어떤 친구는 감기에 걸리고 어떤 친구는 멀쩡할 수 있습니다. 심지어 폭우 속에 가만히 서 있던 친구는 멀쩡한데 나만 감기에 걸릴 수도 있는 것이 인생입니다. 사람의 건강 상태와 체질은 모두 다릅니다. 그러므로 폭우라는 같은 조건 속에서도 각자의 반응과 몸의 상태는 매우 다양할 것입니다.

신분이 정해져 있던 중세 계급사회에서 살던 사람들보다 현대인은 수많은 결정을 하며 살아갑니다. 예를 들면 결혼, 직업을 우리는 자신이 선택합니다. 오늘 강의가 끝나고 점심을 뭘 먹고 누구랑 먹을 것인가도 여러분은 강의가 끝난 후, 결정할 것입니다. 조선시대의 평민은 이러한 선택에 직면하지 않았습니다. 태어나면서 농부이며, 배우자는 부모가 정해 주고, 식사는 집에서 철 따라 거의 매년 비슷한 메뉴를 가족들과 이웃들과 먹었을 것입니다. 그리고 해가 뜨기 전에 일어나고 해가 지면 잤을 것입니다.

ICT산업이 주축을 이루는 현대사회에 사는 우리는 손에 스마트폰이라는 mobile 컴퓨터를 들고 삽니다. 학생들의 취침시간은 제각각일 것이며, 식사 메뉴도 매우 다양할 것입니다. 제가 강조하고자 하는 바는 우리의 일상의 선택이 축적되어 우리의 습관이 되고, 이 습관이 우리 삶에 지대한 영향을 미친다는 것입니다. 여러분은 몇 시에 일어납니까? 몇 시에 잡니까? 스마트폰은 몇 시간 보며 주로 어떤 내용을 봅니까? 혹시 스마트 폰으로 시간낭비를 하고 있지 않습니까? 하루에 6시간 스마트 폰을 보면 일 년이면 2,190시간입니다. 이는 두 달이 넘는 시간입니다. 우리가 잘 느끼지 못하지만 우리는 순간순간 자신의 습관을 형성하는 선택을 하고 있습니다.

나는 매일 일기를 씁니다. 어느 학생이 어떻게 자기규율(self-discipline)의 능력을 기를 수 있는가 질문을 했는데 일기쓰기는 자기규율을 기르는 데 가장 좋은 방법입니다. 저의 일기는 맨 처음 오늘 내가 산 날짜와 기상시간, 날씨로 시작합니다. 나는 1967년 8월 10일생입니다. 오늘은 2016년 4월 5일입니다. 나는 오늘 17,772일째 살고 있습니다. 인간 존재만 유일무이한 것이 아닙니다. 오늘도 유일무이합니다. 오늘은 어제와 다르고 내일과도 다릅니다. 내가 산 날짜를 쓰는 중요한 오늘의 유일함에 충실하기 위함입니다. 그러면 시간을 허비하거나 허황된 권태에 빠지지 않겠지요. 매순간이 새로운데 어찌 권태롭겠습니까? 권태로움을 느끼는 이유는 우리의 정신이 깨어 있지 못하기 때문입니다. 내가 산 날짜를 쓰면서 나는 오늘의 소중함을 다시금 깊이 느껴봅니다. 나의 일기에는 취침시간과 기상시간이 적혀 있습니다. 나태함에 빠지지 않기 위함입니다. 과거 우리 조상들은 첫닭의 울음소리 이후에 일어난 사람은 게으른 사람이라고 하였습니다. 지금도 농어촌에 가면 농부, 어부 모두 첫닭이 울기 전에 일어납니다. 하루 중에 가장 기운이 맑은 때는 새벽입니다. 밤새 휴식을 취한 만물이 깨어나기 시작할 때 나도 일어나는 것입니다. 현대인은 인공 태양, 전기 덕분에 큰 편리함을 느끼지만 또한 늦게 자는 나쁜 습관이 생겼습니다.

앞에서 말했듯이 우리의 선택이 습관을 만들고 습관은 우리의 인성을 형성하고 우리의 미래에 큰 영향을 미칩니다. 습관은 갑자기 만들어지지 않습니다. 일상 속에서의 꾸준한 노력만이 좋은 습관을 길러줍니다. 그렇다고 좋은 습관이 반드시 성공을 보장하지는 않습니다. 삶은 우연성의 지배를 많이 받는다는 사실을 다시금 기억해야 할 것입니다.

마무리하자면 우리는 우리가 할 수 있는 최선을 다하되, 결과에 대해서는 초연할 수 있도록 해야 할 것입니다. 옛사람들은 이를 진인사대천명(盡人事待天命)이라고 했습니다. 삶에 최선을 다하며, 우리의 운명을 사랑하도록 합시다. 때론 그 운명이 가혹할지라도.

러시아의 시인 푸시킨 시의 한 구절을 인용하며 강연을 마무리하겠습니다.

　　삶이 그대를 속일지라도
　　슬퍼하거나 노하지 말라
　　슬픈 날엔 참고 견뎌라
　　즐거운 날이 오고야 말리라.

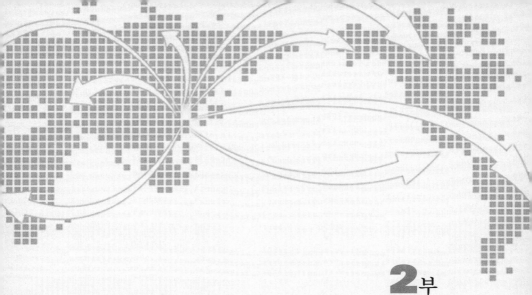

2부
청년, '뜨거운 잉여'로 살아가기

동아시아
근현대사 속의 청년

이기훈

Profile

현재 우리들의 삶을 구성하는 요소가 역사적으로 어떻게 형성되어 왔는지를 연구해 왔다. 특히 청년이라는 개념을 중심으로 한국 근현대사를 탐구했다. 서울대학교 국사학과에서 박사학위를 받고 현재 연세대학교 교수로 재직 중이다. 『청년아 청년아 우리 청년아』를 썼다.

동아시아 근현대사 속의 청년

젊은이의 시대가 시작되다

지금도 '훈련원 공원'이라는 이름으로 일부 남아 있지만, 동대문 근처 훈련원은 조선시대 서울의 군사 훈련 장소로 가장 큰 운동장이었습니다. 그러다보니 개항 이후 서양식 스포츠가 도입되면서 큰 체육행사도 이곳에서 자주 벌어지곤 했습니다. 대한제국의 운명이 날로 기울어가던 1909년 7월 23일 오후 4시, 한여름이었지만 훈련원에서 보기 드문 경기가 개최되었습니다. 와세다 대학에 유학 중이던 유학생들이 야구단을 만들어 활동하다가 귀국하여 미국 선교사 팀과 시범 경기를 벌인 것입니다. 미국 선교사 질레트가 1905년 황성기독교청년회에서 야구 시합을 처음 가르쳤고 몇 번의 시합도 있었지만, 유학생 야구단과 서양 선교사 팀의 시합은 『황성신문』과 같은 당시의 주요 신문 1면에 보도될 만큼 큰 관심을 끌었습니다. 시합에서는 19:9로 유학생 팀이 승리를 거두었는데, 이 시합에서 〈소년남자(少年男子)〉라는 응원가를 불렀다고 합니다. 아마도 기록에 남은 최초의 응원가가 아닐까 싶은데, 그 가사는 다음과 같습니다.

(일)
무쇠 골격 돌 근육 소년 남자야
애국의 정신을 분발하여라
다다랐네 다다랐네 우리나라에
소년의 활동시기가 다다랐네

(이)
신체 발육하는 동시에
경쟁심 주의력(注意力) 양성하려고
공기 좋고 구역 넓은 연기장(演技場)으로
활발 활발 나는 듯이 나아가네

(삼)
충렬사(忠烈士 충신열사)의 더운 피 순환 잘 되고
독립군의 팔다리 민활하도다
벽력과 부월(斧鉞) 당전(當前)하여도(필자: 눈 앞에 있어도)
우리는 조금도 두려움 없네

(후렴) 만인대적(萬人對敵) 연습하여 후일 전공(戰功) 세우세
절세영웅 대업(大業)이 우리 목적 아닌가

—1909년 『황성신문』 7월 22일 및 25일 1면, 『대한매일신보』 7월 24일 1면

　7월 22일 신문에 이미 보도가 되었던 것으로 봐서, 이 시합을 위해 만든 노래(당시에는 '창가'라고 했다)가 아니라 이미 꽤 알려진 응원가가 아닐까 싶습니다. 그런데 이 노래의 주인공인 '소년(남자)'은 요즘 사용하는 것처럼 청년이 되기 전의 어린이라는 의미가 아닙니다. 무쇠와 같은 골격, 돌 같은 근육, 국가의 독립을 지키는 군대의 일원으로 벼락이 떨어지고 창칼을 눈앞에 들이대도 두려움 없이 싸우는 남자, 수많은 사람들을 대적하여 전공을 세울 수 있는 젊은 영웅이 이 노래에서 칭송하는 소년들입니다. 지금 가사로 바꾼다면 마땅히 젊은이나 청년이라고 해야 할 것입니다. 젊은이를 소년이라고 한 것은 사실 전통적인 표현이고, 곧 청년이라는 근대적 표현이 더 많이 쓰이게 되지만, 이미 이 응원가가 젊은이의 시대로서 근대가 시작되었음을 보여주고 있습니다.

　전통적인 사회에서 경험과 연륜을 쌓는 것이 중요했습니다. 나이 들고 성숙했다라는 뜻의 '노성(老成)'하다는 표현이 칭찬이었고, 반대로 젊다는 뜻의 소년(少年)은 치기를 벗어나지 못하거나 젊은 탓에 미숙하다는 의미를 담고 있었습니다. 시인들은 간혹 '소년광(少年狂)'이라는 표현도 썼습니다. 글자 그대로 '미쳤다'라는 뜻이 아니라 젊은 객기 정도의 의미일 터인데, 젊어서 저지른 허무맹랑한 일이나 술이 흥이 오른 것을 뜻하기도 했습

니다. 어쨌거나 농경이 중심이 된 동아시아 사회에서 연륜은 삶에 즉시 도움이 되는 경험과 지식을 뜻했고, 유교가 사회 윤리의 근본을 이루면서 젊은이, 즉 소년(少年)들은 미숙하고 가르침을 받아야 하는 존재들이었습니다. 중국이나 일본에서도 젊은이들이 사회적 통제를 받기는 마찬가지였습니다. 다만 일본의 농촌에서는 와카모노구미(若者組)라고 하는 조직이 있어 15세 무렵부터 젊은이들이 가입했습니다. 젊은이들은 와카모노구미에서 생업의 기술을 익히고 공동체의 치안 유지나 축제에 참여하는 등 공동체의 성숙한 구성원으로 살아가는 법을 배우게 되었습니다. 근대 일본 제국주의는 이 와카모노구미를 청년회로 전환시켜 젊은이들을 국가적으로 통제하는 수단으로 삼게 되었으니, 한국이나 중국과 다른 청년 문화의 바탕이기도 했습니다.

그러나 19세기 동아시아가 유럽 제국주의의 침략 속에 근대화하기 시작하면서, 서구 근대의 연령과 세대 관념이 급속히 확산되기 시작했습니다. 유럽에서도 전근대 사회에서 젊은이들이 크게 존중받지는 못했고, 나이에 따른 사회적 보호나 역할이 뚜렷하지 않기는 마찬가지였습니다. 그러나 자본주의가 점점 발달하면서 전통적인 농촌의 공동체들은 해체되었고 노인들의 경험, 공동체의 관습보다 근대적 교육과 지식의 중요성이 더 커졌습니다. 관습에 지배되지 않는 도시의 노동자 중에는 젊은이들이 나날이 늘어났고, 부르주아 층이 늘어나면서 학교에 다니는 학생들도 많아졌습니다. 특히 학생과 젊은 노동자들은 자본주의 체제를 유지하기 위해 반드시 필요하고 더 늘어날 계층이지만, 동시에 기존의 체제를 위협하는 불안 요인이기도 했습니다.

봉건지배 체제를 무너뜨릴 때부터 봉기를 주도한 것이 바로 이 젊은이들이었기 때문입니다. 이미 청년들의 사회적 역할을 부정할 수 없는 상황에서, 근대 국가들은 청년들에게 미래를 위한 준비와 합리적 계획을 갖출 것을 요구하고 이를 위한 사회적 통제 장치들을 마련하고자 했습니다. 일부 청년들은 이 제도 속으로 편입되기도 했지만, 유럽이나 미국의 근현대 사회에서 청년들의 폭발적 에너지를 통제하는 것은 가장 큰 사회적 고민이 되었습니다.

근대 동아시아에서 연령·세대 관념의 변화를 상징하는 현상이 젊은이를 지칭하는 새로운 용어인 청년(靑年)의 등장이었습니다. 청년은 YOUTH, YOUNGMAN의 번역어로 1880년 일본에서 YMCA를 기독교청년회(基督敎靑年會)로 번역하면서 본격적으로 사용되기 시작했습니다. 어느 시대 어느 사회나 특정한 방식으로 사회를 변화시키기 위해서는 이런 변화를 추동해나갈 사회적 주체를 형성해야 했습니다. '청년'이라는 말은 처음부터 근대를 지향하는 젊은이들을 지칭하는 말이었지만, 그 이면에는 새롭게 등장하는 젊은 세대들을 특정한 방식으로 주체화하기 위한 사회적 경쟁과 갈등이 놓여 있었습니다. 청년을 본격적으로 먼저 사용하기 시작한 일본에서는 국가권력과 자유민권운동 사이의 갈등이 중요했습니다. 메이지 유신 이후 일부 지방 출신의 소수 겐로(元老)들이 권력을 독점하고 근대화를 주도하고 있었지만, 정부를 비판하는 자유민권운동의 목소리도 높았습니다. 특히 '소오시(壯士)'라고 불린 젊은 운동가들이 시장이나 거리에서 정부를 비판하는 연설을 하고 노래를 부르며 대중들을 이끌었습니다. 일본 정부나 친정부적인 언론들은 이들을 폭력적이고 즉흥적이라며 비판하고, 이와 반대로 '합리적'으로 미래를 준비하는 '청년(靑年)'을 이상적인 청년의 모습으로 부각시켰습니다. 일본 제국은 국가의 요구에 목숨을 바치는 병사이면서, 자본의 요구에 순응하는 젊은 노동자, 농민들을 만들어내고자 했습니다. 이를 위해 청년단과 청년회를 전국 각지에 만들기 시작했습니다. 대체로 의무교육이었던 소학교를 마치고 입대하기 전까지 젊은 남성들이 단원이었고, 소학교 교장이나 유지가 단장이 되었으며, 기존의 와카모노구미가 청년단으로 재편되었습니다. 1915년 일본 전체를 포괄하는 대일본청년단이 만들어지면서 일본 제국의 청년들은 기본적으로 국가의 강력한 이데올로기적 통제 하에 있도록 했습니다.

반면에 국가의 존립이 일본을 비롯한 제국주의 국가들에게 위협받던 한국이나 중국에서 '청년'의 사회적 상황은 매우 달랐습니다. 중국에서는 1895년, 한국에서는 1897년 무렵부터 기독교청년회가 등장하기 시작하지만, 이후로 한참 동안 젊은이를 가리키는 용어로 소년과 청년이 함께 쓰였습니다. 점차 '개화'를 피할 수 없다는 인식이 확산되면서 새로운 문명에 적합한 젊은이들을 교육해야 한다는 목소리가 높아졌습니다. 특히 1905년 일제가 강제로 을사보호조약을 체결하면서 대한제국의 운명 자체가 경각에 달하자, 위기에 처한 국가를 구하기 위해서는 미래의 주역인 '청년'들을 교육하기 위해 수많은 학교들을 설립하는 교육구국운동이 전개되었습니다. 앞에서 본 〈소년남자〉는 이런 위기 속에서 당시 교육구국운동이 목표로 했던 새로운 시대의 젊은이상을 보여줍니다. 일본의 침략 위협 속에서 20세기 초반 한국의 지식인들은 세계는 약육강식의 진화론적 경쟁의 장이고 여기에서 살아남기 위해서 강한 힘을 가진 승리자가 되어야 하며, 그렇지 않으면 도태된다고 생각했습니다. 극히 마초적인 남성이야말로 가장 이상적인 청년이 될 터였습니다.

이런 노력에도 불구하고 대한제국은 1910년 일제에 강제로 병합되었습니다. 이제 청년에 대한 이미지도 변할 수밖에 없었습니다. 많은 젊은이들은 자신들의 아버지 세대들은 완전히 실패했으며 배울 것이 없다고 생각했습니다. 국망 직전 이광수는 「오늘날 우리 대한 청년의 경우」라는 글에서 자신을 포함한 대한청년들은 "부형도 선배도 없으며", "스스로 가르치고 스스로 키워야" 하는 세대라고 단언했습니다. 또 이전처럼 오로지 강해지는 것, 부유해지는 것만이 청년의 길인지 의문을 제기하기 시작했습니다.

나라가 망하지는 않았으나 열강의 침략 속에서 위기가 날로 심해지고 있던 것은 중국도 마찬가지였습니다. 쑨원이 신해혁명을 일으켰으나 결국 위안스카이가 정권을 잡으면서 각지의 군벌들이 실제로 통치하는 혼란이 지속되었고 열강의 이권탈취와 억압은 더해 갔습니다. 점차 근대 교육을 받은 학생과 지식인들이 늘어가면서, 새로운 시대정신과 정치사회적 변혁에 대한 요구가 점점 커졌습니다. 이 무렵 천뚜슈(陳獨秀) 등 지식인들이 『신청년』이라고 하는 잡지를 창간했습니다(1915년 9월). 이들은 청년의 새로운 역사적 역할을 강조했는데, 새시대의 청년은 개인의 철저한 자각에 기반하여, 개인의 해방과 주체성을 갖

추어야 한다고 했습니다. 당연히 기존의 가족주의는 타파의 대
상이 되었습니다. 또 새로운 사상은 전통적인 한문이 아니라 일
반인들이 사용하는 현재의 일상 언어, 즉 백화(白話)로 표현해야
한다는 백화운동을 전개했습니다. 이는 전통적인 지배층의 지
식독점 구조를 무너뜨리고, 평민 출신의 지식청년들이 등장하
고 대중 속에서 새로운 사회운동을 확대할 수 있는 바탕이 되었
습니다.

저항하는 청년들: 조선과 중국의 청년운동

　1919년의 3.1운동은 한국 역사상 가장 중요한 사건 중의 하나
입니다. 민족 구성원 다수가 전국의 대부분 지방에서 수많은 민
중들이 직접 참여한 대규모 시위가 몇 달 동안 자발적으로 계속
되는 것을 직접 목격했습니다. 특히 젊은 세대들은 노동자, 농민
등 사회의 다수를 차지하는 사람들이 강대한 일제의 폭력에 대
한 저항에 직접 참여하는 것을 목격하면서, 감성으로서 '민족'을
공감했습니다. 민족이 상상의 공동체라고 해도, 무엇보다 강력
한 저항의 공동체가 될 수 있다는 것이었습니다. 또 그 민족의
기반이 되는 민중의 실체를 경험한 것도 청년들이 이후의 역사
적 진보를 상상할 수 있는 강력한 근거가 되었습니다.
　그리하여 1920년대 한국에서는 청년들이 주도하는 민족운동
이 들불처럼 번졌습니다. 각지에서 청년회가 결성되었습니다.
청년회의 중심지였던 청년회관은 청년운동만이 아니라 노동운

동, 농민운동, 여성운동 이후에는 신간회와 같은 민족적 통일전
선운동까지 모든 민족운동의 중심지였습니다. 청년회는 처음
물산장려운동이나 민립대학설립운동 같은 민족주의 계열운동
을 주도했지만 곧 사회주의가 주도권을 장악했습니다. 소규모
동아리들 속에서 지식인 청년들이 사회주의를 접했고, 지역사
회에서 급속히 세를 키웠습니다. 그리고 이들 청년들이 일제에
대한 대중적 저항운동도 주도하거나 강력히 지원하여 확산시켰
습니다. 순천, 무안(암태도, 하의도, 자은도 등) 등지의 대규모 소작
쟁의, 원산, 목포의 노동쟁의 등에서도 청년들의 역할이 컸고,
조선공산당에서도 청년지식인들이 대부분의 역할을 수행했습
니다. 이러다보니 1930년대에는 사회주의 운동이 너무 지식인
청년 중심이라고 비판받고 노동자 농민을 중심으로 건설하라는

1920년대 청년회관의 사례(담양의 청년회관)

원칙까지 제시되었지만, 여전히 실제 운동의 과정에서는 젊은 이들이 끊임없이 투신하여 큰 희생을 치르게 되었습니다.

한편 『신청년』이 주도한 신문화운동을 통해 중국의 학생과 청년층에는 민주주의와 과학, 사회개혁의 사상이 크게 확산되었습니다. 그만큼 제국주의와 여기에 굴복한 위안스카이 정부에 대한 불만도 커졌습니다. 세계 제1차 대전의 종결은 중국에도 큰 영향을 미쳤습니다. 전쟁 이후 일본이 산둥성의 할양(割讓) 등을 포함한 21개 조항을 요구했고, 중국 정부가 이를 수용할 태도를 보이자 1919년 5월 4일 베이징의 학생들을 중심으로 강력한 반대운동이 일어났습니다. 군벌정부가 학생들을 탄압하자 저항은 중국 전역으로 파급되고, 노동자와 시민이 참여하는 대중적인 파업과 철시가 전개되었습니다.

지식인과 학생을 중심으로 하는 중국의 청년들도 5.4운동 이후 강력한 사회운동의 중심으로 성장하기 시작했습니다. 근대교육을 받은 학생층의 확산, 신사상과 문화의 등장, 민주주의에 대한 관심 고조, 결정적으로 대규모 반제국주의 민중 저항 운동까지 1919년 이후 한국과 중국에서는 비슷한 양상이 전개되었으며, 이후 청년들을 중심으로 강력한 사회운동이 일어난 것도 마찬가지였습니다. 어떤 면에서는 중국의 청년들이 사회의 대중 속에 뿌리박는 데는 훨씬 더 성공적이었습니다. 사회주의 지식청년들은 농민대중과 강력히 결합하면서, 농민들의 조직화에 성공했고, 이것이 농민혁명으로서 중국혁명을 추동하는 역할을 수행했습니다.

1919년을 전후하여 한국과 중국의 청년들은 연대와 공동운동을 전개했습니다. 5.4운동 당시에 중국의 학생들이 한국의 결사적인 독립운동에서 배울 것을 주장했고, 중국의 언론들도 3.1운동에 관한 기사를 실어 관심을 가졌습니다. 한국의 청년들은 중국과 연대에 더욱 적극적이었습니다. 3.1운동 이후 중국으로 망명한 한국의 청년들 가운데 많은 수가 중국의 여러 사회운동에 직접 참여했고, 격렬한 투쟁 속에서 목숨을 잃기도 했습니다.

국내의 청년운동 지도자들도 중국의 청년에 대한 강력한 연대감을 표하기도 했습니다. 당시의 대표적인 신문이었던 『동아일보』는 1920년 6월 7~8일 이틀에 걸쳐 「신중화건설의 대임(大任)을 자부하는 청년에게 보내노라」라는 사설을 실었습니다. 중국과 조선이 비슷한 단계의 내적 문화 혁신 과정에 있기 때문에 동지요 형제이며, 새 중화 건설을 맡을 것은 "문화의 기치를 높이 들고 이상의 빛"을 받으면서 "국가개조", "인민혁신"을 부르짖는 청년이 될 수밖에 없다고 했습니다. 조선에서 청년이 사회개혁의 주도권을 쥐고 있는 것과 마찬가지라는 주장이었습니다. 물론 국내의 민족주의 계열에서는 중국에서 사회주의가 급속히 성장하는 한편, 정치 정세가 복잡해지고 내전양상이 전개되자, 중국의 신문화운동이나 청년운동에 대한 기대를 곧 거뒀습니다. 그러나 사회주의 계열을 중심으로 한 청년들의 한-중 연대의 노력과 실천은 여전히 지속되었고, 민족주의 계열에서도 중국 지역에서 민족운동을 전개하고 있던 그룹들은 여전히 청년들의 교류와 연대를 추진했습니다.

그러나 1930년대 일제의 탄압이 더욱 교묘하게 강력하게 진행되자 청년들이 이전처럼 대규모로 민족운동에 참여할 수 있는 기회는 점점 줄어들었습니다. 일제는 조선총독부 행정기구와 학교, 관제 단체 등을 총동원하여 식민지의 청년층을 장악하는 데 힘을 기울였고, 일부를 모범청년, 중견청년으로 선발하여 식민 통치의 보조자로 삼기도 했습니다. 공개적인 조직에서 일제에 대한 저항을 시도하는 것이 거의 불가능해지자 많은 청년들이 혁명적 노동조합이나 농민조합 같은 사회주의 계열의 비밀 항일 조직에 참여했습니다. 관련자가 수천 명에 달하는 대규모 조직이 결성되기도 했으나 대부분은 일제에 발각되어 많은 희생을 치르는 결과를 가져 왔습니다.

한편 일제가 만주와 중국에 대한 침략전쟁을 본격적으로 진행하고 제2차 세계대전으로 확대되면서, 동아시아의 청년들에게 '전쟁'은 피할 수 없는 상황이 되었습니다. 전쟁은 수많은 젊은이들은 군인으로 동원했고, 이들은 전례 없는 규모의 폭력과 잔혹함을 체험하게 되었습니다. 중국의 청년들은 군벌들 사이, 중국국민당과 군벌 간, 나아가서는 중국공산당과 국민당 사이의 내전으로 참혹한 상황을 수없이 겪었지만, 중일전쟁은 내전보다 훨씬 거대한 규모의 폭력과 희생을 가져왔습니다. 전쟁은 어디서나 비인도적이고 잔혹한 일이지만, 일제가 수행한 전쟁은 훨씬 더 참혹했습니다. 일본만이 우월한 민족으로 다른 민족을 지배해야 하며, 일본의 천황제는 무엇보다 훌륭한 정치제도이며, 천황의 군대인 일본군을 위한 희생은 언제라도 정당화되었습니다. 일본군의 한국, 만주, 중국 침략과정에서 수많은 사람들이 목숨을 잃었고, 특히 민간인들에 대한 학살과 일본군 성노예 같은 성적 착취가 일상화되었습니다. 중국과 일본의 청년들은 이런 대규모 폭력에 어떤 형태로든 끌려들어가지 않을 수 없었습니다.

처음에는 전쟁에 직접 참전하지 않았던 한국의 청년들도 군사적 동원의 대상이었습니다. 일부 청년들은 강제로 징용되어 군사시설이나 공장에서 혹독한 노동 착취를 당해야 했고, 전쟁이 불리해지자 군인으로 직접 동원되었습니다. 청년들은 이른바 '황군'의 일원이 되도록 '내선일체'를 완전히 체득함은 물론이고, 국가의 의지를 민중에게 전하는 군국주의의 구현자가 되어야 했습니다. 한국어 사용 금지, 창씨개명 등이 강요되었고, 군사훈련과 노동력 동원이 일상이 되었습니다. 조선청년특별연성소라는 것을 만들어 모든 청년들이 일본어 군사훈련을 받도록 했습니다. 언제라도 일본군에 입대할 수 있도록 준비시키는 것은 물론이고, 일제가 한국인들을 전쟁에 동원할 때 청년들을 선두에 내세우려 한 것이었습니다. 전쟁과 폭력이 청년의 일상이 되었던 것입니다.

20세기 후반 동아시아 사회와 청년

냉전의 세계, 성장의 세계

제2차 세계대전은 이전과 크게 다른 전쟁이었습니다. 1차 세계대전도 여러 나라들이 참여하고 엄청난 희생을 초래했지만, 2차 대전은 상대방 국가나 체제의 소멸을 최종적인 목적으로 했다는 점에서 폭력성의 차원이 달라졌습니다. 국가의 인적 물적 자원을 총동원한 총력전쟁이었고, 비무장 민간인에 대한 공격이 서슴없이 행해졌습니다. 핵무기까지 사용되면서 대량 살상무기는 인류의 생존 그 자체를 위협하게 되었습니다. 핵무기를 보유한 강대국들 사이에 전면전, 총력전은 파국적인 결과를 초래하게 된다는 것을 누구나 알게 되었습니다. 또 파시즘 체제가 사라진 세계는, 미국과 소련이라고 하는 두 초강대국이 주도하는 가운데 사회주의와 자본주의, 두 개의 진영으로 분할되었습니다. 한반도는 냉전적 세계의 분할과 대결의 전형적인 충돌 지점으로, 결국 분단과 전쟁의 비극을 겪게 되었습니다.

전쟁과 체제 대결이 지속되는 중에도, 20세기 후반은 폭발적인 '성장'의 시기였습니다. 인구가 급격히 늘었고, 대량 생산과 대량 소비가 일상화되었습니다. 인구의 폭발적 증가로 젊은 세대의 비중이 급격히 늘어났다. 단순히 청년층이 늘어날 뿐만 아니라 이들의 사회적 영향력도 이전 세대에 비해 크게 달라졌습

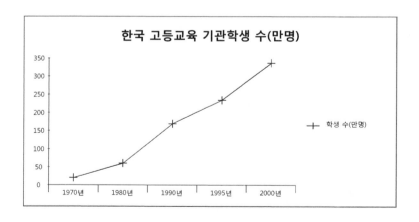

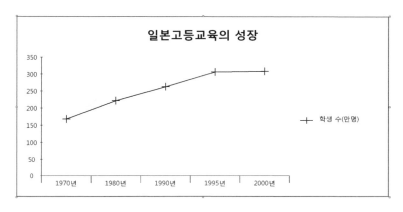

일본고등교육의 성장

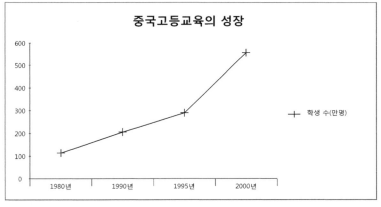

중국고등교육의 성장

니다. 20세기 후반의 지구에서는 어리거나 젊은 세대가 학교에 다니는 것이 보편화되었습니다. 특히 동아시아에서는 고등 교육이 급격히 확대되었습니다. 다음 표에서 확인할 수 있듯이 한국과 중국, 일본에서 고등교육을 받는 학생의 수는 20세기의 마지막 30년 동안 비교할 수 없을 정도로 빠르게 증가했습니다.

교육받은 세대들은 이전에 비해 뚜렷한 자의식을 지니기 시작했고, 민주주의나 평등과 같은 사회적 문제를 스스로 해결하려는 성향도 두드러졌습니다. 자신들을 기성세대와 구별하려는 욕망이 강렬해지면서, 독특한 문화적 표지들이 나타나기 시작했습니다. '문화'로 스스로를 구분하는 것이 가능해지는 세대들이 등장하면서, 20세기 후반의 다양한 혁명이 진행되었습니다.

이런 변화 가운데 '여성'의 등장을 지적하지 않을 수 없습니다. 여성교육의 확대와 여성의 사회적 진출 속에서 20세기 후반에 들어서야 비로소 여성들이 '청년'에 포함되기 시작했습니다. 20세기 전반에도 많은 여성들이 청년의 일원으로 다양한 투쟁에 참여했습니다. 그러나 청년은 남성만을 지칭하는 것이었고, 심지어 21세기 오늘날에도 그 영향은 사라지지 않았습니다. 젊은 남녀 한 쌍이 걸어갈 때 "앞에 가는 청년"이라고 뒤에서 누가 불렀다고 해봅시다. 두 사람 중 누가 돌아본다면 분명히 남성일 것입니다. 남녀를 모두 포함하는 호칭이라고 해서 성적인 중립성을 가지는 것은 아니었습니다. 최근까지도 인간의 표준은 남성이라는 관념은, 모든 생활의 기저에 뿌리 깊게 박혀 있었습니다. 이런 의식을 뛰어넘기 위해서는 여전히 많은 노력이 필요할 것입니다. 특히 냉전 대립의 첨단이었던 한국은 분단과 전쟁 과정에서 해방 이전보다 더 대규모 폭력이 일상화하는 사태를 겪어야 했습니다. 어떤 면에서 한국의 현대 청년은 이전보다 더 국가권력에 직접 종속되어, 더 폭력적이고 억압적인 상황에 직면하게 되었던 것입니다.

분단과 전쟁: 증오와 폭력의 청년들

1945년 8월 15일은 해방의 날이었습니다. 그러나 '해방(解放)'
이란 일본 제국주의 체제의 붕괴, 식민지배의 종식을 의미할 뿐
그 자체로 새로운 삶의 질서가 수립된 것은 아니었습니다. 일본
인들이 물러간 공간에는 새로운 권력이 들어서야 했고, 사회운
영의 방식이 채택되어야 했습니다. 식민지의 피지배 민족에게
부여되지 않았던 '정치'가 한국인들에게 당면의 과제가 된 셈이
었습니다. 그러니 누구나 이 문제에 관심을 갖지 않을 수 없었
고, 청년들은 새로운 국가건설의 역군, 건국의 초석이라는 사명
감을 가졌습니다. 청년들의 이 넘쳐나는 열정과 감격에 비해,
그 대상이 될 국가는 사실 현존하지 않았습니다. 누구나 애국해
야 한다고 하지만, 애국의 대상이 어떤 실체가 되어야 할지 정
해지지 않았습니다.

더구나 문제를 결정할 가장 강력한 힘을 가진 것은, 당시의
두 초강대국 미국과 소련이었습니다. 자주적인 국가건설은 누
구나 원하는 바지만, 국내외의 복잡한 정세 속에서 좌우익의 대
립은 극심해졌습니다. 그중에서도 극우 세력이 '청년'이라는 이
름을 내세워 정치적 조직화를 시도했고, 우익 청년단체들이 등
장했습니다.

우익 청년단체는 1945년 말부터 신탁통치 반대와 좌익에 대
한 적극적인 테러활동을 전개하기 시작했습니다. 특히 1946년
하반기 좌익이 주도하는 대중적인 파업에 대응하면서 크게 성
장했는데, 미군정기 경찰 권력의 비호를 받으면서 점차 정치 세

력들이 탐내는 강력한 정치 수단이 되었습니다. 이들은 정치적 반대파들을 '적구', '매국노', '적마(赤魔, 붉은 악마)', '적색반역도', '민족반역자'로 지칭했습니다. 공산당이 아니라도 우익이 아니면 모두 빨갱이고, 좌도 아니오 우도 아니라는 중도파는 '가증스러운 기회주의'일 뿐이라고 했습니다. 「오냐 싸우자」라는 제목의 1946년 초의 한 우익 계열의 전단은 신탁통치를 받아들이느니 우리 손으로 "모두 무찔러서 이 땅을 황무지로 인적 하나 없는 광야로 만들고 우리도 모두 죽어버리자"는 극단적인 주장을 내놓았습니다. 폭력은 주장으로만 그치는 것이 아니어서 좌익 단체나 언론, 인물에 대한 테러가 횡행했고, 청년단체의 건물 앞을 사람들은 두려움에 몸을 사리며 지나가곤 했습니다. 심지어 회원모집과 자금 조달을 위해 일반 민중에게 폭력을 휘두르는 일이 다반사였습니다.

청년단체의 간부 중 일부는 일제하 경찰이나 관료 출신이면서도 반공투쟁을 빌미로 정치적 변신에 성공했습니다. 정부 수립을 전후해서는 청년단체가 바로 국가권력을 지탱하는 수단으로 인식되었습니다. 1949년 1월 전국적인 조직으로 발족한 대한청년단의 선언은 다음과 같습니다.

대한청년단 선언

일. 우리는 총재 이승만 대통령의 명령을 절대 복종한다.

일. 우리는 피와 열과 힘을 뭉치어 남북통일을 시급히 완수하여 국위를 천하에 선양하기로 맹세한다.

일. 민족과 국가를 파괴하려는 공산주의 적구도배(赤狗徒輩)를 남김없이 말살하여 버리기를 맹세한다.

일. 우호열방의 세계 청년들과 제휴하여 세계평화 수립에 공헌코자 맹세한다. (1949. 1)

이승만 대통령을 단체의 총재로 둔 것도 당혹스런 일이지만, 그 명령에 '절대 복종'하겠다는 선언의 첫째 항목은 여러 가지를 생각하게 합니다. 천황에 절대 충성을 맹세한 일제 말 청년 조직을 그대로 재현하고 있기 때문입니다. 공산주의 적구 도배를 말살한다고 했는데, 실제로 청년단원들 중 일부는 좌익 빨치산 토벌에도 참가하기도 했습니다. 선거 즈음해서는 일부 청년 단체 간부들은 정치적 목적을 위해 우익 인사들에 대한 테러를 저지르기도 했고, 심지어는 죄 없는 사람들을 '공비'로 몰아 살해하고 재산을 약탈하기도 했습니다.

이승만 정부는 이런 문제를 눈 감아 버리고, 청년단 조직을 확대 강화하여 준군사조직으로 활용하려 했습니다. 대한청년단에게 20만 명에 달하는 청년방위대를 운영하도록 했는데, 이 청년방위대가 한국전쟁 기간 중에 국민방위군으로 개편되었습니다. 여전히 대한청년단 출신의 간부들이 조직 운영을 맡았는데, 이들이 식비, 피복비 등을 착복하여 헐벗고 굶주린 청년들이 죽고 다치는 일이 벌어지기도 했습니다.

혁명과 청년

1960~70년대는 동아시아뿐 아니라 지구 전체가 급격한 성장, 방황, 혁명의 시기였습니다. 아시아 아프리카의 식민지들이 치열한 해방투쟁 끝에 독립을 얻었고, 유럽과 미국에서 학생혁명이 시도되었으며, 일본에서는 대학에서 급진적 학생운동이 확산되었습니다. 이 학생운동은 기존의 좌익 정당이나 사회운동에 대해서도 비판적이었습니다. 이들은 기존의 가족, 사회제도, 가치관을 완전히 거부하고 전면적인 투쟁을 선언했습니다. 소수 무장투쟁을 선택하여 고립, 몰락하게 되었지만, 이 시기 학생운동 경험은 이후 일본의 사회운동에서 큰 영향을 미쳤습니다. 중국에서는 문화대혁명이 일어났습니다. 문화대혁명을 해석하고 평가하는 시각은 다양합니다. 일부에서는 폭력에 의해 지식과 문화를 파괴한 야만적 행위라고 보기도 하고, 권력을 회복하기 위한 정치적 책략의 측면에서 파악하기도 하며, 기존의 국가 및 당권력에 대한 민중의 영구 혁명이라는 시각도 있습니다. 실제로 이런 측면들을 조금씩 다 포함하고 있겠지만, 1960년대 후반부터 10여 년에 걸쳐 문화대혁명은 홍위병이라고 불린 청년층의 막대한 에너지를 동원하여 진행되었다는 점에서 20세기 후반 청년 혁명의 한 사례로 볼 수 있을 것입니다. 그러나 문화대혁명은 청년주체가 성장하기보다는 추동력을 잃고 기존의 권력 구조 속으로 편입되는 결과를 초래했습니다.

한국의 청년들도 역동적으로 1960~70년대를 보냈습니다. 1960년 4월 혁명은 본격적으로 '청년학도'가 등장한 시기입니다. 이

때 청년학도는 대학생이라기보다는 고등학생이 중심이었습니다. 분단과 전쟁 기간 동안 국가에 종속된 폭력적 청년조직에 억압되어 있던 사람들에게 4월 혁명은 '청년학도'라는 새로운 주체가 민주주의의 가치를 실현할 수 있다는 점을 보여주었습니다. 전혀 다른 세대인 청년들이 등장했습니다. 이후 '대학생=청년 학도'는 학생운동이라는 사회적 역동성을 만들었습니다.

한편 1970년대 이른바 청년문화라고 하는 대학생 중심의 새로운 문화풍조가 확산되었습니다. 포크송이 인기를 끌었으며, 최인호의 소설 『별들의 고향』이 읽혔고, 대중문화의 젊은 스타들이 대학가를 중심으로 인기를 누렸습니다. 이 청년문화는 흔히 통기타, 블루진, 생맥주(통·블·생)로 상징되었는데, 기실 당시의 학생운동 참여층들은 이 청년문화에 대해 비판적이었습니다. 학생운동이 청년문화라는 세대적으로 구분되는 특정 집단을 대표하기보다, 민족과 민중 전체의 대표성을 얻고자 했기 때문이었습니다. 그러나 청년문화가 대학생들을 중심으로 대중적 인기를 얻었고, 대학생들이 좋아한다는 것 자체가 불온의 증거로 탄압의 대상이 되었습니다. 수많은 노래들이 금지곡이 되었고, 가수들의 활동도 금지당했습니다. 이렇게 되자 청년문화 중 일부는 뜻하지 않게 저항적 민중성을 얻게 되었으며, 학생운동의 일부로 편입되었습니다.

1970년대 이후 한국의 학생운동은 민족, 민중, 민주라는 보편적 가치를 구현하는 주체이며, 대학은 이를 위한 공간이어야 하고 대학문화는 민중과 민족문화의 산실이라고 생각했습니다. 민중이라는 새로운 보편적 주체와 민중민족 공동체를 전제하고 그 전위로 청년 학생을 주체화했던 것입니다. 1980년 광주항쟁, 1987년의 6월 항쟁은 대학생 중심의 학생운동이 주체로 내세운 청년이 한국 사회 전체의 민주화를 이끌어 간 계기였습니다.

오늘날의 청년, 미래의 청년

1990년대 후반 이후 한국만이 아니라 세계적으로 청년의 위기가 심화되었습니다. 중국에서는 톈안문 민주화운동이 성공을 거두지 못했고, 한국의 학생운동은 1997년 이후 급격히 몰락했습니다. 청년은 실업으로 대표되는 사회적 문제의 근원으로 인식되었습니다. 일본은 장기 불황에 시달리면서 사회의 전반적 보수화로 고민했습니다. 신자유주의가 세계적 추세가 되면서 더 많은 이익과 생산성을 추구하는 것이 당연하게 받아들여졌습니다. 이렇게 되자 사회적 약자인 청년층의 권리는 대폭 약화되었고, 미래에 대한 불안감은 더욱 커져갔습니다. 20세기 후반 학생운동의 시대를 이끌었던 대학의 자율성은 약화되었고, 학문과 사상의 독자성은 사라졌습니다.

이렇게 오늘날의 청년이 위기에 놓여 있지만, 중요한 것은 '청년'은 끊임없이 변화한다는 점입니다. 젊은 세대, 성장하는 세대들의 가치와 역할은 정해지지 않았습니다. 그들의 생각과 행동은 시대마다 다른 것이며, 기성세대의 것으로 판단할 수 없습니다. 어떤 면에서 오늘날의 젊은이들은 오늘날의 다양성을 반영합니다. 그러므로 청년은 한마디로 정의할 수도, 정의해서도 안

됩니다.

　오늘날 '실업' 등의 단어와 연결되어 청년이 사회적 문제의 대상으로 인식되고 있지만, 불과 20년 전 청년은 문제 해결의 주체였습니다. 그리고 그들은 1920년대 이래 다양한 사회운동에서 제기된 청년 주체의 연장선에 서 있었습니다. 정치적 저항만이 아니었습니다. 1970년대 청년문화의 붐은 엄숙한 국가주의로부터 이탈하는 새로운 세대와 문화적 저항의 가능성을 보여주는 것이었습니다. 오늘날도 마찬가지입니다. 단 하나의 청년이 등장할 이유도 없습니다. 젊은 세대가 단 하나의 정체성을 가지지 않는 것도 당연합니다. 오늘날 젊은이들의 대표가 누가될 것인지는 또 다른 사회적 경쟁의 대상일 수도 있습니다. 다만 민주주의, 인권, 정의 등의 가치에 귀를 기울일 때 청년 자신의 문제도 해결할 수 있다는 점은 기억해둘 필요가 있겠습니다.

　한국은 급속히 늙어가고 있습니다. 성장은 정체되고, 속도감을 잃어가고 있으며, 변화의 가능성은 나날이 줄어들고 있습니다. 문제는 늙어가고 있다는 사실을 알고 있으면서 이를 막을만한 사회적 대책을 만들지 못하고 있다는 점입니다. 출산을 늘리자는 오히려 더 틀린 답일 수도 있습니다. 왜 인구가 줄어드는가? 어떤 면에서는 너무 서두르고 너무 재촉한 결과가 아닌가? 출산을 늘린다는 것, 역시 성과를 재촉하는 데 그쳐서는 안됩니다. 더 중요한 문제는 좀 더 느리게 가는 것을 사회적으로 확산시키는 것이 아닐까? 취업을 늘리라고 대학을 질책할 일이 아니라, 청년들이 더 오래 대학을 다니며 진로를 모색할 수 있도록 도와줘야 하지 않을까? 오늘날의 대학생들은 아마 기대수명이 100세 가까이 될 것입니다. 긴 삶을 유지할 수 있는 개인의 힘은, 다양한 경험과 상상력에서 나올 것입니다. 그러므로 청년들에게 더 많은 시간과 여유를 주는 것이 오늘 위기를 극복하는 유일한 길입니다.

참고문헌

백승욱, 『문화대혁명: 중국현대사의 트라우마』, 책세상, 2007.

백영서, 『중국현대대학문화연구』, 일조각, 1997.

에릭 홉스봄, 『극단의 시대: 20세기 역사』, 까치, 1997.

아마미야 가린, 김미정 옮김, 『프레카리아트, 21세기 불안정한 청춘의 노동』, 미지북스, 2011.

유용태, 『지식청년과 농민사회의 혁명: 1920년대 중국 중남부 3성의 비교연구』, 문학과 지성사, 2004.

이기훈, 『청년아 청년아 우리 청년아』, 돌베개, 2014.

절망의 나라에서
'뜨거운 잉여'로 살아간다는 것
: 대전(帶電)하는 신체들 사이의 연대를 모색하며

심아정

Profile

수유너머 N 연구소에서 활동하고 있는 정치학자이자 한일관계 전문가이다. 와세다 대학에서 석사학위를, 호세이 대학에서 박사학위를 받았다. 예술과 종교, 문학과 사상을 가로지르면서 정치와 삶을 이어내는 작업을 하는 중이다.

절망의 나라에서 '뜨거운 잉여'로 살아간다는 것
: 대전(帶電)하는 신체들 사이의 연대를 모색하며

들어가며: 왜 '뜨거운' 잉여를 말하는가?

제 강연의 제목은 일본의 젊은 사회학자가 쓴 책『절망의 나라의 행복한 젊은이들』의 제목을 패러디한 것입니다. 풍자가 비극에서, 마임이 희극에서 파생됐듯이, 패러디는 랩소디에서 유래합니다. 랩소디는 낭송시인들이 낭송하는 서사시의 일부인 반면, 패러디는 진지한 것이 희극적인 것으로 바뀌게 되는 형식임과 동시에, 새롭고 부정합적인 내용을 도입하는 요소를 가지고 있습니다. 실제로 낭송시인들이 낭송을 중단하면, 연기자들이 등장해 청중들에게 농담을 던지면서 그때까지 행해졌던 모든 것을 뒤집곤 했죠. 진지한 줄거리를 가지고 있지만, 이것에 덧붙여 다른 익살스러운 것이 삽입되는 겁니다. 이 강연에서는 랩소디가 아닌 패러디의 상상력을 동원하여 암울하고 무거운 우리 사회의 고민들에 대해 이야기해 보려고 합니다.

아리스토텔레스는 랩소디에 패러디를 도입한 낭송방식이 아테네 사람들에게 참기 힘든 웃음을 유발했다고 말합니다. 플라톤 또한 『국가』에서 젊은이들이 지나치게 웃음을 좋아하는 사람이 되어서는 안 된다고 주장하죠. 그리고는 웃음이 강한 변화를 유발시키기 때문이라고 그 이유를 말합니다. 웃음이나 폭소에는 중심이 없기 때문에 견고한 질서를 중단시키는 힘이 있습니다. 중심이 없는 상태로 자발적인 감각들이 뭉쳐진 웃음이나 폭소는 질서나 격식을 한방에 중단시킬 수 있는 것이죠. 아마도 플라톤은 웃음이 가진 이러한 힘이 기존의 잘 짜인 질서를 흩트려 놓을까 봐 걱정했을 겁니다. 웃음은 고정된 것들을 그 자리로부터 벗어나게 하는 이탈의 능력을 갖고 있기 때문이죠. 비록 패러디는 랩소디의 곁에서 비롯되는 것이기 때문에 고유한 자

〈사진 1〉

리 같은 건 없지만, 그 자리-없음은 결여가 아니라 오히려 무엇이든 될 수 있는 잠재력으로 기능할 가능성의 토대가 됩니다.

절망의 나라에 살면서도 그 절망의 한가운데에 내던져진 사람들이 과연 행복할 수 있을까? 만약 그들이 행복하다고 느끼고 그렇게 말한다면 그 행복이라는 건 어떠한 행복일까? 절망적인 국가란 어떠한 국가이며, 그러한 국가와 나의 행복이 어떤 연관이 있는 걸까?『절망의 나라의 행복한 젊은이들』이라는 책의 제목은 내용을 읽어 보기도 전에 우리로 하여금 이렇듯 많은 질문을 쏟아내게 만듭니다. 저는 이 강연에서 우리의 삶이 얼마나 절망적인가를 논하려고 하는 것이 아닙니다. 오히려 우리의 삶과 우리가 발 딛고 있는 세계를 절망적이라고 단정해 버리기 전에, 그러한 절망을 다른 것으로 전유하면서 새로운 희망을 만들고, 다른 삶을 상상해 보자는 제안을 하고 싶습니다. 강연 제목에 잉여가 아니라 '뜨거운'이라는 형용사를 굳이 붙인 이유는, 청년들이 자신들의 처지를 냉소적으로 자처하는 '잉여'라는 말을 그대로 사용하는 것에 일종의 거부감이 들었기 때문입니다. 저는 '잉여'로 자처하건, 아니면 그렇게 불리건 간에 상관없이 잉여의 삶은 패러디와 같은 명랑한 힘을 품고 있으며 여전히 뜨거울 수 있는 잠재성을 가득 머금고 있다는 것을 강조하고 싶습니다.

'난민'이 되어 버린 일본의 청년들

〈사진 2〉는 어떤 곳일까요? 우리말로 하자면 24시간 영업 PC 방 정도 될 텐데, 일본에서는 '넷토카페(net cafe)'라고 부릅니다. 일본의 경우, 주거 빈곤에 시달리고 있는 청년들의 대부분이 비정규직이고, 지방 출신자가 많습니다. 이러한 이유를 핑계 삼아, 이 문제는 오랫동안 청년 세대 전체의 문제로 다루어 지지 않았죠. 그러던 것이 지금은 도쿄에서도 살 만한 장소를 구하지 못해서 임시 거처를 전전하는 청년들이 기하급수적으로 늘고 있는 실정이어서, 청년들의 주거 빈곤의 문제는 더 이상 지방 출신의 청년들만의 문제라고 치부해 버릴 수 없는 문제로 '문제화'되기에 이르렀습니다.

대부분의 청년들이 주거 문제를 겪게 되는 시기는 대학을 졸업한 이후가 됩니다. 그러니 대학 시절처럼 함께 모여 고민을

〈사진 2〉

〈사진 3〉

이야기하고 해결 방안을 모색할 수 있는 연대의 장(場) 또한 좀처럼 갖기 힘들어 지는 것이죠. 그래서 청년들은 주거 빈곤의 문제가 함께 해결해야 할 공동의 문제임에도 불구하고, 혼자서 해결해야 하는 문제 혹은 자신이 더 많이 노력해서 극복해야 할 문제로 여기기도 합니다. 정말 이 문제가 개개인의 노력으로 해결하거나 극복해야 할 문제일까요?

〈사진 3〉 속 장소들을 살펴봅시다. 뭐 하는 곳일까요? 왼쪽은 독서실처럼 칸막이로 개개의 공간을 분할해 놓은 라면집의 풍경이고, 오른쪽은 벌집처럼 생긴 도심의 캡슐 호텔의 방입니다. 경제불황과 청년 취업난이 계속되면서, 기본적인 삶의 양식도 고립되고 왜소해지고 있다는 느낌이 드는 사진들이죠. 칸막이로 켜켜이 가로 막힌 공간에서 혼자서 끼니를 때우고, 겨우 몸을 뒤척일 정도의 좁은 공간을 임시 거처로 삼아 잠을 청하는 삶에 익숙해진 이들에게 지금의 삶이 행복한 지의 여부를 묻는

것은 어떤 의미가 있을까요? 그리고 그들의 입에서 이외로 "나는 행복하다"는 대답이 나온다면, 이들이 자신의 삶에 자족하는 것이니 아무런 문제가 없다고 단언할 수 있는 걸까요?

청년 담론은 날조되었다!

이러한 일본 청년의 고민들을 청년 자신의 언어로 풀어 보고자 했던 한 젊은 사회학자가 있습니다. 후루이치 노리토시(1985~)인데요, 그는 2011년, 그의 나이 스물여섯에 『절망의 나라의 행복한 젊은이들』이라는 기묘한 제목의 책을 썼습니다. 이책을 읽고 나서 문득 들었던 생각은, '뒤틀린 사회 구조를 가진 절망의 나라에 살면서도 "나는 행복해"라고 느끼는 기묘한 안정감이 있다면, 그것은 도대체 무엇이며 어떻게 생겨나는 것일까?'라는 것이었습니다.

이 책에서 후루이치는 현재 우리가 알고 있는 청년 담론이 사실은 왜곡된 것이며, 더 나아가 근대가 날조한 신화라고까지 주장을 합니다. 가령, 신분제 사회에서는 같은 또래의 청년이라 하더라도 계급에 따라 완전히 다른 삶을 살았기 때문에, 계급 간의 차이를 무시할 수는 없었을 겁니다. 그러나 국가라는 '상상의 공동체'가 출현하면서부터 국가를 먹여 살릴 인적 자원으로서의 청년이 발명되었고, 두 차례에 걸친 세계대전에는 군사력으로, 경제 성장기에는 노동력으로서의 청년론(論)이 성행하고, 자본주의 시장 내부에서는 소비자로서의 청년 분석 등이 차례로 등장했습니다. 그러나 이러한 청년 연구는 청년의 실체에 직접 다가섰다기보다는 기성세대의 불만과 그들의 필요에 의해서 제멋대로 재단된 이미지에 불과하다고 저자는 말합니다. 그러니 청년 자신이 청년 자신에 대한 담론을 만들지 않으면 안 되겠다는 생각이 들었던 것이죠.

제가 청년이었던 1990년대만 하더라도, 청년이라는 명사 뒤에는 항상 부정적인 명사가 따라붙거나 하지는 않았더랬습니

〈사진 4〉
후루이치 노리토시
(古市憲寿, 1985~)

〈사진 5〉
이시카와 다쿠보쿠
(石川啄木,
1886~1912)

〈사진 6〉 도쿠토미 소호
(德富蘇峰, 1863~1957)

다. 반면, 최근에 청년이라는 명사는 이제 명사이기를 그치고, 마치 형용사처럼 사용되고 있다는 생각이 듭니다. 청년 실업, 청년 문제, 청년 난민, 청년 빈곤 등 '청년'은 마치 뒤따라오는 부정적인 혹은 문제적인 명사들의 당연한 수식어로 기능하는 것처럼 보입니다. 그렇다면 일본에서는 '청년'이라는 호명이 언제, 누구에 의해서, 어떤 이유로 시작되었을까요?

일본 최초의 세대론, "덴포의 노인이여, 꺼져라."

1880년대 후반 일본에서는 당시 10대에서 20대 사이의 청년들에게 인기를 끌었던 책이 한 권 있었습니다. 도쿠토미 소호(德富蘇峰, 1863~1957)가 그의 나이 스물넷에 쓴 『신(新)일본의 청년』(1887)인데요, 이 책에서 바로 일본 최초의 '세대론'이라고 할 만한 논의가 등장합니다. 그는 앞 세대인 부모세대 혹은 기성세대를 향하여 과격한 표현을 서슴지 않고 이렇게 외칩니다. "덴포(1830~1843)의 노인이여, 꺼져라." 당시로서는 발칙하게 여겨졌을 표현들을 거침없이 쏟아냈던 150여 년 전의 신세대는, 자신이 태어나기 이전의 시대적 감각을 거의 알지 못했습니다. 그들이 태어났을 때는 이미 새로운 시대, 즉 '메이지'라고 불리던 시대(1868~1912)였기 때문입니다. 쉽게 말해 보자면, 한국전쟁을 경험하지 못한 세대들이 부모나 조부모의 세대가 한국전쟁에 대해서 갖는 정서와는 전혀 다른 정서를 지닌 것에 비유할 수 있을 것 같습니다.

소호는 자신의 책에서 '덴포의 노인'과 '신일본의 청년'을 대비시켜서, 메이지 유신이라는 제1의 혁명에 뒤이어 제2의 혁명의 담당자는 바로 자신들, 신청년들이라고 선언하게 됩니다. 새로운 시대가 열릴 것이라는 기대감을 품고, 새로운 일본을 짊어질 주체인 '청년'을 청년 스스로가 발견했다는 것이 중요한 지점인 것 같습니다. 이처럼 '청년'이라는 명칭은 자신들의 의견을 잡지에 글로 게재하던 일부 인텔리 청년들이, 앞 세대와 자신들을 구별하면서, 청년들 자신이 스스로를 호명하는 명칭이었습니다.

100년 전 일본 청년들의 고민

청년 담론을 만들어낸 또 한 명의 청년을 불러내 볼까요? 백석이 존경하고 사랑했던 시인 이시카와 타쿠보쿠(石川啄木, 1886~1912)입니다. 다쿠보쿠는 교사로 일했을 때 학생들을 선동해서 학교개혁을 시도했다가 쫓겨난 경험을 가지고 있습니다. 특히 그의 시대는, 청일전쟁(1894~95)과 러일전쟁(1904~05), 천황 암살을 기도했던 대역(大逆)사건(1910), 조선에 대한 강제병합(1910) 등의 정치·사회적 사건이 많았던 변혁의 시대였습니다. 그는 조선이 병합되고 나서 "지도 위 조선국에 시꺼멓게 먹을 칠해 가며 가을 바람을 듣는다"는 노래를 읊었다고도 하죠. 사형당한 안중근을 기린 것인지 대역사건의 피고들을 생각하며 쓴 것인지 의견이 난무한 「코코아 한 잔」이라는 시도 발표했고요.

이시카와는 1910년, 그의 나이 스물넷에 아사히신문에 「시대 폐색의 현상」이라는 글을 기고합니다. 그렇지만 메이지 천황 암살 계획으로 인해 흉흉한 분위기가 계속되면서 그의 글은 게재되지 못했고, 결국 폐렴으로 사망한 후에야 비로소 그의 기고문은 세상에 발표됩니다. 그때의 기사의 일부를 번역해 보았는데, 그 시대 청년들의 고민과 지금 여러분들의 고민이 얼마나 닮아있는지 한 번 읽어 보시기 바랍니다.

우리 일본의 청년들은 아직도 정부의 강력한 권력행사에 대하여 불화를 일으키는 어떤 주장도 한 적이 없습니다. 그래서 우리들은 이제껏 국가를 적으로 돌리는 일도 없었던 것입니다. 그러나 우리 정부의 강권(強權)과 우리 자신과의 관계를 생각해 보면, 거기에는 예상외로 커다란 간극이 드리워져 있다는 것을 발견하고 놀라지 않을 수 없을 것입니다.

우리 청년들은 누구나 징병검사를 받게 되는 시기에 상당한 위기감을 느낍니다. 또한 모든 청년의 권리인 교육이, 부유한 부모를 가진 일부의 사람들의 특권이 되고, 엉망인 시험제도 때문에 교육받을 권리가 제한되고 있습니다. 이러한 현상은 우리에게, 국가의 강권에 대한 자유로운 토의와 연구를 시작하게끔 만드는 동기와 성질을 가지고 있음이 분명합니다. 그러나 실제로 우리 청년들의 이해(理解)는 아직 거기까지는 미치지 못하고 있습니다. 오늘날 우리 청년들에게서 볼 수 있는 내부 분열적이고 자멸적인 경향은, 이상(理想)을 상실해 버린 애도할 만한 상황을 매우 명료하게 말해주고 있습니다.

우리는 지금 어디에서, 우리가 나아가야 할 길을 발견해야 할까요? 오늘날에는, 그 어떤 발명도, 발명을 위한 그 어떤 노력도 가치 없는 일이라고 여겨집니다. 그것이 자본이라는 초자연적인 힘의 원조를 얻지 못한다면 말입니다.

착실함에도 불구하고, 해마다 몇 백 명이나 되는 국공립/사립 대학 졸업생들의 절반이 일자리를 얻겠다고 하숙집을 전전하고 있다는 것을 아십니까? 그리하여 일본은 지금, '유민(遊民)'이라는 이상한 계급이 생겨나고, 점차적으로 그 수가 증가하는 추세에 있습니다.

내일을 생각한다는 것! 이것이야말로, 우리가 현재 할 수 있는 유일한 것이며 전부입니다.

이 글은 놀랍게도 1887년에 일본의 한 청년이 고민했던 것들과 2016년을 살아내고 있는 여러분들의 고민이 매우 유사한 결을 지니고 있다는 것을 보여줍니다. 그러니 150년 전 일본을 살아냈던 한 청년의 울림 있는 선언과 호소로부터 우리는 지금—여기를 살아내는 우리의 고민들을 풀어나갈 어떠한 실마리를 붙잡을 수 있을지도 모릅니다. 다쿠보쿠는 국가를 적으로 돌리는 일, 국가의 권력행사, 징병제, 특권화된 교육의 기회, 자본주의의 모순 등에 대하여 불화를 일으키는 어떠한 주장도 해 본적이 없는 일본의 청년들에게 이의를 제기합니다.

다쿠보쿠는 당대의 사람들에게 당연시 여겨지는 것들이 당연하지 않음을 주장합니다. 그리고 그러한 부당함들은, 불화를 일으키는 주장을 통해 비로소 세상에 드러나게 됩니다. 국가나 권력 혹은 자본에 의해 그어진 분할선들에 의해서, 더 이상 설 자리가 없어진 청년들을 그는 '유민(遊民)'이라고 표현합니다. 백수 혹은 잉여라는 현대어에 상응하는 것이라고 볼 수 있겠죠. 그럼에도 그는 유민이며 백수고 잉여인 우리가 현재 할 수 있는 유일한 것은 '내일을 생각하는 것'이라고 힘주어 말합니다. 그가 말하는 내일은 오늘의 우리의 삶에서 불화를 일으키는 것으로부터 비롯되는 것이겠죠. 그렇다면 지금의 일본에서는 어떤 불화의 움직임들이 꿈틀거리고 있을까요?

매력적인 아방가르드, 실즈(SEALDs)의 등장

다음의 사진 속 청년들은 '실즈(SEALDs)'라는 이름으로 자신들을 호명합니다. '자유 민주주의를 위한 학생긴급행동'으로 번역되는 실즈(SEALDs: Students Emergency Action for Liberal Democracy-s)는 자유·민주·평화 등 헌법의 기본 가치를 지키자는 취지에서 2015년 5월 3일 일본 헌법기념일에 발족했죠. 2014년 아베 정부가 안보를 명목으로 언론 보도를 제한하는 '특정비밀보호법'을 제정하자, 당시 대학생들은 알 권리를 제한하는 독재적인 발상이라며 반대행동에 나섰고, 다음해 아베가 일본을 전쟁을 하기 위한 나라로 바꾸려는 안보법 개정을 추진하자, 그들을 스스로를 실즈로 조직화합니다. 주요 구성원은 20대 대학생이고, 매주 금요일 국회 앞에서 집회를 엽니다. 그들은 세련된 구호, 감각적인 이미지, 동영상, 랩과 디제잉 등을 전략적으로 구사하여, SNS

〈사진 7〉

를 통해 각계각층의 시민들을 거리로 불러 모았습니다.

패전 후에 만들어진 일본의 헌법에는 전쟁을 포기할 것과 군대를 갖지 않을 것이 명기되어 있습니다. 이러한 규정을 뿌리를 뒤흔든 아베 정권에 대항해서 엄청난 수의 일본 시민들이 지난 2015년 뜨거운 여름, 거리로 쏟아져 나왔습니다. 이제껏 정치에 무관심했던 대학생들이 갑작스럽게 각성을 한 것도 아닐 테고, 그렇다고 운동가의 길로 인생의 노선을 변경하는 결단을 한 것도 아닐 것입니다. 이들은 그저 상식의 선들이 무너지는 것을 막으려고 했을 뿐이며, 소박하고 평범한 사람들의 행동을 촉발하고 결집했을 뿐입니다.

그렇다면 실즈의 인기의 비결은 무엇일까요? 저는 그 이유가 그들이 '자신들의 언어'로 자신들의 고민을 말하고 있기 때문이라고 생각합니다. 이렇게 사회의 구성원들이 일상 속에서 각자

〈사진 8〉 2015년 8월 30일 국회의사당 앞에 모인 12만 명의 일본 시민들

의 언어로 각자의 고민을 공공의 장소에서 이야기한다면, 사회의 언어는 보다 풍성해지고, 정치는 반드시 스펙터클한 장소를 필요로 하지 않게 될 것이며, 어느새 일상의 한 부분으로 스며들 수 있을 것입니다.

Tell me what democracy looks like!

실즈의 선언문은 "우리는 자유 민주주의에 기반한 정치를 요구합니다"라는 문장으로 시작됩니다. 시위에서 주로 사용하는 구호 또한 "민주주의란 게 뭔데?"이죠. 그렇다면 실즈에게, 그들과 함께 2015년 8월 30일 국회의사당 앞에 모였던 12만의 대중에게, 그리고 그러한 '사건'을 거리에서 혹은 TV나 유튜브 등으로 목격했던 사람들에게 민주주의란, 그리고 정치란 어떤 것일까요? 실즈(와) 대중은 서로를 촉발하며 겪어낸 공통의 경험에 대해 어떤 의미를 부여하고 있을까요? 그들이 연대하는 장소에서는 어떤 말들이 태어났을까요?

실즈들의 데모 현장을 기록한 영상에서 인상적이었던 것은 실즈의 멤버들이 자신들의 활동을, 의회민주주의와 일상이라는 틀 안에서 규정하고 있다는 점입니다. 정치는 정치가가 하는 것이며 민의를 제대로 반영한 의회를 통해 민주주의는 실현될 것이라는 것이죠. 그러나 실즈의 운동은, 기존 질서의 틀 속에서 자신들의 경험을 의미화하는 그들 자신의 규정과는 전혀 다른 결을 지닌 것으로 정의되어야 할 필요가 있다고 생각됩니다. 기존의 틀이나 질서에 불화를 일으키는 것이야말로 내일을 생각하는 현재의 우리들이 할 수 있는 유일한 행동이라는 다쿠보쿠의 호소를 상기해 보기 바랍니다.

이 강연에서 저는 여러분에게 '정치'라는 개념을 새롭게 사유해 볼 것을 제안합니다. 그래서 프랑스의 대표적인 정치철학자들 중 한 사람인 자크 랑시에르에게 도움을 청하려고 합니다. 그에 따르면 '정치'는 당연하게 주어져 있는 것들에 의문을 던질 때, 다시 말해서 불화를 드러내는 장(場)에서 비로소 시작됩니다. 랑시에르는 우리가 흔히 정치라고 부르는 활동이나 영역이, 사실은 엄밀한 의미에서의 '정치'가 아니라 '치안'이라고 말합니다.

〈사진 9〉
자크 랑시에르(1940~)

민주주의는

몫 없는 자들에게 몫을 돌려주는 것이며,

정치라는 활동을 통해 주체가 되는 과정이다.

정치는 보이지 않는 것을 보이게 만들고,

들리지 않는 것을 들리게 만드는 활동이며,

치안에 대항하는 개념이다.

치안은 우리에게 자격과 위계를 할당하는, 즉 우리가 있어야 할 자리, 할 일, 말하는 방식까지도 규정하는 감각적인 짜임이다.

랑시에르에게 '정치(politics)'는 '치안(police)'에 대립하는 개념입니다. 내가 있어야 할 자리를, 내가 해야 할 일을, 내가 말하는 방식마저도 옴짝달싹할 수 없도록 규정해 버리는 감각적인 짜임을 '치안'이라고 한다면, 그것과 단절하는 것이 바로 '정치'라는 것이죠. 이때 '정치'는 소음으로 치부되었던 것들이 비로소 목소리로 혹은 담론으로 들리도록 만들고, 보이지 않던 것들을 보이도록 만드는 활동이 되며, 그럼으로써 몫 없는 자들에게도 몫이 돌아가게 됩니다. 여기서 몫은 자격이라고 생각하면 됩니다.

청년들에게 대변인은 필요 없습니다. 여러분은 말할 수 없는 존재가 아니기 때문이죠. 문제는 청년들이 아무리 말을 해도 들리지 않게 만드는 무언가이며, 청년들로부터 말할 자격을 박탈하여 말할 수 없게 만드는 것에 있습니다. 말할 수 없음은 그런 조건, 그런 배치에 의해서 만들어지는 것이죠. 그렇다면 여러분에게 필요한 것은 무엇일까요? 말할 수 없게 만드는 것들, 말할 자격을 박탈하는 것들이 무엇인가를 생각해 보는 겁니다. 이러한 사유의 출발점은 말할 자격이 없는 자들이 자격 없이도 말하기 시작할 수 있게 되는 실천의 계기로 작동합니다. 그러나 이러한 실천이 결코 거창한 것을 말하는 것이 아님을 오늘 강의에 등장하는 일본 청년들을 통해서 함께 생각해 보고 싶습니다.

'실즈'의 자처하는 입과 '재특회'의 증오하는 입

실즈의 활동 중에서 가장 큰 특징 중 하나로 꼽을 수 있는 것은 바로 대중들 앞에서 하는 스피치입니다. 스피치의 중요성을 강조하면서 실즈의 운동을 긍정적으로 평가하려고 할 때 반드시 맞닥뜨리는 것이 바로 재특회의 '헤이트 스피치'인데요, 스피치에 대해 비판적인 사람들은 그 순기능뿐 아니라 역기능까지도 고려해야 한다고 말하기 때문입니다.

〈사진 10〉
실즈의 스피치

재특회는 '재일 특권을 용서하지 않는 시민의 모임'의 약자로, 재일조선인을 비롯한 외국인이 일본에서 부당한 권리를 누리고 있다고 주장하면서 세력을 키워온 우파 시민단체입니다. 사실 실즈의 스피치와 재특회의 헤이트 스피치가 발신하는 내용에는 양자 모두 '소중한 나의 일상을 잃을 지도 모른다는 불안'이 가득합니다. 그러나 불안을 담지한 채 발신되는 각각의 말은 그 차이 또한 강조되어야 할 필요성이 있습니다. 말이 태어나는 장소는 바로 주체가 구성되는 장소이며, 생성되는 말에 따라서 결이 다른 주체가 만들어지기 때문이죠.

실즈의 '자처하는 입'에서는 "우리는 모두 재일조선인이다"라는 '불가능한 동일시(同一視)'의 선언이 이루어집니다. 이를 통해 자기자신으로부터 비롯되는 상티망(감정, sentiment)의 말이 생성되죠. 이때 만들어지는 주체는 action(능동)이라는 결을 가진 주체, 그러니까 국가 혹은 치안질서가 우리에게 할당한 고유한 이름과 정체성으로부터 스스로 이탈함으로써, 기존의 명명질서를 방해하는 주체입니다.

다른 한편, 재특회의 '증오하는 입'에서 나오는 말을 살펴볼까요? "조선인은 이 땅에서 나가라"를 외치는 그들의 증오하는 입에서는, 누군가를 배제함으로써만 자신의 정체성을 확보하려고 하는 르상티망(원한, resentiment)의 말이 만들어집니다. 때문에, reaction(반동)이라는 매우 다른 힘의 질을 가진 주체들, 자기 자신으로부터 시작하는 성분이 없는, 즉 상티망(감정)에 반동(re)하는 원한을 지닌 주체를 만들어냅니다.

'불가능한 동일시'라는 개념에 대한 이해를 돕기 위해서 한 명의 혁명가를 소환해 보도록 하겠습니다. 76년이라는 전 생애를 살면서 40년을 감옥에 갇혀 지냈던 독특한 경력을 지닌 오귀스트 블랑키(Lois-Auguste Blanqui)인데요, 지금 프랑스의 르몽드 신문사 앞 거리의 이름은 블랑키의 이름을 붙여 지어졌다고 합니다. 권력에 이의를 제기했던 중요한 사람이니까요. 1832년 블랑키의 재판과정에서 대해서 말해 볼까요? 우선 재판관은 절차에 따라 블랑키에게 직업을 말하라고 요구합니다. 이에 대해 그는 "프롤레타리아"라고 답변하죠. 재판관은 곧바로 "그건 직업이 아니잖아!"라고 반박하지만, 블랑키는 "프롤레타리아는 노동으로 연명하면서도 정치적 권리를 갖지 못하는 3천만 프랑스인들의 직업"이라고 응수합니다. 그러자 재판관은 곰곰이 생각하다가 재판과정을 기록하는 서기에게 이 새로운 '직업'을 써넣도록 지시했다고 합니다.

사실 당시 프롤레타리아는 육체노동에 종사하는 사회의 하층

〈사진 11〉
'재특회'의 시위 장면

계급이라는 뜻으로 통했고, 국민의회 의원의 아들이자 지식인이었던 블랑키는 프롤레타리아가 아니었습니다. 그렇지만 그의 프롤레타리아 선언은 정치적 권리를 갖는 사람들과 그렇지 못한 (권리로부터 배제된) 사람들 사이의 괴리를 명시적으로 드러내 보여줍니다. 선언하기 전에는 존재하지 않는 것처럼 여겨졌던 모순이 그의 말을 통해서 드러나는 것이죠. 블랑키의 선언처럼 실즈도 "우리는 모두 재일조선인이다"라고 선언함으로 인해서 화해 불가능했던 어떤 것이 다루어질 수 있는 어떤 것으로 드러나게 되는 것이죠. 합의가 아닌 불화를 일으키는 곳에 바로 정치가 있다는 랑시에르의 언급은 바로 이런 경우를 말하는 것입니다.

르상티망을 넘어서기: 호리 에리야스의 사례

여기에서 잠시 재특회에서 활동했던 호시 에리야스라는 청년의 사례를 소개해 드리고 싶습니다. 그는 이란인 어머니와 일본인 아버지 사이에서 태어난 혼혈인데요, 그는 그러한 자신을, 재특회 회원들이 아무런 편견 없이 일본인으로 대해 주었다고 말합니다. 그리고는 집회에 참가하여 일장기를 휘날리며 "조선인은 나가라"고 외치던 날, "일본인이 될 수 있다는 기쁨을 느꼈다"고 말합니다.

호시가 일본인이 된다는 것은 자신의 이웃이었던 자들의 시민권을 박탈함으로써만 가능한 것이었죠. 그가 과격한 행동으로 체포를 당하고 구금을 거치고 나서 했던 인터뷰 내용에는 주목할 만한 내용이 담겨 있습니다. 호리는 "이제껏 미워한 적이 없는 조선인을 증오하게 되었는데, 그 증오의 정체에 대해서 좀 더 생각해 보고 싶었고, 내가 일본인이라는 사실은 여전히 자랑스럽지만, 타자를 공격하는 것으로 자부심을 확립하는 것이 옳은지는 잘 모르겠다"며 그는 이제껏 해 왔던 자신의 활동에 스스로 물음을 던집니다.

비록 체포된 후이지만 '스스로에게 물음을 던지는' 상티망의 측면에 주목해 보고 싶습니다. 그가 당장 어떤 해결책을 찾아낸 것은 아니지만, 스스로 자기 자신에게 질문을 던져 보기 이전에는 존재하지 않았던 하나의 문제를 만들어 냈다는 것에 의미가 있기 때문이다. 이처럼 다른 사람에 의해 틀 지워진 감성의 틀로부터의 '이탈'한다는 것은, 사유나 행동을 위한 새로운 길 혹은 이전에는 모습을 드러내지 않았던 여러 분기점을 출현시킵니다. 호시의 증언은 증오하는 입들이 르상티망을 넘어 상티망의 주체가 될 가능성을 품은 말이 태어나는 장면이라고 말해 볼 수 있을 것 같습니다.

혁명을 연습하기: 모바일 하우스와 제로엔 센터의 사례

사카구치 교헤(坂口恭平, 1978~)는 우리가 홈리스(Homeless)라고 부르는 사람들을 '길 위의 생활자들'이라고 부릅니다. 교헤는 집을 갖지 못한 그들의 경제적 능력의 결여를 의미하는 홈리스라는 명칭을 그들을 향해 사용하지 않습니다. 대신 그들의 집을 건축학도인 자신의 관점에서 고찰하여 스물여섯에 『제로엔 하우스』(2004)라는 책을 쓰면서, 돈이 거의 들지 않는 생활방식에 대한 사유를 실천에 옮기려고 시도합니다. 교헤는 "토지는 누구의 것인가", "왜 우리들은 비싼 집세를 내지 않으면 안 되는가" 등 우리가 당연시 해 온 것들에 대해서 의문을 가지고, 따져봐야 된다고 말합니다.

그의 활동은 2011년 3.11 쓰나미를 계기로 급속한 활기를 띠게 됩니다. 대지진 이전에 후쿠시마에서 집을 구입했던 사람들은, 삶의 터전이 방사능에 오염되자, 하룻밤 사이에 집을 잃고, 갚아야 할 대출금만 남아 있는 경우가 많았다고 합니다. 교헤는 보통의 일본 사람들이 집을 사기 위해서 은행으로부터 대출한 융자금을 갚으려고 35년간 노동을 강요당하는 것은 노예제도와

〈사진 12〉 왼쪽 사진 속 오른편에 서 있는
사카구치 교헤, 오른쪽은 그가 제안한 모바일 하우스

다를 바 없는 끔찍한 일이라고 단언합니다. 이런 사람들이 빚을 다 갚기도 전에 구조조정이라도 당한다면 얼마나 막막하고 당혹스러울까요….

3.11 이후 교혜의 활동이 활발해진 이유는, 폐허 위에서 기존의 국가나 사회가 존재해 왔던 방식에 대해 적지 않은 사람들이 의문을 품게 된 것과 무관하지 않습니다. 3.11은 지금까지 우리 삶을 지탱해 왔던 삶의 방식 자체에 물음을 던지게 했고, 이런 것들이 그의 실천과도 연결되어 있을 겁니다. 방사능을 피해 구마모토로 이주한 교혜는 첫 번째 프로젝트를 시작합니다. 200평이 넘는, 지은 지 80년이 된 낡은 민가를 월세 3만 엔(약 30만 원)에 빌리고, 그곳을 '제로엔 센터'라고 이름 지은 후, 동일본 전역으로부터 죽음을 피해 온 사람들의 피난소를 만드는 일이었습니다. 한 달 동안 피난민들이 100명을 넘었고, 그중 60명은 구마모토에 영구 이주를 결심하게 됩니다.

교혜가 만든 신조어에는 '태도 경제'라는 용어가 있습니다. 물건의 교환이 아니라, 태도의 증여에 의해서 발생하는 경제를 말하는 것인데요, 그가 길 위의 생활자들의 행동에서 생각해낸 경제 양식이기도 합니다. 그가 참조한 홈리스들은 서로 정보교환을 하고 얻은 물건을 나눠 쓰며, 주변의 상점이나 주민들과도 적극적으로 소통해서 마을 사람들의 소일거리를 도와주고 음식이나 재활용 가능한 물건을 받아 살아갑니다. 그는 우리에게 서로에게 빌려 주고 빌려 쓰는 삶의 태도를 제안합니다.

그가 실행한 전국적 규모의 프로젝트도 있습니다. 일본 전국에 '제로엔 특(별)구(역)'을 만들고, 자신이 초대 총리에 취임해서 매일 2만여 명의 사람들에게 트위터로 '신정부 라디오'를 발신하기 시작했죠. 2012년에 그가 쓴 『독립국가를 만드는 법』은 발행 3개월 만에 5만 부가 넘게 팔립니다.

일본 헌법 25조에는 "모든 국민은 건강하고 문화적으로 최저한의 생활을 영위할 권리를 가지고 있다"고 명기되어 있는데, 이를 지키기 위한 안전지대가 바로 '제로엔 특구'라는 것이 그의 발상입니다. 이 프로젝트는 700만 호에 달하는 빈 집과 전국에 방치된 토지(소유자 불명의 땅, 등록되지 않는 토지)를 새로운 공공의 장으로써 전용하자는 제안입니다. 말하자면, 남아도는 토지 전부를 못 없는 자들의 공유지로 만들려는 계획인 셈입니다. 이 프로젝트는 시민이 정책을 제안하고, 스스로 실현하고, 행정기구를 납득시켜, 자치단체의 정책으로 편입시키는 방법을 취하게 됩니다.

교혜의 실천에는 모두 '제로'가 따라붙습니다. 거리의 생활자들의 생활방식을 눈여겨보면서 그는, 그들을 구제의 대상으로만 바라보는 것이 아니라, 오히려 그들의 집 구조, 물질과 환경에 대한 그들의 인식, 소통과 증여를 기반으로 하는 그들의 관계성으로부터 지혜를 배웠다고 말합니다. 돈을 매개하지 않는 주거라는 관점에서 삶의 권리라든가 사회의 존재양식에 대해 문제를 제기하는 것이죠. 그의 문제제기와 실천은 우리에게 새로운 삶의 방식, 새로운 관계성의 실천에 대한 발상의 전환을 요청하고 있는 것처럼 느껴집니다.

그가 운영하는 홈센터에서 재료를 구입하면 겨우 26,000엔으로 6평짜리 크기의 예쁜 이동용 바퀴까지 달린 집을 만들 수 있다고 합니다. 이 모바일 하우스는 법률상으로는 집이 아닙니다. 부동산이 아니라 '동산'이기 때문에 집세가 발생하지 않고, 혹시 땅의 소유자가 어느 날 갑자기 나가라고 하더라도 다른 땅으로 이동하면 되는 것이죠. 그의 발상의 근원에는, 인간은 토지를 공유하는 존재라는 생각, 즉 이용은 할 수 있지만 사적인 소유는 할 수 없다는 생각이 깔려 있습니다. 토지를 '이용'하되 '소유'하지 않기 때문에 일본 정부도 처음엔 그의 활동에 대한 대처방법을 몰라서 당혹스러워했다고 하네요. 모바일 하우스의 내부는 아래의 〈그림 1〉과 같습니다.

주유소에 버려진 12볼트 자동차 배터리를 이용해서 발전기로

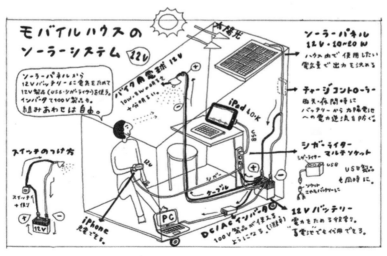

〈그림 1〉

쓰고, 누군가가 버린 TV를 고쳐 재활용하고, 우물과 태양에너지를 사용합니다. 책을 읽고 싶으면 가까운 도서관에 가고, 공원이나 공공시설의 화장실을 이용하죠. 벽에 둘러싸인 공간을 집이라고 느끼는 것이 아니라, 벽을 넘어 넓게 펼쳐진 세상을 자신의 공간이라고 느끼는 새로운 감각을 그는 우리에게 제안하고 있는 것입니다.

법의 새로운 사용법

교혜의 활동에 어떤 의미를 부여해야 할지 설명하기 위해서 또 한 명의 철학자를 소개해야 할 것 같은데요, 조르조 아감벤이라는 이탈리아의 철학자입니다. 로마에서 법학을 전공한 아감벤은 법은 정의가 아니라고 주장합니다. 그리고는 단지 "법은 우리를 정의로 이끄는 문이며, 정의에 이르기 위해서는 법을 다르게 사용해야 한다"고 말하죠. 각자에게 고유한 전략에 따라 "법을 궁리하고 법과 놀아야 한다"고 주장하는데… 도대체 이게 무슨 소리일까요?

"법은 정의가 아니다.
법은 단지 우리를 정의로 이끌 뿐이다.
정의에 이르기 위해서는
법을 다르게 사용해야 한다."

아감벤에 따르면, 언젠가 인류는 마치 어린 아이가 쓸모없는 물건들을 갖고 노는 것처럼 법을 갖고 놀 것이라고 합니다. 예컨대, 비닐봉투를 가지고 노는 아기들을 예로 들어 봅시다. 아기들은 비닐봉투가 '물건을 담는 용도로 쓰이는 것'이라는 정해진 규정을 모릅니다. 그러나 모르기 때문에 아기들은 오히려 검은 봉투를 다른 용도로

〈사진 13〉 조르조 아감벤

즐겁게 사용할 수 있는 것이죠. 이 말은 법을 경전에 따라 사용하는 방식으로부터 해방시키자는 소리로 들립니다. 법의 새로운 사용법으로서 그가 제안한 것은 이리저리 궁리하는 놀이이며, 이것이야말로 정의에 이르는 통로가 될 텐데, 사카구치 교헤의 사례는 바로 이런 의미에서 '새로운 법의 사용법'이 될 수 있지 않을까요?

교헤의 실천은 심각하고 무거운 방식으로 분노를 표출함으로써 사회를 바꾸려고 하는 방법이 아닌, 일종의 즐거운 퍼포먼스 같은 성격을 띠고 있다고 할 수 있습니다. 그의 퍼포먼스 속에는 '정치성'이 결여되어 있다는 비판, 그의 활동에는 현 정부와의 '싸움'이 없다는 비판이 늘 따라다닙니다. 아마도 그가 슬로건을 내걸고 선언문을 읽고 현 시스템과 싸우거나 파괴하는 방식을 취하지 않기 때문일 겁니다. 다시 말하면, 그가 오히려 같은 길 위에서라도 걷는 방법을 바꾸는 것, 관점을 바꾸는 것, 그래서 전혀 다른 세계의 얼굴을 이 세계 속에서 드러내는 방식

을 취하기 때문일 겁니다. 현 정부와 직접적으로 싸우는 방식이 아니더라도, 정부를 당혹시킴으로써 즐겁게 자신들의 영토를 확장하는 교혜의 방식은 아감벤이 언급했던 '새로운 법의 사용법'을 상기할 뿐 아니라, 랑시에르가 제안했던 삶에 대한 하나의 새로운 감각을 창안하는 운동이라고 말할 수 있지 않을까요?

사실 손수 제작한 작은 집에서 생활하는 것은 생각만큼 쉽지 않을 뿐 아니라, 장기적으로 그 집에서 살 수는 없을 겁니다. 그러나 교혜의 상상력과 문제의식이 실천으로 옮겨졌을 때 "사람들이 왜 평생 집세를 갚아가며 살아가야 하는가?"라는 소박한 의문과 함께, "집이란 무엇이며, 건축이란 무엇인가" 등에 관한 환기가 가능해집니다. 그럼으로써 이제껏 당연시 여겨져 왔던 상식들 중 하나인 '끊임없이 확대 재생산을 하는 삶'에서 벗어나게 되고, 필요에 따라 확대도 축소도 가능한 유연한 삶의 방식 또한 가능하다는 것을 그는 우리에게 보여주는 것이죠. 그러나 여기에서 유념해야 할 것은, 홈리스라고 불리는 길 위의 생활자들 모두가 자발적으로 가난을 즐기는 것은 아니라는 겁니다. 어쩔 수 없이 거리로 내몰리는 사람들이 대부분이라는 구조적인 측면 또한 고민해 보아야 하겠죠.

겁쟁이라도 괜찮아!: 대전(帶電)하는 신체들의 느슨한 연대

타자에 대한 공감은 어떤 이로 하여금 자기 자신에게 주어진 정체성으로부터 떨어져 나오게 하는 계기로 작동합니다. 그러나 스펙터클한 사건이나 혁명을 목격한 사람들 모두가 그것에 공감하는 것은 아니며, 설령 공감한다고 하더라도 당장 거리로 뛰쳐나가 비장하게 시위에 참여하는 것도 아닙니다. 하지만 당사자와 목격자 사이에서는 최소한 일종의 '웅성거림'이 만들어집니다. "저 사람들 뭐하는 거야?" "나도 몰라. 뭐 때문에 저러고 있는 거지?" 이러한 목격자들의 '웅성거림'이야말로 이내 사소하고 의미 없어 보일지도 모르는 활동으로 이어지면서 언젠가는 새로운 감각과 공동의 리듬을 만들어 나갈 수 있는 가능성을 지니고 있을 것이라고 말해 볼 수 있지 않을까요?

1931년 자신이 일하던 고무공장에서 임금삭감과 정리해고가 부당하다며 지붕 위로 올라가 시위하는 80년 전 강주용의 모습이나, 2015년에 같은 방식으로 굴뚝 위에 올라가 장기 농성을 하는 노동자들을 보면서, 높은 곳에 올라가는 것도 무섭고 사람들이 많이 모인 시위 현장에 나가본 적도 별로 없는 겁쟁이인

〈사진 14〉
처음 망루에 올라간
여성 노동자
강주룡(1931)

저는 복잡한 마음을 억누르고 이렇게 중얼거려 봅니다. "우리는 모두 굴뚝 위 지붕 위 노동자다." 그리고 여러분들이 겪고 있을 어려움들 앞에서는 이미 청년의 나이를 훌쩍 뛰어넘었지만 이렇게 중얼거려 볼 겁니다. "우리는 모두 이 땅의 청년이다."

이러한 선언은 블랑키와 랑시에르가 저에게 알려준 공감과 연대의 방법이기도 합니다. 일단 나의 정체성으로부터 이탈해서 다른 방식으로 세계를 보는 연습을 하기 위한 첫걸음인 것이죠. 저는 하늘 위 노동자가 될 수도, 이 땅의 청년이 될 수도 없지만, 불가능한 동일시의 선언을 통해서 그들이 당하고 있는 부당함을 불화의 방법으로 드러내고, 그들의 문제를 나의 구체적인 삶으로 연루시켜 나가고 싶습니다. 그리고 여러분도 그랬으면 좋겠습니다.

지붕 아래에서 웅성거리고 있었던 구경꾼들은 지붕 위로 올라간 시위 당사자와는 또 다른 강도로, 그리고 '다를 수밖에 없

〈사진 15〉
청년문제를
공론화시키는
시위 현장

는' 각자의 방식으로 그들과 함께 정치와 혁명을 '겪어내고 있는 중'이라고 말할 수 있지 않을까요? 나의 신체를 사회화하는 문제는 우연한 사건이나 인물들에 '휘말려드는 것'을 받아들임으로써 생겨나는 '관계'로부터 시작됩니다. 내 눈에 비친 광경은 나만의 경험이겠지만, 그러나 이러한 사적인 경험을 사회적 문맥에 놓으려면, 내가 목격한 그 장면들에 대해서 사후적으로나마 그것이 나에게, 그리고 우리에게 무엇인지, 그 관계성에 대해 스스로 의미를 부여해 보는 과정을 거쳐야만 합니다. 그리고 이러한 과정은 혁명을 연습하는 과정이 될 겁니다.

강의 제목에 그냥 잉여가 아닌 '뜨거운' 잉여로 살아갈 것을 강조한 이유는 바로 미진하게나마 조금씩 불화를 일으킬 수 있는 전류를 띠고 있는, 즉 대전(帶電)하고 있는 신체들이 공감을 통해 느슨하게나마 연대하기 시작할 가능성을 말하고 싶었기 때문입니다. 이러한 연대가 시작될 때 우리는 스스로를 '잉여'라고 냉소적으로 자처하는 것을 넘어서서 '뜨거운 잉여'로 다른 삶을 창안해낼 수 있을지도 모릅니다.

이 강의를 통해서 여러분들 각자가 어떤 웅성거림을 만들어냈으면 좋겠습니다. 그리고 지금은 웅얼거리고 중얼거리는 그 모호한 말들이, 여러분 자신들의 언어로 터져 나와 자신들이 겪고 있는 고민들과 모순의 지점들을 드러내 보이도록 하고 들리게끔 만드는 '정치'를 새롭게 사유하는 여러분이 되길 바랍니다.

참고문헌

후루이치 노리토시 지음, 이언숙 옮김, 『절망의 나라의 행복한 젊은 이들』, 민음사, 2015.

자크 랑시에르 지음, 양창렬 옮김, 『정치적인 것의 가장자리에서』, 길, 2013.

자크 랑시에르 지음, 진태원 옮김, 『불화』, 길, 2015.

조르지오 아감벤 지음, 김상운 옮김, 『세속화예찬』, 난장, 2010.

조르지오 아감벤 지음, 김항 옮김, 『예외상태』, 새물결, 2009.

야스다 고이치 지음, 김현욱 옮김, 『거리로 나온 넷우익』, 후마니타스, 2013.

시카구치 교헤 지음, 고주영 옮김, 『나만의 독립국가 만들기』, 이음, 2013.

동아시아라는 지평에서
학문한다는 것

: 다케우치 요시미의 베이징 체류를 단서 삼아

윤여일

Profile

동아시아 사상을 연구하는 젊은 학자이자, 새로운 장르를 열어가는 여행 작가이기도 하다. 걷고 사유하며 글을 쓰는 삶을 부지런히 실천 중이다. 『사상의 원점』, 『여행의 사고』 1~3권 등을 썼고, 동아시아 사상에 관련한 많은 책을 번역했다. 서울대학교에서 박사학위를 받았으며 제주대학교에서 연구하고 있다.

동아시아라는 지평에서 학문한다는 것

: 다케우치 요시미의 베이징 체류를 단서 삼아[1]

어떤 시기에 누군가에게 그런 말이 찾아올 수 있다. 말들의 말, 말들이 수렴되는 말이며 말들을 낳는 말이다. 문학, 근대, 가난, 고통, 자유, 기억, 시, 신, 몸, 민주주의, 여행, 윤리, 정의, 죽음… 무엇이 되었건 그 말은 그 누군가에게 사전적 정의를 아득히 초과한다. 다른 말들은 그 말로 빨려들어가 그 말을 거쳐서 나오며, 그로써 음영과 색채가 전과는 달라진다. 그 말을 일러 화두라 할 것이다. 내게는 한 시기 동아시아였다.

동아시아는 근대, 자유, 윤리와 같은 추상명사가 아니다. 지역 명의 하나일 뿐이다. 물론 가치함축적일 수 있는 지역명이지만,

---

1) 이 글은 『사상의 원점』(창비, 2014), 『사상의 번역』(현암사, 2014), 『여행의 사고 3권』(돌베개, 2012)을 참고해 작성하였다.

동아시아가 화두로서 작용한 이유가 그 말에 있지는 않을 것이다. 그 말을 둘러싸고, 혹은 그 말 위에서 펼쳐진 여러 체험으로 그리 되었으며, 그 중에 한 가지로 여행의 체험이 있다.

바깥의 체험, 안의 사고

여행은 자신의 일상에서 벗어나 타인의 일상에 근접하는 영위다. 여행자는 자신의 일상을 떠나지만 타인의 일상 곁에 잠시 머물러 삶을 지속한다. 거기서 무슨 일이 일어날까. 바깥으로 다닐 때 여행자는 홀로 다녀도 날몸으로 다니는 것이 아니다. '나'라는 개체는 어느 사회의 인간으로 자라나 특정한 사고와 습속을 몸에 익히고 있으며, 기억과 정보로 구성된 맥락의 덩어리다. 그래서 외지에 있으면 한 장소 위에 한 사람이 서 있는 일이지만, 동시에 그 장면은 이질적인 맥락들 사이에서 충돌과 교착이 일어나는 하나의 사건이 된다.

그런데 여행자는 여행지의 고유한 문화논리로 들어서려다가 실패하는 경우, 곧잘 자신의 모어문화를 퇴로로써 끌어와 차이를 인정하곤 한다. "쟤들은 우리와 달라." 그럴듯하게 말하자면 문화상대주의의 태도다. 물론 낯선 문화의 논리를 섣불리 넘겨 짚는 게 아니라 그 고유성을 존중하려는 태도는 소중하다. 하지만 사고가 거기서 멈춰버린다면 타문화와의 의미 있는 접촉은 불가능하고 아울러 모어문화를 새롭게 이해할 기회도 놓치고 만다. 풀어서 말하자면, 간단히 모어문화를 끌어와 '문화적 차이'라며 낯선 체험을 뭉뚱그린다면 두 가지 우를 범하기 십상이다. 첫째는 '문화적 차이' 안에서 역설적이게도 상대 문화가 지닌 복잡함은 '이해할 수 없는 대상'인 채로 단순해지고 알 만해진다. 둘째는 모어문화를 끌어와 상대 문화와의 차이를 부각시킬 경우, 모어문화는 상대 문화와 대비되는 비교항으로 쉽게 절대화되고 분석할 수 없는 전제가 되어 버린다.

여행자가 계속 바깥으로 떠돌지는 않을 것이다. 언젠가 일상으로, 자신의 모어문화로 돌아간다. 바깥의 체험은 이제 중단된다. 돌아오고 난 뒤 바깥의 체험은 "그때 거긴 그랬지"라는 추억 정도로 남을 것이다. 그래서 생각해 본다. 바깥의 체험은 어떻게 모어문화로 돌아온 뒤로도 생산적으로 작용할 수 있을까. 다시 말해 어떻게 여전히 체험이 될 수 있을까. 어쩌면 타문화를 체험하며 얻는 진정한 수확의 하나는 모어문화에 대한 감수방식이 달라지는 것이 아닐까. 타문화를 겪는 동안 모어문화가 분절되어 하나의 실체로 간주할 수 없게 되고, 세계를 대하던 기존의 사고방식이 흔들린다. 그리고 그렇게 바깥의 체험이 안으로 번지고 나서야 타문화로 진입할 수 있는 유효한 창구도 발견할 수 있는 게 아닐까.

나는 진정 좋은 여행이라면 여행하는 사회만이 아니라 모어문화를 이해하는 감각도 연마해 주리라고 믿고 있다. 여행의 진정한 미덕은 낯선 사회에 다가가는 만큼이나 모어문화, 그리고 자신의 세계 속으로 들어가도록 이끌어주는 데 있으며, 이 두 가지 일은 언제나 함께 발생한다.

가깝고도 먼 나라

그런데 저 멀리 떠나는 것이 아니라 이웃나라로 간다면, 낯설음도 거리감도 분명 양상이 달라질 것이다. 가령 페루라면, 그곳 사람들의 시선 속에서 나는 그저 한 명의 동양계 인종으로 뭉뚱그려지겠지만, 중국이나 일본으로 여행을 간다면 이야기가 달라진다. 나를 향하는 시선에는 좀 더 여러 요소가 섞여 있는 듯하고, 내 눈에 밟히는 장면은 한국의 상황과 좀 더 자주 오버랩되어 떠오른다. 여행지를 거니는데 모어사회에서 익힌 습속과 관념은 어느 장면에선가 긴 손을 뻗어 나를 자주 붙든다. 그렇게 흔들리는 체험이 나로서는 동아시아가 내 안에서 하나의 화두로 성장하는 과정이었다.

동아시아라고 말하면 사람들은 흔히들 중국과 일본을 먼저 떠올릴 것이다. 과연 동아시아의 윤곽을 그런 식으로 그려보는 것이 얼마나 타당한지는 따져볼 문제이지만, 여기서는 두 나라에 다녀온 체험만을 말해 보고 싶다. 두 나라 모두 수년에 걸쳐 수차례 다녀왔다. 하지만 다른 나라도 그러하겠지만 "중국에 다녀왔다", "일본에 다녀왔다"는 매우 제한된 진술이다. 두 나라는 몹시 크다. 중국의 지리적 규모는 세계 4위며, 인구수는 세계에서 가장 많다. 그리고 여러 민족들이 정치적·문화적으로 복잡하게 공존하며 살아가고 있다.

한편 일본의 지리적 규모는 세계 중위권이다. 그러나 일본은 열도로서 길게 늘어서 있으며, 칠레처럼 땅의 한곳에서 일광욕 할 때 다른 곳에서는 눈싸움을 할 수 있는 얼마 되지 않는 나라다. 경제력이나 외교력을 감안한다면 일본의 규모는 세계 수위다. 아울러 중국과 일본은 제국 혹은 제국주의를 거쳤다는 점에서 한국인의 조건에서는 가늠하기 힘든 역사적 규모를 가지고 있다. 흔히 세 나라를 묶어 '한중일'이라고 부르고, 또 '동아시아'라고 명명하기도 하지만, 삼국의 규모는 거의 모든 영역에서 몹시 불균형하다.

그러나 중국과 일본은 한국에서 가장 섣불리 단순화되는 나라다. 인도나 아르헨티나 같은 지역을 돌아다닌 여행자들의 글은 감흥에 취해 운문조를 띠곤 한다. 지나친 자기도취 역시 여행지의 실상을 신비화하고 단순화하기 쉽다. 현지의 사람살이는 누락되며, 피상적인 감상이 그 자리를 대신한다. 반면 중국과 일본에 관해서라면, 방문한 곳이 티베트 고원이나 홋카이도의 설원이 아니라면 한국의 상황을 준거 삼아 나라 간 차이를 운운하는 산문조가 농후하다. 이 또한 단순화의 한 가지 편향이다.

더구나 중국과 일본에 관해서라면 여행자의 감상에 민족감정이 스며들곤 한다. 특히 일본은 민족감정을 발산하고자 할 때 가장 편리한 회로가 된다. 식민과 피해의 기억이 단순화되면 될수록 민족감정도 형해화된다. 그리고 동아시아를 사고할 때 '한국 대 일본'이라는 구도에 기대려는 민족주의적 욕망이 한국인에게 사고의 제약으로서 작용하고 있다. 한국의 지역인식과 세계인식의 확장을 가로막고 있는 것이다. 따라서 어떤 의미에서는 일본의 잘못을 규탄하고 친일의 역사를 청산하는 작업만큼이나 '한국 대 일본'이라는 구도에 안주하려는 타성을 깨뜨리는 것도 진정한 탈식민의 과제일지 모른다.

그리고 현재 적대감의 대상은 서서히 중국으로 옮겨가고 있다. 한국의 대중매체를 보면 중국 이미지는 세 가지 방식으로 패턴화되어 유통되고 있는 듯하다. 중국의 낯선 풍습이나 기괴한 사건들을 다루며 '이국성'을 끄집어내는 내용, 중국 사회의 비민주성이나 언론의 부자유, 도시 농촌의 격차 등에서 '낙후성'을 짚어내는 내용, 그리고 경제적인 영역에서의 '중국위협론'이다. 일본에 대한 민족감정의 골이 역사적 기억에서 유래한다면, 중국과의 관계에서는 근대화론의 도식, 문명론적 시각도 중요한 요소로 작용하고 있다.

'가깝고도 먼 나라'라는 말이 있다. 특히 중국과 일본은 그렇게 묘사된다. 상투적 표현이긴 하지만 이 말에는 어떤 진실이 담겨 있는지 모른다. 흔히 '가깝다'는 지리적 거리에서 그렇다는 것이며, '멀다'란 감정과 사고의 괴리가 크다는 의미다. 그러나 나는 중국과 일본을 여행하면서 '가깝다'와 '멀다'를 다른 의미로 풀어보고 싶어졌다.

어떤 나라든 그 나라에 관심을 갖고 그곳 사람들 속에서 헤맨다면 그 나라는 가까운 곳이 될 수 있다. 현지인의 살아가는 모습에서 뜻밖에 친근한 구석을 발견하거나, 혹은 낯선 정경이 마음속에서 바라왔던 장면과 포개지거나, 나와 비슷한 고민을 지닌 사람들을 만날 수 있을 것이다. 하지만 그 사회와 사람들에게 관심 이상을 갖는다면 가까워지는 만큼 멀어지기도 한다. 진정 그 사회를 소중하게 여긴다면 함부로 다가가 멋대로 의미를 부여하거나 끄집어낼 수 없다. 그 사회에 매력을 느낄수록 서둘러 그 사회의 본질이라고 할 만한 것을 꿰차고 싶어지지만 진정한 애정이라면, 애정의 대상이 타사회라면 인식의 거리도 생겨난다. 진정한 애정이라면 대상에 관한 자신의 인식이 결국 대상의 본질을 알아낸 것이 아니라 자신이 원하는 대로 대상을 연출한 것이었음을 직시하게 될 것이다. 즉 자신의 관심사에 따라대상을 확대하거나 축소하고 미화하거나 왜곡했던 것이다. 따라서 진정한 애정을 갖는다면, 대상을 멋대로 좋아할 수 없다.그것이 이웃나라를 대할 때 '가깝고도 멀다'는 말의 진정한 의미가 되어야 한다고 생각한다.

다케우치 요시미의 베이징 유학 체험

이러한 '이중의 거리감'은 다케우치 요시미(竹內好)에게서 배웠다. 다케우치 요시미라는 일본의 중국 연구자에 대해 말하고싶다. 하지만 여기서 그의 기나긴 학문적 행방을 개괄하여 소개하기는 어렵다. 대신 그의 몇몇 문장이라도 차분히 들춰보고 싶다. 지금 당장은 이렇게 말해두겠다. 1910년생인 한 일본인이있었다. 그가 청년기였을 때 자신의 조국은 중국과 전쟁을 치르고있었다. 그런 시대에 그는 중국을 연구했다. 그 일본인에게 중국은 어떤 의미였던가. 특히 나는 그 일본인이 중국에 대해 견지했던 '이중의 거리감'을 주목하고 싶다.

1960년, 오십대에 들어선 다케우치 요시미는 '방법으로서의아시아'라는 강연에서 자신이 중국 연구를 마음먹게 된 것은 대학 시절이었는데, 그 계기는 수업이 아니라 1932년 떠난 베이징 여행이었다고 밝힌다. 그는 이렇게 말하고 있다.

　　베이징이라는 도시의 풍경에도 감탄한 바가 있지만, 그것만이 아
니라 거기 사는 사람들이 저 자신과 몹시 가깝다는 느낌이 들었습니
다. 저처럼 생각하는 사람이 있다는 사실에 감동했던 것입니다. 당
시 우리는 대학의 중국문학과에 적을 두고 있으면서도 곤란했던 것
이, 중국 대륙에 우리와 같은 인간이 실제로 살고 있다는 이미지는
당최 떠오르지 않았죠.[2]

　　다케우치 요시미는 베이징에서 "실제로 살고 있는" 사람들을
만났고, 그들이 "자신처럼 생각하고" 있다는 데 감동했다. "가깝
다"고 느꼈다. 그리고 이 체험을 중국의 인간을 누락한 중국학
수업과 대비했다. 중국학 '수업'의 맞은편에 베이징 '여행'이 있
는 것이다.

　　그리고 대학을 졸업하고 나서 1937년 10월, 이번에는 베이징
으로 유학을 떠난다. 당시 스물일곱이었다. 2년에 걸친 최초의
장기 체류였다. 때는 7월에 노구교 사건이 벌어진 직후였다. 다
케우치는 대학 시절 베이징 여행의 좋은 기억도 있고, 당시가
시국의 격변기였기 때문에 역사의 증인이 될 수 있겠거니 하며
유학 생활에 큰 기대를 걸었던 듯하다.

　　그러나 유학 생활은 기대에서 크게 벗어났다. 베이징에는 일

---

2) 다케우치 요시미, 「방법으로서의 아시아」, 윤여일 옮김, 『다케우치 요시미
　선집』 2, 휴머니스트, 2011, 35~36쪽.

찍이 다케우치가 감탄했던 지난날의 경관은 남아 있지만 지난 날의 혼은 사라진 상태였다. 앞선 베이징 여행에서 다케우치는 '자신과 닮은 사람'을 만났다며 고무되었지만 이번 유학 생활에서는 진공지대를 떠도는 듯한 고독감에 사로잡혔다. 당시 베이징은 일본군에게 점령당했으며 베이징의 주요 인사들은 대부분 난징, 충칭, 쿤밍 등지로 떠난 상태였다. 다케우치는 자신의 바람처럼 베이징의 지식인과 교류할 수가 없었다. 그렇다고 일본 경관이 순찰하는 베이징에서 일본인이라는 이유로 시달릴 일도 없었다. 그는 방황했다. 그리고 실망했다. "베이징에 오고 나서는 날마다 전쟁에서 멀어지는 느낌이 든다. 이것이 현지란 말인가, 나는 자주 자문했다. 적어도 내가 만난 한에서 현지의 사람들은 잃어버린 문화의 건설에 대해 무기력하거나 냉담하다."[3] 그는 베이징에 왔으나 자신이 기대하던 중국이 아니었으며, 격동하는 역사의 한복판에 있을 줄 알았으나 현실로부터 "멀어지는 느낌"에 시달렸다.

그러나 당시 베이징은 다케우치의 눈에 비친 것처럼 무미건조하고 한적한 상황이 아니었다. 일본 측 관료와 중국 측 실력자들 혹은 국민당과 공산당의 인사들 사이에는 때로 피 튀기는 치열한 교섭이 진행중이었다. 하지만 다케우치는 정치와 문화가 뒤얽힌 베이징의 실상을 파고들지 못했고 갈피를 잡지 못했다. 그리하여 결국 현지 생활에 대한 실망은 자신의 무력감과 쓸쓸함으로 번져갔다. 역사가 눈앞에 있는데도 역사로 진입할

---

3) 竹內好, 「北京通信一」, 『中國文學月報』 33호, 1937.

수 없어 답답했다.

이 시기에 다케우치 요시미가 쓴 일기가 있다. 나중에 귀국
선물이라며 일기의 일부를 취해 잡지에 발표하는데 그때 「2년
간」이라고 이름지었다. 그의 「2년간」을 보면 술 먹고 빈둥대고
노니느라 달리 한 것이 없다고 자조하는 내용이 많다. 한 개체
의 허무와 타락만이 묘사되고 있다. 하지만 그 의미는 결코 가
볍지 않다. 중국이 직접 언급되지는 않지만, 유학 시절 다케우치
의 방황은 일본과 중국 사이의 보이지 않는 벽에 부딪혔다는
방황이었다. 중국에 있지만 중국 안으로 들어가지 못한다는 초
조감과 일본으로 돌아가야 하나라는 망설임 속에서 그는 양국
사이의 벽을 응시하고 있었다. 그 벽을 마주 대하며 일본인으로
서 중국을 대하는 자세를 고쳐 물었다.

베이징 유학에서 겪은 좌절은 그의 중국 연구에서 두고두고
자양분이 되었다. 유학에서 돌아온 그는 그 좌절을 곱씹으며 중
국 연구를 전개해 갔다. 먼저 중국침략 전쟁의 의미를 정면으로
묻고 중국의 실상을 표상할 수 있는 언어를 찾아나섰다. 이를
위해 지금껏 자신이 기대어 왔던 학문의 결함을 직시하고 일본
의 아카데미즘을 철저하게 비판했다.

그가 돌아와서 작성한 글로 「지나를 쓴다는 것」이 있다. 여기
서 다케우치는 중국을 묘사한 일본 문학자의 작품을 거의 전면
부정하고는 창끝을 자신에게로 향한다.

문학자가 중국에 가기 전부터 알고 있던 내용을 중국에 갔다 와
서 쓰고 있어서 되겠는가. 이것은 이렇고 저것은 저렇다고 단정한

다. 조금도 새로운 발견 같은 건 없다는 듯이 뭐든 안다는 태도로 설명을 늘어놓을 뿐이다. (…중략…) 어느 누구 하나 중국을 집요하게 응시하고 돌아온 자가 없다. 움찔움찔하며 두려운 듯 멀찌감치서 바라본다. 그래서 인간의 얼굴은 못 보고 '지나인'만이 눈에 띈다. 그렇게 시력이 좋지 않은데도 문학자라 부를 수 있을까. 루쉰처럼 차가운 눈의 소유자는 없단 말인가. (…중략…) 그동안 만만찮게 술을 퍼마시고 폭언을 쏟아냈다. 폭언을 쏟은 것은 후회하지 않는다. 하지만 폭언을 쏟을 만한 결의가 없는데도 폭언을 쏟아낸 것은 고통스럽다. 비참한 일이다.[4]

이 글은 논리가 엉켜 있다. 그러나 다케우치의 고민만은 또렷하게 포착된다. 자신을 포함해 일본의 문학자는 중국의 현실을 담는 데 실패하고 있다는 것이다. 그리하여 그의 비판은 중국의 현실을 알지도 못하면서 그럴 듯하게 말을 늘어놓는 지식인과 그런데도 그들에 맞설 만한 사상의 힘을 기르지 못한 자신에게로 향하고 있다.

하지만 젊은 다케우치 요시미는 사상의 힘은 부족했을지언정 일본의 문학자는 보지 못한 '인간의 얼굴'을 보겠다는 마음이 있었다. 그는 '지나인'이라는 표상을 넘어 구체적 인간과 부대끼겠다고 마음먹었다. 80년 전 어느 인간의 유학 시절을 지금 되돌아보는 이유는 여기에 있다.

---

4) 竹內好, 「支那を書くということ」, 『中國文學』 81호, 1942.

지나와 중국

그 증거로 「지나와 중국」이라는 글을 꺼내고자 한다. 방금 '지나', '지나인'이라는 표현이 나왔는데, 이는 중국, 중국인을 달리 부르는 말이다. 하지만 같은 뜻은 아니다. 「지나와 중국」은 제목이 암시하듯이 '지나'와 '중국'이라는 말을 구분하고는 유래를 설명하고 있다. '중국'은 중화나 화하(華夏)처럼 오래전에 생겨난 말이다. 한편 '지나'는 보다 나중에 출현한 말로 서양인이 중국을 부르던 소리를 한자로 옮겨 적은 것이다. 그런데 일본에서는 다이쇼 시대를 거치면서 지나라는 말에 멸시의 뉘앙스가 스며들었다. 지나는 천하였던 중국을 하나의 대상 세계로 끌어내리려는 어감을 간직하고 있다. 당시 일본에서 유학 중이던 중국인은 일본인이 지나인이라고 부를 때 모욕감을 느꼈다. 그 전사(前史)에 해당하는 말로 짱꼴라가 있다.

다케우치 요시미는 일본에서 대학 시절을 보내는 동안 되도록 '지나'가 아닌 '중국'이라는 말을 사용하고자 했다. 그가 대학을 졸업하며 만든 모임과 창간한 잡지의 이름도 『중국문학연구회』와 『중국문학월보』였다. 지금이야 별스러워 보이지 않는 이름이지만, 당시는 지나학이 압도하던 풍조였다. 그는 이렇게 적고 있다. "나는 자신을 남과 구분하고픈 욕망을 느꼈다. 한학이나 지나학의 전통을 뒤엎으려면 중국문학이라는 명칭이 반드시 필요했다."5)

---

5) 다케우치 요시미, 「지나와 중국」, 윤여일 옮김, 『다케우치 요시미 선집』 2,

그런데 베이징 유학 시절에 쓴 「지나와 중국」을 보면, 다케우치는 도리어 '중국'보다는 '지나'라는 말에서 느끼는 애착을 토로한다. 마침 당시 일본의 지식계 안에서는 '지나'가 중국인을 업신여기는 말이니 '지나' 대신 '중국'을 사용하자는 주장이 나왔다. 선의도 있었겠고 교착상태에 빠진 중일전쟁을 타개하려는 계산도 있었겠다. 하지만 다케우치는 묻는다. 그게 진정 중국인들의 마음을 알고서 하는 소리인가. 그리하여 이 글의 전반부에서 그는 '지나'와 '중국'이라는 말의 유래를 밝히지만, 그와 어울리지 않게 후반부에는 베이징에서 인력거를 타고 거닐던 때의 감상이 반복된다. 다음은 그 사이에 나오는 문장이다.

그런데 나는, 일찍이 중국이라고 입에도 담고 붓으로도 적었던 나는, 지금 입에 담고 붓으로 적기가 영 꺼림칙하다. 이런 변화는 언제쯤 일어났던가. 2년간 베이징에 살게 되면서부터, 나는 지나라는 말에서 잊고 있던 애착을 느끼기 시작했다. 벌써 익숙해진 말인데도 문득 입으로 꺼내면, 이제 와서 뭔가 불편한 중국이라는 울림. 말이란 이토록 부질없이 사람을 놀리는가. (…중략…) 나는 어떤 이치가 있어 중국을 싫어한 게 아니다. 나는 지나가 내게 어울린다고 직감했다. 지나야말로 내 것이다. 다른 무엇보다도 그게 지금 내 심정에 들어맞는다. (…중략…) 나는 다만 말의 옛 가락을 사랑하며 그것을 변변찮은 생의 위안으로 삼고 싶을 따름이다. 이 마음의 풍경을 어찌 전해야 좋단 말인가![6]

휴머니스트, 2011, 44쪽.

본인이 지나와 중국의 유래를 기껏 설명해놓고도 "어떤 이치가 있어" 지나를 고른 것이 아니란다. 이치가 아닌 이유라면 "2년간 베이징에 살게 되면서부터"다. 베이징에 오고 나서 뭔가 마음이 바뀌었다. 다케우치는 '이치'를 설명하는 대신 이후에는 인력거로 거리를 거닐던 때의 감상을 늘어놓는다. 인력거를 타면 "감동 없는 지상"에서 벗어나 잠시나마 해방감을 만끽한다. 사고의 힘이 되살아난다. 그러다가 문득 생각한다. 인력거꾼, 목덜미로 땀이 번져 오르는 이 사람, "비참하고 안쓰럽고 그런데도 사람을 부끄럽게 만드는 집요한 본능이 넘쳐흐르는 생명체"에게 "나는 무엇을 해줄 수 있을까." 그렇듯 조리 없는 자문이 몇 차례 거듭되다가 바로 내가 옮겨보고 싶은 그 문장이 이어진다.

그들(일본의 지식인)이 지나인을 경멸하건 하지 않건 내게는 다르지 않다. 그들은 아이들을 구슬리듯 지나인을 동정할 수 있다고 믿는지 모른다. 하지만 지나인에게 그만큼 경솔한 짓은 없다. 동정받아야 할 것은 한 사람의 지나인을 사랑하거나 한 사람의 지나인을 증오하지 못하는 그들 자신의 빈곤한 정신이다. 만약 지나라는 말에 지나인이 모멸을 느낀다면 나는 모멸감을 불식하고 싶다. 언젠가 지나인 앞에서 망설이지 않고 상대의 비위도 신경 쓰지 않고 당당히 지나라고 말할 자신감을 기르고 싶다. 나는 지나인을 존경할 생각은 없다.

---

6) 다케우치 요시미, 「지나와 중국」, 윤여일 옮김, 『다케우치 요시미 선집』 1, 휴머니스트, 2011, 48쪽.

다만 지나에 존경할 만한 인간이 살고 있음을 안다. 일본에 경멸해 마땅할 인간이 살고 있듯이. 나는 지나인을 사랑해야 한다고 믿지 않는다. 그러나 나는 어떤 지나인을 사랑한다. 그들이 지나인이어서 가 아니라 그들이 나와 같은 슬픔을 늘 몸에 간직하고 있어서다.[7]

감히 헤아려 본다면, 다케우치가 말한 "같은 슬픔"이란 유럽의 주변부에서 근대화를 겪고 있는 자들의 아픔일지 모른다. 아니, 더욱 개인적인 감상일 수도 있겠다. 아무튼 베이징 유학에서 그는 중국을 자기 바깥에 놓인 대상이 아니라 자신과 대면하는 매개로 경험했으며, 베이징 유학 동안 그는 중국인을 만나며 자신의 고통과 슬픔을 대상화할 수 있었다. 그리고 이 대목에서 '중국'과 '지나'라는 말의 어감은 중국에 대한 정치적으로 올바른 입장과 중국인에 대한 개인적인 정감만큼의 거리에서 대응하고 있다.

나는 위의 문장을 따라 적어본다. "동정받아야 할 것은 한 사람의 지나인을 사랑하거나 한 사람의 지나인을 증오하지 못하는 그들 자신의 빈곤한 정신이다", "나는 지나인을 사랑해야 한다고 믿지 않는다. 그러나 나는 어떤 지나인을 사랑한다. 그들이 지나인이어서가 아니라 그들이 나와 같은 슬픔을 늘 몸에 간직하고 있어서다."

아마도 저 2년간의 유학 생활은 중국에서 무언가 새로운 지식을 익히는 기간이었다기보다 자신의 깊은 고독을 응시하고 거

---

7) 위의 글, 55쪽.

기서 자신이 살아가야 할 바를 좀 더 뚜렷한 형태로 길어올리는 시간이었을 것이다. 다케우치 요시미에게 중국은 그저 타국도 자기 바깥에 놓인 연구대상도 아니었다. 그에 앞서 자기 자신과 대면하는 매개였다. 이를 위해 다케우치 요시미는 한 사람의 중국인을 증오하거나 또 사랑하고자 했다. 중국인 일반에 대해 어떤 이미지를 갖기보다 한 사람의 구체적인 중국인을 만나고자 했다.

이중의 거리감

하지만 이는 중국을 대하는 다케우치 요시미의 거리감 가운데 절반만을 보여준다. 분명히 그는 "한 사람의 중국인"을 사랑하고 슬픔을 공유하려 했다. 그러나 중국사회를 향해서라면, 섣불리 중국사회를 이해하고 판단하려 들어서는 안 된다며 인식론적 거리를 유지하려 했다. 그래서 「지나와 중국」을 집필하고 나서 3년이 지난 뒤에 발표한 「현대지나 문학정신에 대하여」에서 문장을 하나 더 가져오고자 한다.

「지나와 중국」에서 다케우치가 '지나'와 '중국'을 구별하고 '지나'에서 느끼는 애착을 토로했다면, 「현대지나 문학정신에 대하여」에서 그는 '현대지나'와 '고전지나'를 구분했다. 먼저 '고전지나'에 관해 그는 말한다. "'천(天)'이나 '유교', '중화사상'이라든가, 내려와서는 '현실적 생활태도'나 '생존본능' 등 지나인 특유의 성격처럼 회자되는 것들은 물론이고 '종법사회(宗法

社會)'나 '동양적 정체성', '아시아적 생산양식'까지 이 모두가 한결같이 고전지나라는 추상에서 도입된 원리들이다." 즉 고전지나는 과거형의 지나일 뿐 아니라 어떤 원리를 가지고 사물처럼 쥐락펴락할 수 있는 대상을 뜻하고 있다. 그리고 '현대지나'에 관해 그는 이렇게 적는다. "현대지나를 근대로만 이해할 수 있다는 말은 지나가 독자적 근대를 지녔다는 뜻이다." 즉, 현대지나는 바깥에서 끌어온 잣대 혹은 추상적인 원리로는 설명할 수 없으며, 자신의 고유한 근대를 개척해 간 지나를 가리킨다. 그리고 뒤이어 내가 옮겨오고 싶은 문장이 나온다.

나는 겉으로 드러나는 현대지나의 혼란과 모순은 고전지나를 규범으로 삼아 바깥에서 부당하게 비판할 것이 아니라 외관으로 드러난 모순 자체에서 출발하여 통일을 향한 근대지나의 국민적 염원이 열렬하다는 표현으로 받아들일 때 비로소 이해되리라고 생각한다. 모순은 대상의 모순이 아니라 인식하는 측의 모순이다.[8]

그가 지나를 고전지나가 아닌 현대지나로 이해해야 한다고 힘주어 말했을 때, 그 발언은 지나에 대한 정확한 이해를 요구했다기보다 지나에 대한 이해에는 일본 측의 자기 이해가 비쳐 있음을 직시해야 한다는 의미였다. 즉 그는 지나에 대한 인식을 자기인식의 문제로 되돌리려 했다. "모순은 대상의 모순이 아니라 인식하는 측의 모순이다." 지나에게서 본 모순은 실은 자

---

8) 위의 글, 94쪽.

기모순인 것이다. 따라서 대상을 섣불리 판단하려 들지 말 것이며, 대상을 이해했다고 여길 때 그것은 대상의 본질을 알아낸 것이 아니라 자신의 관심사가 투영된 대상의 일부를 본 것임을 깨달아야 하며, 대상을 진정 이해하려면 대상이 자신의 이해를 초과해야 하며, 그렇게 대상을 매개해 자기 인식을 갱신해야 한다. 이것이 다케우치가 중국사회를 대하며 유지하려 했던 거리감이다.

즉, 다케우치 요시미의 '이중의 거리감'이란 어떤 중국인의 고뇌에 다가가되, 중국사회를 섣불리 판단하지 않는 것이었다. 이처럼 다케우치에게 '중국'이란 단지 자기 바깥에 머물러 실재하는 대상이 아니었으며, 따라서 '중국 연구'도 중국에 관한 확실한 지식을 움켜쥐는 데 그 목표가 있지 않았다. 그리하여 다케우치는 타국 연구가 타국에 관한 지식을 축적하는 데 머무는 게 아니라 연구자가 타국 연구를 통해 자기 지식의 감도를 되묻고 자신의 모어사회에서 사상적 실천에 나설 때 그것을 자양분으로 삼을 수 있음을 실증해 보였다.

나는 모어사회 속으로 얼마나 진입하고 있는가

나는 앞서 이렇게 적었다. "진정 좋은 여행이라면 여행하는 사회만이 아니라 모어문화를 이해하는 감각도 연마해 주리라고 믿고 있다. 여행의 진정한 미덕은 낯선 사회에 다가가는 만큼이나 모어문화, 그리고 자신의 세계 속으로 들어가도록 이끌어주는 데 있으며, 이 두 가지 일은 언제나 함께 발생한다." 나는 다케우치 요시미의 베이징 유학에서 그 여행을 봤다.

2007년 봄, 도쿄로 갔다. 도쿄 생활을 시작하며 『다케우치 요시미 선집』의 번역에 착수했다. 다케우치 요시미가 유학하며 남긴 저 글도 일본에서 외국인으로 생활하며 처음 접했다. 어떤 문장은 나와 함께 고민해 주는 듯했고 어떤 문장은 힘이 되어주었다. 그 단어, 그 문구는 그저 그 페이지의 그 행에 있었을 뿐이지만 그 언어의 조각들은 거기서 기다리고 있었다는 듯 나를 환대해 주었다. 그리된 것은 나 역시 외국인으로 지낸다는 이유가 컸을 것이다.

한편 도쿄 생활에서는 또 다른 종류의 번역 감각이 종종 시험에 놓였다. 도쿄에서 지내며 학회 등의 자리에서 만난 상대와 이야기를 나누다 보면 화제가 국가주의나 계급갈등 등 사회문제로 번져가곤 했다. 그때 상대가 일본사회의 어두운 면모를 들추면 나도 그런 문제가 한국사회에 있다는 식으로 맞장구치곤 했다. 물론 비슷한 문제가 양측 사회 속에 있을 수도 있지만, 실은 양상이 다른 데도 상대와의 우호를 위해(그것이 진정한 우호가 아님을 알지만) 혹은 대화의 소재를 끌어내고자 그렇게 말하곤 했다. 경우에 따라서는 한국사회를 거칠게 비판하는 태도가 상대에게 마치 나 자신이 윤리적임을 증명하는 것인 양 여기기도 했다.

맥락이 다른데도 양측 사회의 문제를 비슷하다고 전제하는 이런 대화에서는 미묘한 대목이 가려지며, 말의 위상에서는 같은 용어를 주고받지만 결국 문제 상황의 무게는 서로가 공유하지 못하고 만다. 여기서 나는 타국인과의 교류에서 '나'라는 개체가 모어사회의 상황이나 역사를 얼마만큼 동일시해서 대화 속 소재로 활용해도 되는가라는 물음과 만났다.

이런 일이 있었다. 광주항쟁에 관한 연구회에 참가하고 그 뒤풀이 자리였다. 여섯 명이 모였는데, 그때 한 사람이 갑자기 "당신은 위안부 문제를 어떻게 생각하나요?"라고 물었다. 질문을 한 사람은 한국의 유학생으로 여성이었고, 질문을 받은 사람은 일본인 남성이었다. 그 질문으로 인해 의식하지 않고 있었던 그 자리 모인 이들의 국적과 성별을 꼽아보았다. 질문을 한 한국인 여성 한 명, 질문을 받은 일본인 남성 한 명, 그리고 일본인 여성 세 명과 한국인 남성인 내가 있었다.

질문이 나온 순간 무척 긴장했다. 혹시 같은 질문을 내게도 하면 어쩌지 싶었다. 먼저 질문자가 여성이었기에 성별의 차이가 걸렸다. 또한 질문을 받은 그 일본인의 답변과 혹시 내게도 같은 질문이 왔을 때 내 답변이 비슷하다면 그것은 무슨 의미인가를 생각하게 되었다. 그때는 국적의 차이가 걸렸다. 질문을 받은 사람은 "어려운 문제네요"라며 말을 아꼈고, 내게는 질문이 오지 않았다. 그 사람이 답하지 못한 까닭은 질문이 위안부 문제에 대한 정치적 입장보다는 실감을 향했기 때문이라고 짐작했다. 일본인으로 함께 광주항쟁을 공부했던 그에게 위안부 문제에 관한 정치적 입장이 없지는 않았을 것이다. 다만 그 물음을 감당할 만한 실감이 그에게는 없었으리라. 그리고 그것은 내게도 없다.

그날 하지 못한 답변은 할 수 없었다는 이유로 이후 더 깊은 고민을 안겼다. 위안부 문제, 그리고 식민지의 역사적 경험에 대해 나는 무엇을 밑천삼아 말할 수 있을 것인가. 식민지 조선은 얼마만큼 나의 것인가. 그때 생각한 것은 역사란 내게 주어진 소여(所與)가 아니며, 역사적 문제에 관해 발언의 근거를 얻으려면 나라는 개체에게는 거기에 진입하려는 노력이 따로 요구된다는 사실이었다.

　나는 모어사회의 상황을 얼마나 알고 있는가. 행간이 깊은 원작을 번역할 때 좋은 문구로 만들어내지 못하는 까닭은 외국어 능력이 부족해서만은 아니다. 오히려 번역자가 모어의 풍부한 가능성을 충분히 체득하지 못한 까닭에 문장을 성숙시켜 형상화할 수 없는 경우가 많다. 비슷한 의미에서 타국의 맥락과 부딪히는 와중에 모어사회의 상황을 자신이 충분히 이해하지 못하고 있음을 자각하는 경우가 생기곤 한다. 상대의 사회와 비교할 수 있을 것처럼 모어사회가 하나의 실체로서 존재하는 것인지, 모어사회의 상황을 내가 대변하듯이 말해도 되는지, 자신의 모어문화를 어떻게 이해하고 그 속으로 어떻게 진입할 수 있는지가 물음으로 부상하는 것이다. 이때 상대의 사회와 모어사회 사이에서 외관의 유사함에 의지하기를 거부하면서도 접점을 발견하려면 또 다른 번역 능력이 필요하다.

동아시아라는 사고공간

'타인'의 문제로 들어가고자 하는 바람이, 내가 중국인임을 망각했을 때 더 모어문화에 근접해 있음을 느끼게 한다. 자신이 반드시 모어문화의 대표자인 것은 아니라고 의식할 때, 비로소 타자 속으로 진입하는 노력으로 모어문화에 진입할 수 있고, 자기와 이 문화의 연결점을 찾을 수 있기 때문이다. 주체형성의 과정은 이런 '진입'의 노력으로 진실하게 변한다. 지성의 측면에서 나는 개체의 문화동일시가 갖는 비직관성을 이해하기 시작했다.[9]

모어문화에 대한 동일시는 노력해야만 들어갈 수 있는 과정임을 발견할 수 있었다. 그래서 나는 학문을 하는 데 간단한 법칙 하나를 깨달았다. 만약 진정으로 자기 문화로 진입하길 희망한다면, 우선 다른 문화에 진입하는 실험을 해도 된다는 사실을 깨달은 것이다. 외국어능력이 통상 모어능력에 제약받는 것과 마찬가지다. 다른 종류의 문화로 효과적으로 진입할 수 없다는 것은 통상 모어문화에 대한 자신의 감각능력이 모자란다는 것을 의미한다.[10]

내가 말하려는 내용을 쑨거(孫歌) 선생은 훨씬 정돈된 말투로 이렇게 정리하고 있었다. 사실 앞서 적은 여행에 관한 문제의식도 선생의 글을 읽으면서 얻었다. 선생은 이질적 맥락이 충돌하

---

9) 쑨거, 「가로지르며 걷는 길」, 류준필 외 옮김, 『아시아라는 사유공간』, 창비, 2004, 26쪽.
10) 위의 글, 25쪽.

는 장면에서 드러나는 상황의 차이, 말의 괴리, 감각의 낙차가 낳는 문제들을 소중히 다루는 법을 알려주었다. 무엇보다 다케우치 요시미라는 존재를 알려주었다.

쑨거 선생은 1955년생으로 지금도 현역인 중국인 학자다. 하지만 쑨거 선생에 관해서도 지금은 자세히 소개할 겨를이 없다. 다만 인용한 저 문장에 자신을 동하게 하는 무언가가 있다면, 그의 글을 읽어보기를 진심으로 당부하고 싶다.

2013년 여름, 중국에 갔다. 쑨거 선생이 베이징에서 체류할 수 있도록 배려해 주었다. 쑨거 선생과는 서로 간에 외국어인 일본어로 대화하는데, 선생은 나의 일본어가 제멋대로 익힌 것임을 아는 까닭에 중국어는 이번 기회에 학교를 다니며 제대로 배우라고 충고하셨다. 하지만 6개월이라는 짧은 체류 기간 동안 중국어를 제대로 배우기는 어렵겠다고 판단해 내 방식대로 시간을 보냈다. 개인교습으로 두 달 간 생존 중국어를 익힌 다음 여행을 다녔다. 내몽골, 신장위구르, 티베트 그리고 마지막이 연변 지역이었다. 원래 여행을 좋아하고 사진촬영 목적도 있었지만, 베이징과 학계가 아닌 곳에서 누군가를 만나고 싶었다.

중국, 일본, 동아시아. 나는 이 명사들을 쓰는 일이 잦다. 특히 민감한 내용에 관해 쓰는 경우, 나는 이 글이 번역된다면 내가 알고 지내는 중국인, 일본인은 어떻게 읽을지를 생각하곤 한다. 물론 내 글이 실제로 번역되는 일은 무척 드물다. 그럼에도 그들을 떠올리며, 그것은 글을 쓸 때 중력이자 동력이 된다.

실은 이 또한 다케우치 요시미의 영향이다. 다케우치 요시미가 쓴 「어느 중국의 옛친구에게」라는 편지를 읽었기 때문이다. 다케우치 요시미는 앞서 소개한 베이징 유학 기간에 양리엔성(楊聯陞)이라는 한 명의 친구를 얻었다. 그로부터 십 년이나 지나 전후가 되어 다케우치는 상대의 이름을 언급하지 않은 채 「어느 중국의 옛친구에게」라는 제목으로 편지를 써서 잡지에 발표했다.

나는 종종 당신을 떠올렸습니다. 타고난 게으름으로 편지 왕래는 못했습니다만, 일이 있어 중국에 관한 어떤 상념을 떠올릴 때면 언제나 연상이 이상하게도 당신에게로 달립니다. 이런 경우 중국인은 어떻게 생각할까라고 스스로에게 물을 때 나는 당신이라면 그 문제를 어떻게 생각할지로 번역해서 생각하는 자신을 발견하곤 합니다. 당신은 고명한 작가도 대학 교수도 아닙니다. 세간에서는 무명이며, 당시는 대학을 갓 졸업하고 나이도 나보다 몇 살인가 적은 한 학자에 불과했습니다. 우리가 알게 된 것도 우연이었습니다. 그럼에도 불구하고 당신은 다른 누구에게나 더욱이 나에게는 본질적 영향을 주었습니다. 내게 대표적 중국인이라고 한다면, 먼저 당신을 꼽지 않을 수 없습니다. 당신을 조형하려고 노력하는 게 지금껏 나의 중국문학 연구, 나아가 나 자신의 문학적 형성에서 중요한 안목이었습니다. 나의 시도는 아직껏 성공하지 못했지만, 당신의 이미지를 확실하게 파악하고 싶다는 염원은 지금도 변치 않았습니다. 그러기에 나는 당신과의 기연에 감사드립니다.[11]

이 편지를 읽은 것이다. 다케우치 요시미는 자신의 옛 친구를

---

11) 竹內好, 「中國人のある舊友へ」, 『近代文學』 5월호, 1950.

'대표적 중국인'이라고 부르고 있다. 하지만 이는 중국인을 대표하는 인간이라는 의미가 아니라 자신이 가장 먼저 실감하는 중국인이라는 의미다. "중국에 관한 어떤 상념을 떠올릴 때면 언제나 연상이 이상하게도 당신에게로 달립니다." 양리엔성은 유학 시절 다케우치 요시미가 만나고 겪고자 했던 구체적 인간이었던 것이다.

내게 그렇게 실감할 수 있는 중국인은 쑨거 선생밖에 없었다. 알고 지내고 있으며, 고민을 꺼내고 대화할 수 있는 유일한 중국인이었다. 그래서 중국이라고 적을 때면 선생을 먼저 떠올리곤 했다. 그리고 선생은 중국 사회를 대하는 나의 시각도 교정해 주었다. 선생의 글을 통해 옮겨보자면 선생은 "중국은 서양 이론으로는 가장 담아내기 어려운 나라일지도 모른다"[12]라며 일본이나 한국의 미디어가 간과하는 중국의 원리로서 규모, 유동성, 틈새를 강조한다. 규모와 유동성의 의미는 이러하다. "나는 일본사상사를 접한 후에야 비로소 중국이 넓고 크다는 것이 궁극적으로 무엇을 의미하는지를 알 수 있었다. 그것은 무엇보다도 격동을 수용할 수 있는 능력이었다."[13] 중국의 규모는 단일 원리로 포착할 수 없는 유동성을 낳는다. 또한 그렇기에 위로부터의 메시지는 아래로 매끄럽게 전달되지 않고 각층에서 증발되든지 변형된다. 이것이 선생이 말하는 틈새의 의미다. 즉

---

12) 쑨거, 「'사스'라는 사상사의 사건」, 윤여일 옮김, 『사상이 살아가는 법』, 돌베개, 2013, 42쪽.

13) 쑨거, 「아시아라는 사유공간」, 류준필 외 옮김, 『아시아라는 사유공간』, 창비, 2004, 54쪽.

중국 사회의 체계는 능률이 낮고 허점투성이인데, 이는 체제 측에서 보았을 때의 이야기며, 역방향에서 말하자면 자유로운 공간이 존재한다는 의미일 수도 있다. 무엇보다 선생이 규모, 유동성, 틈새 등을 강조하는 까닭은 유럽적 국가모델로 중국의 실상에 접근하기가 어렵다는 점을 지적하기 위해서다. 중국은 다민족이 광활한 지역에서 빚어내는 마찰과 압력을 끌어안으면서 자신의 방식으로 근대사회를 이루고 있다는 것이다.

일찍이 다케우치 요시미도 일본의 국가관이나 세계관을 척도삼아 중국을 판단하기란 어렵다며, 중국은 노예제 사회부터 자본주의 사회까지, 그리고 인민공사 등이 이상으로 삼는 미래의 공산주의 사회마저 한데 섞인 일종의 '종합사회'라고 표현한 바있다. 그리하여 그는 만년에 잡지 『중국』을 창간하며 다음과 같은 내용을 첫 번째 편집 방침으로 삼았다.

첫째는 중국을 광대한 또는 복잡한 사회로 본다는 것이다. 달리 말하면 일본처럼 자그마하고, 위로부터의 명령이 곧장 아래까지 미치는 단순한 사회와 구별해서 본다는 것이다. 다민족·다계층·다단계 또는 자치의 영역이 넓다는 것이 중국 사회의 특징이며, 이 점에서 일본과 전혀 다르다. 도쿄의 거리를 한눈으로 훑으면 일본은 감이 오지만, 중국은 그렇지 않다. 그렇기에 변경을 중시한다는 편집 방침을 세웠다. 그렇지 않으면 과거 일본인이 지니던 중국 인식의 오류와 편견을 바로잡을 수 없다고 생각했기 때문이다.[14]

---

14) 다케우치 요시미, 「前事之忘, 後事之師」, 윤여일 옮김, 『다케우치 요시미 선집』

이 문장도 내게는 크게 작용했다. 나는 중국에 있는 동안 베이징에만 머물지 않고 거대한 '변경'으로 다니고자 했다. 내가 중국에서 알고 지내는 구체적 중국인은 베이징에서 사는 쑨거 선생뿐이었기에, 나는 다른 얼굴들을 겪고 싶었다. 여러 다른 구체적 중국인을 만나 그들로써 형상화되는 사고공간을 얻고 싶었다. 물론 중국어가 서투르니 피상적 만남에 그쳤지만, 거대한 변경에서 다른 민족으로서 다른 직업을 갖고 살아가는 그들을 만난 것은 중국 체류에서 가장 큰 소득이었다.

일본이라면 2년 가까이 살아서 여러 지인이 있고 그 사고공간은 좀 더 다져져 있다. 그중 한 사람은 다케우치 히로코(竹內裕子) 씨다. 다케우치 요시미의 유족분이다. 이미 예순을 넘긴 고령이신데 가끔 장문의 메일을 주고받는다. 최근에는 윤동주의 시를 읽고 감상을 보내주셨는데, 답장할 때는 여느 논문의 문장을 쓸 때보다 고심했다. 내가 윤동주를 잘 모르고 또 그분이 윤동주를 어떻게 읽으셨을지 메일 내용만으로는 짐작하기 어려웠다. 그리고 일본 하면, 자상하게 대해 주신 윗세대 선생님들, 어울렸던 비슷한 또래의 연구자, 활동가들도 떠오른다. 내가 지금 한국어로 쓰는 글이 일본어로 번역되어 그들이 읽는다면 어떤 반응일까. 그런 생각을 한다.

그들이 각각 하나의 별로서 존재하고 그들로 만들어지는 성좌가 내게는 '사고공간으로서의 동아시아'다. 별 하나가 바뀌면 별자리의 모양도 바뀐다. 그런데 별자리의 별들은 모두 다른 시

2, 휴머니스트, 2011, 449쪽.

간 속에서 출현했다. '사고공간으로서의 동아시아'에도 과거 인간이 들어와 있다. 일본인이라면 다케우치 요시미만이 아니라 다니가와 간(谷川雁), 후지타 쇼조(藤田省三)와 같은 과거 사상가가 내게는 중요한 인물이다. 그들은 자신의 시대를 반시대적으로 살아갔기에 진정 시대적이었던 인간이다. 어떤 글은 시대를 반영하는 게 아니라 시대를 거스른다. 그들이 써낸 글이 그랬다. 그들은 시대와 불화를 겪었기에 자신의 시대에 철저히 속할 수 있었고, 그들의 존재로 말미암아 그 시대는 음영이 조금 달라졌다. 반시대적이어서 진정 시대적이었던 것이다. 나는 반시대적이어서 진정 시대적이었던 과거 인간의 정신을 동시대적으로 전유하고 싶다. 나는 사고하고 판단하고 쓰고 행동할 때 이런 상황에서 "다케우치 요시미라면"이라고 자문하곤 한다. 물론 그렇다고 답이 나오는 것은 아니다. 다케우치 요시미를 그저 흉내낼 수도 없으며, 흉내 내서도 안 된다. 거기에는 맥락의 전환이 동반된다. 그 전환은 어디서 일어나는가. 나는 그곳을 잠정적으로 동아시아라고 불러보고자 했다.

동아시아에서 공부하다

다시 화두라는 것을 생각해 본다.

나에게 한동안 화두는 동아시아였다. 누군가가 내게 무엇을 공부하는지 묻는다면 '동아시아'라고 답했다. 하지만 구체적으로 동아시아의 어느 시대, 어느 지역을 다루느냐고 묻는다면 더 이상 답하지 못했다. 왜냐하면 내게 동아시아는 목적어, 즉 '동아시아'를 공부한다기보다 동아시아라는 지평에서 공부한다는 의미였기 때문이다. 동아시아는 연구대상이라기보다 연구하는 자신의 위치를 문제시하는 지평이었다.

내게 동아시아는 지역을 일컫는 말만은 아니었다. 내게는 지식행위를 되묻기 위한 장, 실감과 논리 사이의 괴리를 사고하기 위한 장이 필요했다. 그 장이 동아시아였다. 여행하고 부딪치고 교류하는 동안 동아시아는 여러 시각이 교착하고 길항하는 사고의 공간이었다. 동아시아에서 살아가면서 동아시아를 이해한다 함은 자기가 포함된 타자인식에서 출발하지 않을 수 없다. 인식주체와 대상 혹은 타자가 매개 없이 동떨어져 있는 게 아니라 유동적인 상황에서 한데 얽혀 있다. 따라서 대상에 대한 인식은 대상을 거쳐 내게로 되돌아온다. 동아시아는 그런 사고의 회로였다.

그리하여 누군가가 구체적으로 무엇을 공부하느냐며 묻는다면 제대로 답하지 못하지만, 만약 시간이 허락되고 상대가 들어준다면 무엇을 공부하는지가 아니라 왜 동아시아라는 지평과 나의 공부를 애써 포개서 사고하려고 하는지를 자신의 체험에 기대어 말하고자 했다. 이상과 같이 여행을 말하고 다케우치 요시미를 말하는 것이다. 그렇게 동아시아가 내 안에서 지리적 실체가 아니라 사고의 공간으로 자라났다고 말이다.

그들의 오늘도
'한 번 하기'에서 시작됐다

김민태

Profile

EBS를 대표하는 프로듀서로 <EBS 스페셜>, <똘레랑스>, <다큐 프라임> 등을 연출했다. <시대의 초상>, <사비성, 사라진 미래도시>, <아이의 사생활>, <퍼펙트 베이비> 등으로 보도 부분의 주요한 상을 수상했다. 현재의 작은 순간이 미래로 연결되는 '점의 연결'에 매혹되어, 인생을 바꾸는 '한 번 하기'를 열정적으로 설파하고 있다. 『나는 고작 한 번 해봤을 뿐이다』, 『일생의 일』을 썼다.

그들의 오늘도 '한 번 하기'에서 시작됐다

도전할 수 있는 힘 vs 도전을 막는 힘

초등학교 4학년 아이들을 실험실로 초대했다. 테이블 앞에는 난이도 상, 중, 하라고 쓰인 세 종류의 문제지가 있다. 선생님이 오늘의 과제를 설명해 준다. "난이도 중은 보통의 4학년 학생들이 풀 수 있는 문제거든? 한 번 풀어보자." 사실 이 문제는 4학년이 쉽게 풀 수 있는 수준이 아니다. 웬만해선 50점도 넘기 힘들게 출제했다. 당연히 대부분의 아이들은 곧 실망스런 점수를 확인하게 된다.

"열 문제 중에 다섯 문제를 맞추었네? 성철이는 이 점수를 가지고 나중에 어른이 됐을 때 똑똑하게 될지 아니면 안 똑똑하게 될지 어느 정도 예상할 수 있다고 생각하니?" 선생님은 한 번의 시험으로 자신의 미래를 예상할 수 있는지를 묻고 있다. 말도 안 된다고 반대를 표하는 아이가 있는가 하면, 미래와 긴밀하게 연관되어 있을 것 같다고 대답하는 아이도 있었다.

이번엔 점수가 낮게 나온 이유가 무엇이라고 생각하는지 물어봤다. 낮은 점수의 원인을 자신의 '능력' 때문이라고 하는 아이가 있는가 하면, 어떤 아이는 그 이유를 '노력' 부족에서 찾았다.

이것은 스탠퍼드대 캐롤 드웩 교수가 고안한 인간의 동기에 대한 실험으로 나는 EBS 다큐 퍼펙트베이비에서 같은 조건으로 재연해 봤다. 이번엔 제작진이 정말 궁금해 하는 실험을 할 차례다. 다시 상·중·하 난이도의 문제지를 보여주고 원하는 것을 선택해 보라고 했다. 난이도 상의 문제를 선택한 아이들은 한 번의 시험과 자신의 능력을 연결시키는 데 강하게 부정하며 낮은 점수의 원인을 능력이 아닌 노력에서 찾았던 아이들과, 놀라운 수준으로 일치했다.

어제보다 나아졌다면 충분하다

'마음챙김(mindfulness)' 이론으로 유명한 하버드대 심리학과 엘렌 랭어 교수는 이렇게 말한다. "결과 지향적 태도를 가진 사람들은 타인과 비교를 많이 한다. 그래서 새로운 일을 시작할 때 '할 수 있을까?', '못하면 남들이 어떻게 볼까?'와 같은 생각에 사로잡히기 때문에 타고난 탐구욕을 제대로 발현하지 못한다. 이와 반대로 과정 지향적인 태도를 가진 사람은 자신의 어제와 비교한다. 그래서 남들의 시선보다는, '어떻게 할 것인가'를 생각하기 때문에 일을 할 때 어떤 단계를 밟아야 하는지에 주의를 집중한다." 공부할 때도 그렇고, 새로운 일을 할 때도 과정 지향적 태도를 가져야 일도 재밌고 더 잘할 수 있게 된다.

주지하다시피 예측불허의 시대를 헤쳐 나가고 나아가 즐기는 인재는 결국 도전하는 사람의 몫이다. 도전 없이는 성장도 난망하다. 실험에 참여한 아이들 중에 점수가 가장 높았던 민수는 선택 과제에서 난이도 '하'를 가리켰다. 그 이유를 묻자 "하가 제일 쉽기 때문에 점수가 많이 나올 거라고 생각했기 때문"이라고 했다. 민수에게는 배움의 목표보다 남들에게 어떻게 보이느냐가 더 중요한 동기로 작용한 것이다. 이런 유형의 아이들은 더 많은 것을 배우지 못한다. 앞으로도 계속 쉬운 과제만을 선택하려 하기 때문이다.

성장의 비밀, 한 번 하기

직장생활에서 우리는 종종 몸만 훌쩍 커진 제2의 민수를 발견하곤 한다. 명문대를 나와 우수한 성적으로 입사해 기대를 한껏 받던 신입사원이 슬그머니 열정을 접고 유턴하는 모습이 그것이다. 사실 이것은 평가 압력을 강하게 받고 자란 우리 세대 일반의 모습이다.

이를 극복하기 위해서는 늦더라도 자기만의 성공 경험을 쌓아야 한다. 그럴수록 비교의 잣대에서 자유로워진다. 어떤 일을 다소 힘들여 스스로 '해낸' 경험은 세상 어느 음식보다 달콤하다. 가령 어려운 문제 앞에 끙끙대다 비로소 원리를 터득했을 때, 이성에게 프로포즈해서 승낙을 받아 냈을 때, 여건이 좋지 않은 가운데 회사의 중요한 일을 해냈을 때의 성취감은 본인이 아니면 알 수 없다. 이때부터 동기는 자동이다. 맛을 봤기 때문이다.

맛을 보면 더 맛있는 음식을 찾게 된다. 이 원리를 이용해 보자. 성공경험을 할 수 있게 과제의 수준을 잘게 쪼개서 만만한 것을 실제로 '해 보는' 것이다. 이는 '선 동기부여 – 후 실천'과 정반대의 전략으로 별것 아닌 것 같지만 효과는 강력하다.

이를테면 이런 것이다. 지하철에서 한 정거장 내려 걷는 시간 15분, 이 과정을 몇 번 성공하면 왕복 거리마저 쉽게 극복하고, 심지어 걷기의 즐거움까지 누린다. 스마트폰을 접고 지하철에서 일단 책을 잡아 보자. 몇 페이지 읽고 나면 관성이 생긴다. 그러면서 머지않아 자투리 시간 때마다 책을 들고 있는 자신을 발견하게 된다. 낯설지만 업무상 만나야 할 사람을 만날 때도 마찬가지다. 익숙하지 않은 사람에게는 타인에게 전화하기조차 어렵다. 하지만 한두 번 성공하면 별 것 아니라는 것을 깨닫게 된다. 이 과정에서 어느덧 어제와 다른 나와 마주하게 된다. 이것이 바로 성장의 비밀이다.

한 번 하기와 점의 연결

조그만 지방 초등학교에 외무부 장관이 방문했다. 선생님들은 꽤 긴장했지만, 학생들은 그저 호기심 어린 눈으로 쳐다봤다. 장관은 학생들 앞에서 연설을 했는데 특별한 내용은 아니었다. '체력이 국력'이라고 그저 건강의 중요성을 언급했는데, 아이들의 눈높이에 맞추려고 웃통을 벗고 직접 아령 시범까지 보였다. 이때 킥킥대는 웃음소리를 뒤로하고 물끄러미 지켜보던 소년이 있었다. 소년은 외국을 돌아다니는 직업이 있다는 것을 알게 되었고, 장관의 말처럼 '열심히 공부해서 나라를 위해 큰 사람이 되겠다'고 다짐했다.

중학교에 올라간 소년은 영어에 푹 빠졌다. 알파벳부터 시작했지만 그 누구보다 열심히 공부했다. 교과서 본문을 통째로 외우고 걸어 다니면서도 쉴 새 없이 영어로 중얼거렸다. 고등학교 친구들은 '영어에 미친 아이'라고 했다. 이를 영어 선생님이 눈여겨봤다. "다른 아이들을 위해 네가 직접 영어 듣기 교재를 만들어 보지 않겠니? 지금보다 영어 실력이 훨씬 좋아질 거야." 수줍음 많던 소년은 눈앞이 캄캄해졌다. 녹음기를 받아 쥐었지만 막막했다.

그러다 아이디어가 떠올랐다. 당시 소년이 살던 충주에는 우리나라 최초의 비료 공장이 건설되고 있었는데 외국에서 파견된 기술자들도 여럿 있었다. 소년은 녹음기를 들고 공장 주변에 있는 기술자들을 찾아갔다. 용기를 내어 영어로 인사를 했지만 대개는 귀찮다는 듯 심드렁하게 지나쳤다.

그렇게 몇 번의 냉담한 반응 앞에 포기하려던 찰라, 한 미국인 부인이 집으로 들어가는 모습이 보였다. 한 번만 더 얘기해 보기로 했다. 얼른 다가가 인사를 했다. "How are you?" 영어로 말을 거는 소년을 부인은 대견스럽게 쳐다봤다. 소년은 자신의 사정을 설명했고, 미국인 부인은 부탁에 흔쾌히 응했다. 소년은 녹음기의 버튼을 눌렀다. 그런 만남은 며칠에 걸쳐 이어졌고 마침내 훌륭한 교재가 탄생했다. 이 일을 계기로 말수가 적던 소년은 영어에 있어서만큼은 수다쟁이가 되었고, 실력은 몰라보게 좋아졌다.

뛰어난 영어 실력은 소년에게 새로운 기회를 가져다줬다. 고2 때 적십자사에서 주최한 영어대회에서 1등을 하면서 이듬해 한 달 간의 미국 연수 프로그램에 선발되었다. 마지막 날, TV에서 보던 케네디 대통령이 등장했다. 대통령은 짧은 연설을 마치고 학생들과 악수를 나누었는데, 소년에게는 장래 희망이 무엇이냐고 물었다. 소년은 "외교관입니다"라고 대답했고, 케네디는 말없이 빙긋 웃고 자리를 옮겼다. 알 수 없는 흥분에 사로잡힌 소년은 이때부터 외교관이 되기로 마음먹는다.

소년은 고등학교를 수석으로 졸업하며 서울대 외교학과에 진학했다. 1970년 2월 대학을 졸업하면서 동시에 외무고시에 합격했다. 외무부에서 두루 요직을 거쳐 2004년엔 외교통상부 장관을 지냈고, 2007년엔 급기야 세계의 대통령 자리에 오른다. 그가 한국인 최초의 유엔 사무총장 반기문이다.

아이폰을 만들어 모바일 혁명을 일으킨 스티브 잡스는 2005년에 스탠퍼드 대학 졸업 축사에서 세 가지의 이야기를 했는데,

모두 인생을 통찰하는 명문들이다.

첫째, 점의 연결: 지금은 예측할 수 없지만 모든 점(경험)은 미래와 연결된다.
둘째, 사랑과 상실: 순간의 좌절을 이겨내면 더 큰 힘이 생긴다.
셋째, 죽음: 남의 인생을 사느라 삶을 낭비하지 마라.

이 중 한 번 하기의 힘은 점의 연결로 풀어낼 수 있다. 잡스는 '점의 연결'을 설명하기 위해 자신의 청년기를 들려줬다. 대학을 중퇴하고 청강했던 서체 강의가 10년 뒤 아름다운 글자체를 가진 매킨토시 컴퓨터를 만드는 데 큰 도움이 되었다는 것이 요지다. 이것은 '지구상 어딘가에서 일어난 조그만 변화가 예측할 수 없는 날씨의 원인이 된다'는, 나비효과를 인간의 성장의 측면에서 본 것이다.

아마존닷컴의 창립자 제프 베조스는 한 인터뷰에서 이렇게 말했다. "어린 시절 목장에서 놀던 경험이 기업가의 꿈을 키우는 데 중요한 자양분이 되었다." 그는 여름방학이면 할아버지의 농장에서 소떼를 몰거나 농기구를 만지작거리면서 놀았는데, 그 시절에 자립심을 배웠다고 한다. 목장에서는 어떤 일이든 스스로 알아서 해야 하기 때문이다. (그 시절에 이런 생각은 절대 못했을 것이다!) '점의 연결'과 관련하여 우리가 주목해야 할 것은 '점'은 지나고 나야 보인다는 것이다. 따라서 지금 우리가 할 수 있는 최선은 '점의 확장'이다.

점의 연결이라는 프레임을 통해 인물의 성장을 되돌아가 보면, 여러 개의 '점'이 보인다. 이제 오늘날의 반기문을 만든 여러 개의 '점'을 다시 확인해 보자. 그중에서도 고등학교 1학년 때 용기를 내어 '영어 듣기 교재'를 만든 순간에 특히 주목할 필요가 있다. 용기를 내어 미국인을 찾아갔으나 여러 명에게 퇴짜를 맞고, 그러다 마침내 원하던 목표를 달성했으니 그 뿌듯함이란 말로 표현하기 힘들었을 거다. 이처럼 한 번 해내는 것은 기본적으로 드라마의 스토리와 같다.

이렇게 한 번 해낸 성취의 '점'은 또 다른 점으로 연결되었다. 영어 듣기 교재를 만들면서도 원어민의 발음을 실컷 들으며 연습할 수 있었는데, 친절한 미국인 부인은 소년을 이웃 부인들에게도 소개해 주었다. 최고의 영어 강사로부터 무료로 과외수업을 받은 셈. 이 황홀한 경험의 점은 반기문을 영어 수재로 만들었고, 마침내 미국에 건너가 대통령 앞에서 자신의 꿈을 말할 수 있게 된다.

결정적 순간에 앞선 자그마한 점도 있었다. 물론 당시에는 몰랐을 것이다. 외무부 장관의 방문은 어린 반기문의 꿈에 영향을 주었다. 이런 크고 작은 점이 어느 순간 연결되면서 최고의 글로벌 리더라는 빛나는 별을 탄생시켰다. 이 모든 것이 '한 번의 용기'가 가져다 준 결과다.

현대 저널리즘의 창시자 조지프 퓰리처(1847~1911)도 어린 시절 반기문과 비슷한 경험이 있다. 글을 잘 쓰는 퓰리처에게 선생님이 "학급 소식지 만드는 일을 해 보면 어떻겠니?"라고 제안한 것. 퓰리처가 만든 학급 소식지는 재미난 읽을거리가 많았고

반 친구들에게 큰 인기를 얻게 된다. 더불어 소년 퓰리처도 단숨에 반에서 가장 인기 있는 학생이 되었다. 이 일을 계기로 학급 소식지를 넘어 학교 신문도 만들게 된다.

퓰리처는 글 쓰는 일에 더욱 흥미를 느끼게 되었고 마침내 기자가 되었다. 그는 사회의 부조리를 고발해야 한다는 사명감으로 과감하게 기사를 썼다. 수많은 특종을 낳았고, 생전에는 신문왕으로 불렸다. 사후에는 매년 뛰어난 언론인에게 주는, '기자들의 노벨상'이라 불리는 퓰리처상을 통해 오랫동안 기억되고 있다.

한 번 하기와 작은 성공의 경험

1997년 출간되어 10년 동안 7권으로 완간되기까지 역사상 가장 많이 팔린 베스트셀러 해리포터의 시작도 한 번 하기였다. 1990년 여름, 맨체스터에서 런던으로 향하는 열차를 타고 있던 조앤 롤링은 4시간 동안 지연된 열차 안에서 마법사 소년의 이야기를 떠올렸다. 성경 다음으로 많이 팔렸다는 해리포터가 잉태되는 순간이자 '점'의 시작이다. 그때 마법 학교에 다니는 소년 '해리포터'와 '론', '헤르미온느' 3명의 캐릭터가 잡혔다. 이후 언론과의 인터뷰에서 어디에서 그런 이미지가 떠올랐는지는 알 수 없다고 했다.

하지만 그녀는 런던에 도착하자마자 떠오르는 대로 '한 번' 썼다. 그러면서 공책은 채워져 갔다. 다음날은 마법의 규칙에 대해 썼고, 그다음 날은 등장인물의 이름을 썼다. 비록 생계 문제가 발목을 잡아, 출판까지 7년이나 걸렸지만 그녀는 매일 무언가를 써 나갔고 눈으로 확인했다. 무엇이었을까. 바로 '작은 성공의 흔적들'이다.

손정의 소프트뱅크 회장은 한 번 하기의 아이콘이다. 그를 성공으로 인도한 '점'을 따라가 보자. 대입 시험과 관련한 유명한 일화가 있다. 손정의는 고등학교 1학년 때 4주간의 해외어학연수를 마치면서 유학을 결심한다. 미국 세라몬테 고등학교 2학년에 편입한 뒤 3주 만에 고교 졸업 검정고시에 합격할 만큼 지독하게 공부했는데, 그래도 영어는 언제나 큰 벽이었다.

대입 시험을 보는 날. 문득 자신과 같은 외국인이 미국학생과 같은 조건으로 시험을 보는 게 공정하지 못하다는 생각이 들었다. 손정의는 손을 들어 감독관에게 질문했다. 영어 사전을 볼 수 있게 해달라고 요구한 것이다. 그 순간 떨리기도 했고, 비상식적인 행동처럼 보일 수 있다고 걱정했지만, 밀져야 본전이라고 결론을 내렸다. 교육위원회는 처음 있는 일에 당황했지만 재빠르게 위원들을 소집해 결론을 내렸다. '손정의 학생의 요구는 타당하다.'

손정의의 이런 '한 번 하기' 정신은 그를 죽음의 문턱에서도 건져냈다. 소프트뱅크를 설립하고 간신히 정상 궤도에 올라설 무렵인 1982년, 만성B형간염에 걸렸다. 당시에는 완치율이 5퍼센트밖에 되지 않을 정도로 심각한 질환이었다. 최악의 상황을 각오한 손정의는 의학 논문을 찾아 읽기 시작했고, 그 결과 새로운 치료법을 막 개발한 의사를 만날 수 있었다. 임상사례는 겨우 여섯 명에 지나지 않았지만, 의사와의 의기투합 끝에 극적으로 완치될 수 있었다.

그의 '한 번 하기' 정신은 자연스레 소프트뱅크의 사풍으로 이어졌다. '일단 부딪쳐라.' 수익 모델 따지다가 기회를 놓치면 엄청난 문책을 받지만, 과감하게 사업을 추진하다 실패하면 인정을 받는 문화가 소프트뱅크의 힘이다.

자신이 뭔가를 실행에 옮기고 '해냈다'는 느낌을 갖는 것만큼 의욕을 유발하는 일은 없다. 전보다 더 유능한 사람이 되었는데, 이를 멈추기는 힘들어진다. 한 번 해내면 그 중독성에서 쉽게 헤어나지 못하게 된다. 이것이 바로 '작은 성공 경험'의 힘이고 그것을 가능하게 만드는 토대인 '한 번 하기'가 그래서 중요하다.

그러나 첫 단추는 언제나 어려운 법이다. 토크계의 전설 래리 킹도 유년 시절에는 수줍음이 많았다. 첫 진행을 맡았을 때는 입이 떨어지지 않아 말없이 음악의 볼륨만 높였다 낮추는 일을 세 번이나 반복하기도 했다. 방법은 연습밖에 없었다. 누군가가 아파서 결근을 할 때는 그 일을 자청할 정도로 말하기에 매달렸다. 최고가 된 후 그가 사람들에게 즐겨하는 말이 있다. "누구나 바지를 입을 때 한 번에 한 쪽씩밖에 못 입습니다." 한 번씩 하면서 수정하라는 말이다. 성실함은 '점의 연결'을 위한 필요조건이다.

일단 출석하기

성실함에 관한 이야기라면, 한국의 젊은 요리사 이유석 셰프
도 래리킹 못지않은 스토리가 있다. 그는 외환 위기의 불황 속
에서 대학 진학 대신 요리사의 길을 선택했다. 한 TV 프로그램
에 출연한 요리사의 이야기에 매료된 것이 결정적 이유였다.

프랑스 유학길에 올랐지만 집안 형편이 어려워져 중도에 그만
두고 곧바로 업계에 뛰어들기로 결심했다. 목표는 프랑스 식당
의 최고라 불리는 '렁브루아지'라는 레스토랑. 용기를 내 이력서
한 장과 자기소개서 한 장을 들고, 레스토랑 앞에서 서성거렸다.
주방장을 만날 기회를 만들기 위해서였다. 문 밖으로 나온 주방
장은 이력서를 보자마자 "자네를 위한 자리는 없네"라고 말하고
돌아섰다. 포기하기엔 이르다고 생각해 며칠 후 다시 이력서를
들고 레스토랑을 찾았다. 역시 돌아오는 답변은 똑같았다.

시간이 흘러 계절이 두 번이나 바뀌었다. 파리의 작은 식당에
서 열심히 일을 배우면서도, 렁브루아지로 한 달에 두 번씩 찾
아가곤 했는데, 마침내 일이 벌어졌다. 열세 번째 찾아갔을 때,
지배인이 영업 방해라며 경찰에 신고한 것. 허둥지둥 도망치며
그동안 쌓였던 서러움이 밀려와 눈물이 쏟아졌다.

그러나 한 번만 더 도전하기로 했다. 이번엔 배수진을 쳤다.
열네 번째 그곳을 찾았을 때, 이력서 대신 인턴 계약서와 한국
행 항공권을 들고 갔다. 앞으로 더는 찾아오지 않겠으니 5분만
말할 기회를 달라고 했다. "오늘도 당신이 거절하신다면, 저는
다음 주에 한국으로 돌아갈 것입니다. 그렇다면 한국 사람들은

당신이 하는 최고의 프랑스 요리를 맛 볼 기회가 없을 거예요. 어쩌면 한국에선 엉터리 요리가 프랑스 요리라고 판칠지도 모르겠네요. 당신은 한 명의 개인에게 기회를 주지 않는 게 아니라, 한 나라에 음식 문화를 전파할 기회를 주지 않는 것입니다." 큰 소리를 쳤지만 떨리는 심장은 주체할 수 없을 정도였다.

인턴 계약서를 읽던 주방장은 갑자기 큰 소리로 부주방장을 불렀다. "여기 서류 잘 읽고 사인해. 그리고 자네, 다음 주 화요일 여덟 시까지 출근하고." 반년이 넘는 노력이 결실을 보는 순간이었다. 이유석은 파리 최고의 레스토랑에서 한국인 최초의 인턴 요리사가 되었다. 한국에 돌아와 그가 만든 레스토랑은 2012년 영국 로이터 통신과 미국 AP통신에 한국의 대표 식당으로 소개됐다.

미국의 영화감독 우디 앨런은 '성공의 8할은 일단 출석하는 것'이라고 했다. 기초적인 성실함이 기회의 필요조건이라는 의미다. 우디 앨런은 1960년대부터 거의 매년 장편영화 한 편씩을 냈는데, 작품 수가 수십 편에 이른다. 영화 촬영이 없을 때는 보통 7시에 일어나 하루 종일 글을 쓴다. 덕분에 그의 단편 「쿠겔메스 에피소드」는 단편소설가들에게는 최고의 명예인 '오 헨리 상'을 받기도 했다.

아무도 미래를 속단할 순 없다

그는 대기만성 형이었다. 4살이 되어서 말을 시작했고, 7살이 되어서야 글을 읽었다. 그마저도 자기가 한 말을 몇 번이고 되풀이하는 버릇이 있었다. 그런 버릇은 7살이 될 때까지 고쳐지지 않았고 때때로 저능아라는 의심을 받기도 했다. 게다가 친구들과도 잘 어울리지 못했다. 아이가 나중에 어른 역할을 잘할지 걱정하는 선생님들도 많았다.

어른이 되어서도 뭐 하나 잘 풀리는 일이 없었다. 학자가 되고 싶었으나 대학에 제출한 박사 학위 논문은 퇴짜를 맞았고, 교사직조차 구하지 못했다. 나중에 세상의 과학 체계를 뿌리 채 흔들 이론을 발표하기 전까지 그는 일개 스위스 특허국의 직원에 불과했다. 그의 청년기는 이처럼 보잘 것 없었다. 갈릴레이와 뉴턴 이래 가장 위대한 물리학자로 평가받는 알버트 아인슈타인(1879~1955)의 이야기다.

아인슈타인과 스티브잡스, 벤저민 프랭클린의 전기를 쓴 월터 아이작슨은 위인의 인생에 중대한 영향을 미친 어릴 때 경험에 주목한다. 아인슈타인의 경우, 그것은 7살 때 아버지로부터 받은 나침반이었다.

나침반의 바늘이 북쪽을 가리키며 흔들리는 모습을 본 소년 아인슈타인은 그 현상에 완전히 매료되고 만다. '아무 것도 만지고 있지 않은데 왜 이 물체는 이렇게 움직이는 것일까?' 신기한 장난감을 갖고 놀면서 무의식적으로 눈에 보이지 않는 힘의 세계가 존재한다는 것을 느끼게 되었다.

아인슈타인은 "올바른 질문을 찾고 나면, 정답을 찾는 데는 5분도 걸리지 않을 것이다"라는 명언을 남겼다. 어릴 때부터 궁금한 것이 생기면 바로 질문하는 습관이 우연히 나침반을 만나 폭발한 것이다.

그는 나침반의 미스터리를 풀기 위해 평생 동안 질문했다. '왜 이게 가능할까?', '전자기와 중력은 입자와 어떤 방식으로 상호작용을 하는 것일까?' 심지어 임종하던 1955년 그날에도 수학 공식을 한 줄 적고 있었다. 그 종이들에 쓰인 공식들은 아인슈타인의 궁금증을 반영한다. '왜 그놈의 나침반 바늘은 계속 북쪽을 가리키면서 흔들거리는 것일까?'[1]

전 세계에서 가장 사랑받는 동화작가 안데르센(1805~1875)의 어린 시절은 불우함 그 자체였다. 아버지는 가난한 구두 수선공이었고, 어머니는 이웃집의 빨랫감을 가져다 세탁해 주는 허드렛일로 살림에 보태야 했다.

돈이 없어 수도원에 있는 학교에 입학했지만, 친구들은 비쩍 마른 몸과 창백한 얼굴을 가지고 놀리기 일쑤였고, 견디지 못한 안데르센은 학교를 그만두었다. 설상가상으로 아버지마저 돌아가시자 어린 안데르센은 방직공장과 담배공장을 전전하며 일을 해야 했다. 그러면서도 연극배우가 되겠다는 꿈만큼은 포기하지 않았다. 그러나 초등학교도 졸업하지 못한 학력에, 볼품없는 외모에, 나이도 어린 안데르센을 받아주는 극장은 없었다. 운 좋게 얻은 기회도 변성기가 시작되며 거절당했다.

---

1) 2013년 아이작슨의 포모나대학 졸업 연설 중.

이때 안데르센은 '배우가 될 수 없다면 희곡을 쓰겠다'라고 다짐했다. 극장의 소품을 나르고 배우들의 심부름을 해주며 공부를 했다. 점차 재능을 인정받았지만 문제는 철자법이었다. 다행히 지인의 도움으로 열 살이나 어린 아이들과 함께 공부하면서 글부터 다시 배웠다. 마침내 23세가 되던 해 코펜하겐 대학에 입학하며 비로소 그의 글들이 세상에 나오기 시작했다.

동화작가로서 성공한 후, 안데르센은 지나온 역경이 축복이라고 말한다. 그가 살아오면서 느끼고 겪었던 모든 일들은 많은 동화 속 주인공들을 통해 아름답게 승화됐다. 『성냥팔이 소녀』는 어머니가 구걸해야 했던 시절의 이야기를 소재로 삼았으며, '못난 오리새끼'가 '아름다운 백조'가 되는 과정을 그린 『미운 오리 새끼』는 안데르센의 삶 자체였고, 『인어공주』에는 자신이 끝내 이룰 수 없었던 사랑의 아픔을 담아냈다.

세계적인 작가 조앤 롤링의 해리포터도 탄생이 순탄했던 것은 아니다. 원고가 완성됐을 때 '원고가 너무 길다'는 이유로 12개 출판사로부터도 거절당한 것. 그때 저작권 대행업자 크리스토퍼 리틀을 만나지 못했다면 해리포터는 세상에 나오지 못했을지도 모른다. 수많은 우연이 있지만 그녀의 성공 비결은 단순하다. 가난에 허덕이면서도 글쓰기를 멈추지 않았다는 것이다.

해 보기 전까지는 모른다

찰리 채플린(1889~1977)은 불우한 어린 시절을 보냈지만 타고난 재능과 이를 알아본 어머니 덕분에 일찍부터 배우로서 인정받을 수 있었다. 14살 때는 〈짐, 런던내기의 사랑〉이라는 공연에서 신문팔이 소년 새미 역을 맡아 '연극계의 기대주'라는 극찬을 받기도 했다. 이때부터 극단과 함께 지방을 다니며 공연을 했다. 하지만 극단이 다른 사람 손에 넘어가면서 졸지에 실업자 신세가 된다.

노력하는 자에게 하늘은 무심하지 않았다. 19살 때의 일이다. 포레스터 뮤직홀에서 채플린에게 무대에 오를 수 있는 기회를 주었다. 열심히 연습한 만큼, 한껏 기대에 부풀어서 무대에 올랐다. 하지만 공연 도중 예상치 못한 일이 벌어졌다. 관객들의 반응은 썰렁했고, 심지어 동전과 과일 껍질을 던지기까지 했다. 정신없이 무대에서 내려온 채플린은 큰 충격을 받았다.

'난 사람들을 웃길 수 없나봐.' 실패의 기억은 채플린을 한동안 괴롭혔다. 하지만 소중한 깨달음을 얻으며 다시 일어섰다. 자기는 재미있는 말을 하면서 사람들을 웃기는 코미디언은 맞지 않는다는 것이었다. 채플린은 차라리 개성이 강한 인물 연기를 하는 편이 낫겠다고 판단했다.

채플린의 판단은 적중했다. 그날 이후, 극단을 다섯 개나 거느린 카노라는 거물을 만나고 〈축구 시합〉이라는 연극에 출연하게 되었다. 채플린은 시골뜨기 차림으로 분장하고 관객들에게 등을 돌린 채로 무대에 올랐다. 돌아서며 새빨간 코를 보이자 관객들은 키득대기 시작했다. 아령에 발이 걸려 넘어지고 손에 들고 있던 지팡이가 채플린의 뺨을 때리자 관객들은 폭소를 터뜨렸다. 대성공이었다. 우리가 알고 있는 채플린의 캐릭터가 탄생하는 순간이었다.

카노 극단에서의 경험은 채플린에게 미국으로 갈 수 있는 기회를 마련해 주었다. 미국에서 그는 희극배우와 감독을 넘나들며 전성기를 맞는다.

좋아하는 일이 최고의 보상이다

무언가를 스스로 '해낸' 기억은 오래간다. 특히 처음으로 해낸 것, 크게 해낸 것은 평생을 가도 잊히지 않는다. 에이브러햄 매슬로(Abraham Maslow)가 말한 대로 인간은 생리적 욕구와 안전 욕구를 해결하면 심리적 욕구를 추구하게 되어 있다. 사랑받고 싶고, 인정받고 싶고, 원하는 것을 해내고 싶어 하는 마음이 그 것이다. 이를 '욕구 5단계설'이라고 한다.

에드워드 데시(Edward Deci)는 매슬로의 이론을 동기(motivation)에 접목시켜 1969년 그 유명한 '자기결정성이론'을 탄생시킨다. '자기가 결정한 것'이 어떤 동기보다 더 큰 힘을 발휘한다는 것이 골자다. 이 이론의 세 가지 키워드는 자율성, 유능성, 관계성이다. 자율성과 유능성을 묶어 우리말로 풀면 '내가 해냈다', 즉 성공 경험이다. 이는 자존감의 핵심 키워드이기도 하다.

에드워드 데시가 가진 관심의 출발은 '보상의 힘'에 관한 것이었다. 그의 고전 실험을 보자. 대학생을 두 집단으로 나누었다. 한 집단에는 퍼즐을 완성하면 상금이라는 보상을 주었다. 다른 집단에는 보상을 주지 않았다. 보상이 없는 경우와 비교했을 때 보상을 받은 대학생들의 내면에는 어떤 일이 일어날까? 이것이 실험의 이유였다. 돈을 받으면 동기가 높아지는가? 별다른 변화가 없는가? 아니면 낮아지는가?

데시 연구팀은 살짝 속임수를 썼다. 방법은 다음과 같다. 대학생은 탁자 앞에 앉아 30분 정도 퍼즐을 한다. 30분 후 퍼즐 시간이 끝났음을 알려준 뒤, 설문지를 가져올 동안 잠깐 기다리라는 말을 한다. 그리고 8분 동안 실험실에 대학생을 혼자 남겨둔다. 이 시간에 대학생이 무엇을 하는지가 핵심이었다.

보상을 받은 집단은 혼자 있는 시간에 퍼즐을 하는 시간이 확실히 적었다. 그들은 보상을 중단하자마자 퍼즐 놀이를 그만두었다. 흥미로운 건 이들이 처음에는 보상이 없어도 퍼즐을 기꺼이 했었다는 사실이다. 금전적 보상을 받은 학생들은 눈에 띄게 보상에 길들어졌고, 흥미로운 놀이였던 퍼즐은 보상을 얻기 위한 도구적 활동으로 변해버렸다.

다양한 실험을 통해 보상이 내면의 동기를 떨어뜨린다는 사실을 밝혀냈다. 보상이라는 외재적 동기가 있을 때는 그 일을 했지만 보상이 사라지는 순간 그 일에 대한 흥미도 같이 사라졌다.

데시에 따르면 인간은 외부 보상보다는 '스스로 결정'했을 때 훨씬 동기 수준이 높아진다. 즉 자신이 진정으로 좋아하는 일을 하는 사람은 내재적 동기에 의해 움직이기 때문에 별도의 외재적 보상이 그리 중요한 요인이 되지 않는다. 따라서 데시는 인간의 타고난 심리적 욕구가 반영될 수 있는 환경을 조성하는데 노력을 기울여야 한다고 강조한다.

하고 싶지 않은 일을 하면서도 실패할 수 있다

캐나다가 배출한 코미디의 제왕 짐 캐리는 일찌감치 연기에 소질을 보였다. 어린 짐 캐리는 집에 온 손님들을 배꼽 잡게 만들 정도로 웃겼는데 이를 본 아버지는 넝쿨 채 들어온 복덩어리라며 자랑하기 일쑤였다. 이런 천부적인 재능은 유머 감각이 뛰어난 아버지로부터 온 것이었다. 짐 캐리는 15세에 토론토 클럽의 무대에 오르며 연기를 시작했고, 17세가 되던 1979년, 당시 『토론토 스타』 신문사는 "천재적인 스타가 나타났다"며 극찬을 아끼지 않았다.

아버지로부터 배운 것이 또 하나 있다. 짐 캐리에 따르면 "아버지는 훌륭한 코미디언이 될 수도 있었지만, 스스로 불가능한 일이라고 생각했다" 그래서 대신 선택한 직업이 회계사라는 안정적인 직장이었다.

그러나 짐 캐리가 12세가 되던 해, 아버지는 믿었던 직장을 잃었다. 졸지에 가족들은 시집 간 누나의 집 마당에 텐트를 치고 살아야 했고, 학교도 더 이상 다닐 수가 없었다. 살아남기 위해 할 수 있는 일은 무엇이든 해야 하는 상황이었다. 짐 캐리가 청소년기에 클럽의 무대에 오른 것도 그 절박함 때문이었다. 이때 그는 느꼈다. '하고 싶지 않은 일을 하면서도 실패할 수 있다. 그렇다면 하고 싶은 일에 도전하는 것이 낫겠다'고 다짐했다.

그렇게 코미디언으로서 10년의 경력을 쌓으면서 직업관은 더욱 명료해졌다. '내 인생의 목적은 사람들을 걱정으로부터 해방시키는 것'이다. 1997년 짐 캐리는 영화 〈라이어 라이어〉에 출연하면서 코미디 스타로서의 입지를 다졌다. 이후 트루먼 쇼(1998)와 맨 온 더 문(1999)으로 골든 글로브 남우주연상을 받으며 연기자로도 크게 인정받는다. 좋아하는 일을 열심히 한 덕분이다.

말기 환자의 고통을 덜어주는 호스피스 전문의인 오츠 슈이치는 무려 천 명이 넘는 말기 환자들과 대화를 하고 마지막을 기록했다. 그 과정에서 '사람들의 후회에는 커다란 공통분모가 있다'는 사실을 깨달았다.

사람들이 죽기 직전 털어놓는 최고의 후회는 '사랑하는 사람에게 고맙다는 말을 많이 했더라면'이었다. 그렇다면 두 번째는 무엇이었을까? '진짜 하고 싶은 일을 했더라면'이었다. 치명적인 병을 얻거나 사고로 다치기 전까지 죽음을 실감하지 못하는 게 인간이다. 그런 점에서 죽음 앞에 선 사람의 교훈은 결코 흘려들을 수 없다. 죽음을 생각해 보면 지금 무엇이 중요하고 무엇이 덜 중요한지 분명해진다.

'따로 또 같이' 가치를
디자인하다

김진택

Profile

파리 1대학에서 박사학위를 받았다. 매체 예술, 디지털 문화콘텐츠와 스토리텔링, 디지털 인문학을 연구해 왔다. 포스텍 창의 IT 융합공학과 교수로 재직하며, 공학과 예술, 공학과 인문학을 연결하는 창의적인 융합 교육에 도전하고 있다.

'따로 또 같이' 가치를 디자인하다

창조와 융합: 피곤한 구호?

최근 들어서 우리가 '창조'와 '융합'이라는 말을 많이 듣고 또 쓰고 있는 것 같습니다. 나랏일과 관련된 모든 일에, 문서에, 사업에서 혹은 교육 현장과 프로그램에서 이 말이 빠지면 큰일나는 듯하구요, 기업들의 이윤추구 활동에 단골 테마가 되기도 하고 물건과 서비스를 파는 광고에서도 참 많이 그 단어들이 들리고 쓰이고 합니다. 개인적으로는 좀, 공해스럽다 싶을 만큼 많이 좀 그렇습니다. 제 개인적인 느낌이야 그렇다치구요, 상황이 이렇다는 얘기는 이런 얘기가 됩니다. 어떤 이유에서건 문화와 시대의 흐름이 그 말들을 쓰게 만드는 일이 있으니 상황이 이렇다는 것입니다. '사막엔 모래가 있다'라는 말처럼 너무 당연한 소리네요. 그런데, 이 이야기는 곧, 그 흐름의 변화로 인해 반대의 상황으로 이 단어들을 자주 못 듣는 때가 오거나, 전혀 새롭지 않게 평범히 사용하는 일도 곧 생길 수 있다는 이야기와 같습니다.

중요한 것은 이 말들이 그것이 유행처럼 쓰이게 되어서 그 의미가 퇴색되는 것을 걱정해야 한다라거나, 곧 유행처럼 사라질 말이니 중요하지 않다는 것, 둘 다 아니라는 점입니다. 이러한 사정과는 관계없이 창조와 융합의 의미와 가치가 사라지는 것은 아니라는 점이 중요합니다. 왜냐하면 인류는 언제나 창조와 융합이라는 사유의 패턴으로 진화해 왔고 영원히 앞으로도 그럴 것이기 때문입니다.

창조와 융합은 우리가 인위적으로 만들어 활용할 목적으로 만들어진 전략적 구호가 아니라 사물과 존재들의 관계망을 새롭게 짜는 일 자체를 의미합니다. 앞에서 말했듯 인류가 창조와 융합의 패턴으로 진화했다는 것은 곧 이러한 지식의 융합적 네트워크가 구성되는 운동이 멈추지 않고 있다는 것입니다. 어렵게 생각할 필요는 없을 것 같습니다. 도구를 우연히 손에 갖게 된 순간부터 창발적으로 도구는 인간과 사물의 관계를 새롭게 통역해 주고 접속하게 해주었던 것을 생각해 보면 됩니다. 손으로 깰 수 없었던 단단한 열매의 껍질을 돌과 나무를 집어 들어 단단한 껍질을 깨고 입으로 들어가는 먹을 것을 구하는 그 순간, 도구라는 매체는 지금까지 멀고도 상관없던 사물들과 존재들이었던 인간, 돌, 열매의 관계에 먹이와 생존과 기쁨이라는 관계를 덧대어 이어줍니다. 서로 만날 수 없었던 사물들을 새롭게 접속

시켜주는 것, 이것이 창조이고 융합의 운동입니다. 도구라는 매체가 서로 다른 존재 양식을 가졌던 것으로 여겨졌던 혹은 관계가 없다고 여겨졌던 사물과 존재들 사이에서 창조와 융합의 패턴으로 통역을 실행한 것입니다.

의자를 만들었다는 것은 그저 우리가 어딘가에 앉아 쉴 수 있는 사물을 만들어 오랜 시간 몸의 피곤도를 줄여주면서 한 가지 일에 집중할 수 있게 해준다라는 유용성과 효용성 안에서 이해되는 일만은 아닙니다. 사냥에 지친 몸을 바위에 걸터앉아 잠시 내어놓고 산들바람에 땀을 식히고 풍경을 다시 바라보고 다시 일어나 걷게 만들어주었던 그 쉼의 의미가 숲이 아닌 다른 공간 안에서 작동하게 되었음을 뜻합니다. 사물과 존재의 관계망이 새롭게 창출되는 것이지 않나요? 창조와 융합은 우리와 먼 단어이거나, 어딘가 따로 존재해서 악을 써서 얻어내야 할 전략무기인 것만은 아니지 않나요? 이러한 행위를 지식의 관점에서 본다면 창조와 융합은 곧 다양하고 이질적인 지식과 상상력을 자유롭게 넘나들며 접속하는 정신적 자유와 운동을 함께 내포하는 일입니다. 창조와 융합은 서로를 참조하고 번역하는 존재들이자 즐거운 사유의 양태입니다.

창조와 융합: 인간 지성의 고유한 생성의 패턴

전문지식이나 전문 분야 등의 이름으로 지식과 상상력이 일정한 한계에서 움직이던 지성의 시간은 우리 인류의 역사에서 매우 짧은 시간에만 해당합니다. 잠시 이렇게 생각해 볼까요? 우리는 공자를 유학적 철학의 체계를 잡은 위대한 철학자로 알고 있습니다. 교육자라고까지는 생각합니다. 공자가 어떤 활동을 하며 그 시대를 살아갔는지 잘 알지만 여전히 우리는 그를 인문적 지식의 세계에서 활동한 철학자로 생각하기 쉽습니다.

그러나 생각해 보면 그는 당시 노나라와 제나라를 여행하며 리더들을 컨설팅해 주었던 융합지식인이었습니다. 정치·경제·외교·국방·조세·복지·행정 등등의 다양하고도 이질적인 지식을 군자의 도와 예를 중심으로 엮고 통섭하면서 유교의 지성적 세계를 구축했고, 그것을 직접 정치 지도자들을 만나 훌륭한 군자의 길을 제시하는 방식으로 지식을 실천하였던, 소위 말해 창조적 융합 지식인 말입니다. 공자보다 2백여 년 후에 활동했던 그리스의 아리스토텔레스를 비롯한 많은 철학자들은 모두 지식의 융합 자체를 굳이 방법론적으로 수행한 것이 아닌 자연스럽게 지식이 만나 새로운 관계망을 형성하는 것을 훈련하고 그것을 지식의 장으로 풀어낸 지식인이었습니다. 아리스토텔레스는 논리학과 형이상학과도 같은 인문학적 사유를 훈련한 것 외에도 동물학·생물학·수학·물리학 등에도 적극적인 지적 탐구를 수행하지 않았던가요? 세종은 어떤가요? 레오나르도 다빈치, 이순신, 정약용 등은 더 이상 설명하지 않아도 될 듯합니다. 그들이 생전에 보여준 활동과 지적 자산은 바로 창조와 융합의 지적 수행 그 자체였습니다.

태생적으로 자연스럽게 창조와 융합을 근간으로 해서 펼쳐진 지식 창출의 패턴과 패러다임이 전문화, 효율화라는 명분하에 급격히 단순해지고 협소해지기 시작한 것은 주체와 객체의 이분법적 분리에 근거한 근대 과학의 발달과 합리주의적 세계관이 확산되면서입니다. 학자들마다 차이는 있을 수 있겠지만 지금으로부터 크게 보아 400여 년을 넘어가지 못하는 일입니다.

관료주의, 혹은 관료제를 뜻하는 Bureaucratism의 말은 'Bureau(책상)', 즉 책상주의입니다. 도시로 모여들며 밀집 사회 형태로 전화되어 가는 사회를 효율적으로 관리하고, 통제하고, 빠른 속도로 성과를 내며 앞으로 전진하는 사회적 시스템에는 각자의 책상 위에서, 그 책상 위의 일만 처리하면 되는 방식으로 체제가 만들어 집니다. 그게 유리하다고 보는 것이죠. 실제로도 그랬을 겁니다. 한 명이 지식의 넓은 스펙트럼과 깊은 성찰을 현실에 적용하고 풀어내기에는 아무래도 힘들고 대응이 늦었을 수밖에 없죠. 거기에 합리적 세계관을 자처하는 근대 과학적 사고가 효율성과 속도를 강조하면서 우리는 자신의 책상 위에 올라오는 일만 처리하는, 자신의 책상 위에 있는 것만 공부하면 되는, 자신의 책상 위에 것만 외우고 남의 책상은 전혀 신경을 쓸 필요조차 없는, 다른 책상의 것을 들여다보거나 건너가는 행위는 마치 큰 잘못이거나 불필요한 파격이 되어 버린 시간을 살게 되었습니다.

발전의 속도가 좀 빠른 듯했지만, 이것이 한계에 도달한 듯합니다. 이러한 지식의 패러다임이 이전과는 폭과 깊이가 다른 다양하고 복잡한 이 세계를 이끌고 가기엔 힘이 부치는 거죠. 더 이상의 새로운 가치를 만들어내기가 힘에 버거워진 것입니다. 그래서 우리는 다시 곰곰이 생각해 봅니다. 잠시 잊었던 창조와 융합의 패턴으로 사유하고 궁리하는 것이 필요하지 않을까 말입니다.

최근 들어 국내외를 막론하고 인문학과 과학의 학제 간의 경계를 느슨하게 풀고 지식을 융합하는 작업이 활발해지고 있고, 그에 따라 새로운 가치를 창조하는 작업들이 다양한 분야에서 실천되고 있습니다. 창조와 융합을 전략적 슬로건으로 내걸든 안 걸든 이것은 바꾸기 어려운 흐름입니다. 이것은 서구인들이 중세시대의 굴레를 벗고 자신들의 정신적 원형이자 문화적 자산이었던 그리스와 로마의 시간을 다시 살기 위해 르네상스를 일으켰던 것에 비할 수 있는 상황일 겁니다.

가치 디자인으로서의 인문기술융합콘텐츠

그렇다면 다시 시작되는 21세기 인문과 기술의 융합을 통한 르네상스를 보고자 할 때 우리는 어디서부터 시작해야 할까요? 새로운 지식의 패러다임이 구축되고 창의적 성찰과 비전을 만들어내는 혁신적이고, 융합적인 작업들이 이미 수행되고 있기에, 철학적 주제와 개념을 통해 거기에 접근하고 해석하는 일이 순서로는 맞을 것 같습니다.

하지만, 꼭 그 순서대로 가야 할 일은 아닙니다. 이미 현실에서 수행되고 있는 창의적이고 융합적인 작업들은 기존의 인식과 관념의 폭을 뛰어넘어 경쾌하면서도, 복잡하고, 심오하면서도, 분열적이면서도, 유머를 잃지 않으며 혁신을 보여주고 있기 때문입니다. 우리에게 필요한 정신과 태도는 이러한 동시대적 모습들을 적절한 거리에서 함께 동행하면서도 미래적 비전을 공유하고 열어줄 수 있는 유쾌한 속도를 낼 줄 아는 융합적 상상력, 그리고 그 속도를 즐기면서도 냉철한 사유와 윤리의 긴장을 놓치지 않는 지성적 훈련입니다.

따라서 과거의 이론과 개념으로 현실을 재단하면서 새로운 움직임들을 만나기보다는 오히려 새로운 융합적 태도를 보여주는 창의적인 작업들이 구현되고 있는 현장에서 콘텐츠들을 구체적으로 만나는 일이 더욱 의미 있고 '효과적'일 수 있을 것 같습니다. 왜냐하면 '인문기술융합콘텐츠'는 개념적으로 규정되고 학제적으로 정의를 기다리지 않고 자신의 길을 가고 있기 때문입니다. 학문들의 경계를 넘나드는 탈경계적 지식과 창의적 상상력이 한 데 모이는 콘텐츠들을 기획하고 구현하는 작업을 하고 있다면, 그것이 곧 '인문기술융합콘텐츠' 작업을 하고 있는 것이라 말할 수 있고, 그것을 실천하는 사람이 곧 '인문기술융합자'이지 않을까 싶습니다. 개념적 규정보다는 새로운 문화사회적 행위들에 속도감 있게 대응하는 일도 우리에겐 필요합니다.

인문학과 기술은 결국 둘 다 인간과 세계를 통찰하는 정신적 운동들입니다. 이들이 만나 창조적인 작업을 할 수 있다면 그것은 의미 있고 건강한 가치를 실현하는 일로 마땅히 수렴되어야할 것입니다. 'Techne'는 무엇인가 이런저런 다른 것들을 꼬아만들어내는 행위를 뜻하는 어원을 갖고 있습니다. 서로 이질적인 것들을 배타적으로 등 돌리게 하는 것이 아니라, 한 데 모아융합하여 서로 만나게 하고 몸 섞게 만들어 창조적 일을 실현하는 행위가 바로 기술의 속성인 것입니다. 정신적 사유의 풍성함과 언어와 미학적 표현의 긴장을 성취하는 예술적 행위인 시를말하는 'Poesis', 세계와 자연을 바라보고 탐구하여 그 원리를 살피려 한 정신적 몰입 행위와 기호적 실천이었던 물리를 말하는'Physis'은 오랫동안 같은 생성의 패턴으로 선조들이 함께 같은지평에 두고 썼던 말들입니다.

그렇다면, 우리가 말하고자 하는 '인문기술융합콘텐츠'라는것은 이러한 기술과 인문적 사유와 과학적 탐구가 언제나처럼함께 있었음을 매번 확인하는 가치의 실현이자 가치를 디자인하는 작업의 산물이지 않을까요. 네, 인문기술융합콘텐츠는 가치디자인 작업입니다.

인간이 사회와 세계의 문제들을 바라보고 그것을 해결하기위해 노력하는 과정에서 자연스럽게 생겨나거나 혹은 안간힘을쓰며 만들어 내야 하는 가치의 설계 작업에 다름 아닌 것입니다. 단순한 상업적 이벤트라든가 일회적인 캠페인이 아니라 지속가능한 방안을 설계하고 건강한 의미를 실현하려는 가치를 구현하려는 작업이 그것일 겁니다. 인문적 성찰과 미학적 직관, 그리고 효율적이고도 합리적인 공학기술의 융합을 통해 구체적현실에 대응하며 가치를 디자인하는 실천은 이제 우리 동시대의 삶에 자연스럽게 혹은, 언제 이렇게 가까이 와 있었는지 모를 능청과 애교를 함께하며 스며들고 있다고 여겨집니다.

크라우드 소싱과 창조적 융합의 실천들

우리는 이러한 시선에서 인문기술융합콘텐츠들을 바라보려 합니다. 오늘 우리는 구체적인 사례로부터 혁신적이고 창의적인 콘텐츠들을 찾아보고, 어떠한 부분들이 창의적인 관계를 맺으며 융합적으로 수렴하고 분기하는지를 쫓아가려 하는 겁니다. 많은 주제들 중 오늘은 크라우드 소싱(Crowd Sourcing)을 중심으로 이야기를 풀어 볼까 합니다. 이 과정 안에서 녹색 도시생태(Green Urban Life), 적정기술(Appropriate Technology), 생체모방(Biomimetics), CSR 콘텐츠, 업싸이클 등의 주제들이 산발적으로 튀어 나올 겁니다. 보기엔 산발적이고 연관이 없어 보이겠지만 현대 사회의 중요한 주제들이고 이들을 중심으로 혁신과 새로운 도전들이 실천되고 있음을 생각한다면 앞뒤 없는 이야기인 것만은 아닐 겁니다. 여기에는 우리들에게 익숙해지기 시작한 커뮤니케이션 디자인, 커뮤니티 디자인, 사용자 경험 디자인, 사용자 인터페이스 디자인 등의 창의성에 기반한 작업들을 가리키는 말들이 씨줄과 날줄처럼 엮여 있을 겁니다. 혹은 이와 같은 디자인 작업들이 위의 저 주제들을 안으면서 수행되고 있다고 봐도 될 것입니다.

우선, 우리는 '크라우드 소싱'이라는 주제를 넓게 보려합니다.

간단히 정의하자면 많은 사람들이 함께 공동의 목적을 위해 프로젝트를 수행하는 것, 이것을 크라우드 소싱이라고 말합니다. 최근 들어 새롭게 쓰이는 말이기는 합니다. 디지털 네트워크 환경 안에서 생활하면서 급격히 확장된 네트워크를 활용하여 많은 사람들이 동시에 문제를 해결하고 공동의 목적을 달성하는 일이 많아지는 마당에 이를 표현하는 용어니까요. 그러나, 용어가 새롭게 생기기는 했어도 이러한 인간의 행위들 자체가 지금 처음 생겨난 것은 아니겠죠. 그런 말을 과거에는 딱 집어 말하지는 않았어도 그러나 사실, 평소에는 독립된 개체로 있다가 일정한 필요한 시점에 함께 모여 솔루션을 모색하고 소기의 목적을 달성하려 한 행위들은 우리 인류가 오랫동안 실천해 왔던 문제해결 방식일 수 있습니다.

'따로 또 같이'라고 저는 말하고 싶은 데요, 바로 이 '따로 또 같이' 행동 유형이 현재 디지털 네트워크 환경 안에서 더욱 그 힘을 크게 발휘하고 있다는 점이 강하게 부각되었을 뿐입니다. 우리 전통문화의 '두레'라든가 '품앗이'같은 것이 바로 훌륭한 크라우드 소싱이었던 거죠. 조금 더 확장해 보면 '과거 제도'도 매우 혁신적인 크라우드 소싱입니다. 임금의 입장에서는 좀 더 참신하고 창의적이고 일 잘하는 인재를 쓰고 싶은데, 자기 주변에 기득권을 가지고 진을 치고 있는 관료들이 인재 발굴한다면서 매일 자기 자식이나 사위 추천하고, 학연에 지연에 학파에 기타 등등의 관계에서 한 발자국도 움직이지 않으면서 관료를 등용하고 국가를 경영하려고 한다면, 국가의 미래를 상상할 수 없는 일이겠죠. 이런 문제가 있는 상황에서 조선 후기로 가면서 많이 퇴색되긴 했지만, 평민 신분 이상이면 누구나 글을 배워 과거에 응시할 수 있도록 하고 조선 팔도 어느 출신이라도 과거를 볼 수 있게 하여 직접 인재를 발굴하고 등용하는 이 국가적인 인재 채용 프로젝트는 생각해 보면 진정 커다란 변화와 혁신을 가져오는 창의적인 크라우드 소싱이었던 것 아닌가 생각이 듭니다.

이렇듯 '따로 또 같이 해결하기'의 행위는 과거에도 활발했었고 앞으로도 결코 사라지지 않을 인류의 사회 행동 양식입니다. 오늘 우리는 참신한 발상과 건강한 의식을 기반으로 하여 빠른 속도로 진화하고 있는 다양한 크라우드 소싱 기반의 창의적인 콘텐츠들이 새롭게 구현하는 가치 디자인을 살펴볼 수 있을 거라 생각합니다. 얘기를 하면서 크라우드 소싱이라는 말을 하지 않아도 이미 많은 주제들과 콘텐츠들은 이미 크라우드 소싱이라는 개념과 활동을 전제하는 경우가 많이 있을 것 같습니다.

자, 그럼 우리의 시선을 아시아의 문제들로 조금 돌려볼까 합니다. 앞에서 살펴보았듯 너무도 다양한 문제들과 그만큼의 희망과 새로운 솔루션들이 탄생될지도 모르는 현대 사회에서 가장 첨단의 주제들을 가지고 있는 곳은 바로 아시아라는 공간입니다. 서양 국가와 문명권으로부터 현대 사회의 많은 것을 배워 온 것 같아서 그들을 숨 가쁘게 쫓아가는 데에도 힘이 들어 보이는 곳으로 보이시나요. 아닙니다. 짚고 넘어가봐야 너무도 당연하고 입만 아픈 사실인 선진 문명을 전수한 아시아의 역사를 들먹이며 그 가치를 다시 재탕하려는 것이 아닙니다. 지금의 아시아는 지구인들이 한 번도 경험하지 못한, 겪어보지 못한 많은 문제들을 지구인들로서 처음 대면하고 있는 곳입니다.

시작의 징후는 서양문화권에서 일어났을지는 몰라도 그 문제의 전개와 파격적 분출, 그에 따른 해결과 대응 방안에 대한 강렬한 욕구 등을 생각할 때, 도시화, 환경오염, 신자본신문제, 대안 자본주의, 고령화, 자원 전쟁 등등의 수많은 문제들은 그 규모와 심각성의 차원에서 아시아에서 처음 벌어지고 있는 게 분명합니다. 그러나 혁명적인 해결은 일어나지 않을 겁니다. 그러한 관념적 해체와 새로운 출발은 존재하지 않습니다. 그렇다면, 그 안에서 우리의 삶의 질을 좀 더 높이고 공동체의 미래를 다시 전망하는 일을 지금이라도 함께 해야 할지 모릅니다.

도시화만 하더라도, 우리에게 도시의 삶이 점점 더 강요되어 가거나 어쩔 수 없는 대안이기도 한 상황에서, 건강한 의식이나 개인의 의로운 실천만으로는 친환경적인 환경과 좀 더 쾌적한 도시의 삶을 만들어나가기란 매우 어렵습니다. 이를 실질적으로 인정하고, 새로운 차원의 크라우드 소싱을 모색하는 것이 필요합니다. 오늘 우리가 살펴볼 크라우드 소싱에 기반한 인문기술융합콘텐츠들은 에너지 자원의 절약과 대체 에너지, 친환경을 주제로 Green Idea에 기반한 다양한 프로젝트들을 작은 실천일 지라도 꾸준히 구현하고 있습니다. 그 안에서 가치를 만들어가는 일들을 시도하는 것인데요, 그것은 추상적 관념이 아닌, 구체적인 모습으로 나타나고 있습니다. 미디어 아트의 확장된 범위로서 시도되기도 하고, 사물인터넷 기술을 적용한 콘텐츠들도 있으며, 공공예술로서의 작업들을 통해 새로운 가치를 전망하며 다양하게 이루어지고 있습니다. 적정기술을 중심으로

한 실천들도 주목해야 합니다. 지금까지 우리는 이 적정기술 콘텐츠들을 삶의 질이나 환경이 열악한 제3세계 국가들이나 소외계층을 위한 활동들이라고 한정지어 생각하는 경향이 많았죠. 하지만 적정기술을 그렇게 한정시켜 생각할 필요는 없습니다. 고도의 기술이 아니더라도 적재적소의 기능과 효용을 만족시키고 한정된 자원을 활용하여 좀 더 의미 있고 건강한 도시 생활을 유도할 수 있는 콘텐츠들 역시 적정기술 콘텐츠로 볼 수 있을 것 같습니다.

특히 고령화의 문제는 아시아가 솔루션의 모델을 만들어야하는 상황입니다. 어떤 문명도 인류가 이렇게 오랜 시간을 살아가는 것에 근거하여 정치, 사회, 문화를 만들어본 적이 없고 개인의 행복과 공동체의 덕목에 대해 고민을 해 본 적 없으며, 재화의 생산과 소비, 의료와 복지에 대해 대안을 고민해 본 적이 없습니다. 어느 순간, 광속의 속도로 고령화 사회로 접어드는 이 시점에서 아시아는 그 맨 앞에서 절박한 인류에게 길을 보여줘야만 합니다. 그 어마어마한 일을 함께 실천함에 있어 오늘은 커다란 얘기와 중량감 있는 담론보다는 구체적인 실천, 창조적이고 가치를 고민하는 성숙한 '따로 또 같이' 행위를 실천하는 부분에 대해 이야기를 하고자 합니다. 어쩌면 이러한 혁신과 창의적인 작업들이 힘없이 개별적인 죽음을 맞이할지도 모릅니다. 그러나 앞에서 우리는 창조와 융합은 사물과 존재들의 관계망을 새롭게 짜는 일에 다름 아닐 것이라고 말했고 우리는 언제나 창조와 융합의 패턴으로 진화한다고 말했습니다. 따라서 인문기술융합콘텐츠는 언제나 그렇지 않았던 적이 없었던, 즉 매순간 언제나 엄중하고도 새로운 진화의 과정을 우리가 지나오며 가치를 만들기 위해 노력했듯이, 지금 어디론가 진화해 가는 와중에 우리와 함께하는 가치를 디자인하는 작업일 수밖에 없을 것입니다. 어떤 이름으로 불리든, 새로운 가치를 디자인하는 작업들과 함께 걷는 일에 여러분들의 시간을 빌릴까 합니다.

가치 디자인으로서의 크라우드 소싱 기반 콘텐츠

re-Captcha와 Doulingo: 진화하는 디지털 크라우드 소싱

구텐베르크 프로젝트라고 들어보셨는지요. 처음으로 e-book을 발명한 미쉘 하트(Michel Heart)가 시작한 프로젝트로, 인류가 소중히 보존해야 할 고전들과 책들을 디지털 아카이빙 작업을 하고 그 결과물을 무료로 다운로드하여 볼 수 있도록 기획한 프로젝트입니다. 이 작업을 위해서는 문서 한 장 한 장, 스캔을 해야 하구요, 그렇게 스캔된 문서를 컴퓨터가 읽어서 디지털 문서화해야 합니다. 하지만 책들이 오래되고 긴 세월을 지내온 동안 인쇄된 활자들이 그 모습 그대로이진 않겠죠. 어떤 활자들은 찌그러져 있기도 하구요, 어떤 활자들은 벌레가 먹어서, 곰팡이가 먹어서, 습기로 종이와 종이가 붙어서 등등의 이유로 온전한 활자모양을 갖추고 있지 못하는 경우가 많겠죠. 문제는 이렇게 스캔된 글자들을 컴퓨터가 읽지 못한다는 겁니다. 그래서 그런 경우에 일일이 사람들이 글자들을 읽어내서 디지털 작업을 하게 되는데, 여기에 드는 인력과 시간, 비용이 적지는 않죠. 이 상황에서 카네기 멜론 대학의 루이스 폰 얀(Louis Von Yann)은 클라우드 소싱이 디지털 환경에서 할 수 있는 아주 멋진 일을 합니다.

먼저, 자동 가입 방지를 막기 위해서 우리가 자주 만나는 chaptcha 프로그램을 기억하실 겁니다. 지금도 하루에 2억 명이 넘는 사람들이 이 캡챠 프로그램을 만나고, 그 프로그램이 요구하는 대로 이상하게 찌그러진 글자들이나, 붙어 있는 글자들, 띄엄띄엄 떨어져 있는 글자들, 울퉁불퉁한 글자들을 눈의 힘을 주고 초점을 잘 맞춰서 읽고 타이핑을 하고 있죠. 컴퓨터는 읽지 못하지만 우리는 읽을 수 있는 글자들을 말이죠. 평균 10초 정도가 소요되는 이 시간은, 합치면 50만 시간 정도 된다는 이 시간은, 우리가 원하는 사이트에 접속하고 가입하기 위해서 어쩔 수 없이 써야 하는 시간이죠.

루이스 폰 얀은 여기에 주목했습니다. 이 많은 시간, 어쩔 수 없이 순응해야 하는 이 시간을 정보 도용이나 잘못된 자동 가입을 방지하는 일 말고도 또 다른 의미 있는 일로 쓰일 수 있도록 할 수는 없을까? 그래서 그는 캡챠 프로그램에 컴퓨터가 읽지 못하는 글자들을 넣어 두었습니다. 구텐베르크 프로젝트를 진행하는 과정에서 컴퓨터가 읽지 못하는 글자들의 패턴과 실제 단어들을 캡챠 프로그램에 넣은 겁니다. 그럼 어떤 일이 벌어지느냐면, 매일 2억 명의 지구인들은 자동 가입 방지 기능을 하는 캡챠 프로그램을 만나 각각 10초씩, 모두 합쳐 50만 시간의 시간을 쓰면서, 컴퓨터가 읽지 못한 글자들을 대신 읽어주고 그 답을 적어주면서 컴퓨터를 가르쳐주는 일이 벌어지는 겁니다. 그저 내가 필요한 일을 하기 위해 10초 정도 의무적으로 주어진 시간을 견디며 했었던 바스러지는 행위들이 구텐베르크 프로젝트를 훨씬 더 정확하고, 효율적으로 할 수 있도록 도와주고 있는 것이죠. '따로 또 같이'라는 말로 앞에서 설명한 크라우드 소싱이 정말 멋지게 디지털 문화 환경에서 이루어지고 있지 않나요? 이것이 바로 're-Chaptcha'입니다.

그렇게 우리는 우리가 알지 못하는 사이에도 리캡챠 프로그램을 쓰면서 컴퓨터가 읽지 못하는 글자들을 읽어서 컴퓨터를 더 똑똑하게 만들어주고 있었네요. 요즘 우리가 말하는 딥 러닝, 혹은 머신 러닝이라는 기술이 컴퓨터에게 활용된 것이고 그것의 기본 데이터는 우리들의 일상적 행위였던 것이죠. 이러한 과정을 통해 똘똘해진 컴퓨터는 인간 정신문화 자산을 디지털화하는 일들을 더욱 경제적이고 효율적으로 실천하고 있었으니 적어도 우리는 루이스 폰 안 덕분에 디지털 문화 환경에서 멋진 '크리우드 소싱'으로, 멋진 '따로 또 같이'의 실천으로 구텐베르

그 프로젝트에 참여한 셈입니다.

루이스 폰 얀은 이러한 방식으로 또 한 가지 재미있는 일을 했습니다. 'Doulingo'라는 프로그램을 만들었는데요, 웹 서비스와 어플리케이션 서비스를 모두 이용하여 외국어를 배울 수 있는 프로그램입니다. 기본 원리는 같습니다. 기본적인 어학 교육을 실천할 수 있는 문법이나, 단어, 숙어 활용, 문장 번역과 받아쓰기 등 다양한 방식으로 어학을 교육할 수 있는 과정에 머신 러닝 기술을 활용한 컴퓨터가 우리와 인터랙션합니다. 즉, 영어를 배우고 싶어 하는 한국 학생이 영어를 배우려고 할 때, Duolingo는 그 학생의 영어 수준도 이미 알고 있는 문제를 주면서 체크할 수 있습니다. 하지만 그렇게 한 사람 한 사람 체크하고 다음 단계, 다음 단계로 유도하면 할수록, 우리가 다음 단계 다음 단계로 유도되는 문제를 풀면 풀수록 duolingo는 더욱더 풍부하고 정확한 어학 교육 데이터와 콘텐츠를 갖게 됩니다.

이 데이터들과 알고리즘의 풍성함은 더욱 좋은 영어 선생님인 Duolingo를 만들어 갑니다. 이는 영어를 쓰는 사람이 한국어를 배우려 할 때 역으로 똑같이 적용되는 일이겠죠. Duolingo에 접속해서 문제를 풀고 답을 낼수록 우리의 어학 실력은 훈련을 계속하여 좀 더 나아질 것이고 Duolingo 프로그램은 더욱 실력 있는 어학 선생님이 되어 갑니다. 사용자 모두가 데이터를 업그레이드시켜 주는 역할을 하니까 Duolingo는 당연히 무료로 운영됩니다. 한 번 들어가 체크 받아보시고 하루하루 공부량을 따라가 보세요. 컴퓨터라 그런지 꽤나 완고하고 엄격해서 답답

하게 느껴질 만큼 원칙주의자 선생님 한 분을 모셔놓고 공부하는 것 같으실 겁니다.

앞서 우리는 크라우드 소싱과 '따로 또 같이'에 대해서 언급했습니다. 과거에도 분명 힘을 발휘했던 문화사회적 인간의 행위이자 본질일 수도 있는 집단지성의 또 다른 이름인 이들은 인공지능을 진화시켜가고 있습니다. '정말 인간과 같이 생각하고 행동하는 인공지능이 출현할 것인가? 정녕 그렇게 된다면 인류의 삶은 어떻게 될까?' 하는 문제는 여기서 다룰 문제가 아닙니다. 실제 그렇게 쉽게 높은 수준의 인공지능은 출현하기 어렵습니다. 기술적으로 가능한지에 대한 부분도 많은 의견 차이가 있지만, 더욱 중요한 것은 인간과 인공지능은 서로를 참조하며 진화하는 공동운명체입니다. 인간과 기술의 관계와 같습니다. 따라서 인간을 저쪽 구석에 놓고 인공지능이 혼자 커가면서 우리를 능가할 것이라든가, 절대로 인공지능은 인간보다 떨어지는 존재일 뿐이다라고 말하는 것보다 중요한 것은 '지금 과학기술의 앞에서 인간과 기술이 어떻게 진화해나가고 있는가?'를 함께 고민하고 건강한 방향성을 제안할 수 있는 책임 있는 인문학적 통찰과 실천입니다.

인공지능이 우리에게 줄 행복과 불행의 몫은 결과적으로 따로 떼어놓고 고민할 문제가 아니라, 이미 그 과정에 인간과 인공지능의 치열한 상호참조가 일어난다는 점에 주목할 필요가 있습니다. 행복이든 불행이든 그것 역시 인간과 인공지능의 순간순간 생성의 문제와 진화 방향이고, 우리는 그 안에 있기 때문입니다. 행복의 모습이라면 그것도 우리가 그렇게 순간순간의 생성이 있었고 그것이 그렇게 만든 것이고, 불행이라면 그것 역시 우리가 그렇게 만드는 것입니다. 즉, 순간순간 우리는 진지하고도 엄격하게, 동시에 경쾌하고 유연하게 기술과 하루하루를 열심히 고민하고 향유하며 살아가야 하는 일을 실천할 뿐입니다.

이 과정에 무척이나 창의적이고 가치 있는 프로젝트가 수행되고 있었던 것이죠. 바로 re-chaptcha와 Duolingo. 꽤나 멋진 크라우드 소싱과 따로 또 같이 정신이 실천한 가치디자인 작업이라고 생각되지 않으십니까? 우리가 주목해야 하는 것은 기술적 솔루션의 전문적 실천이 아니라 바로 이러한 기술의 수용성을 창조적으로 확장해서 우리 공동체 삶을 조금 더 새로운 전망에 이르도록 하는 크라우드 소싱 기반의 융합적 실천일 겁니다. 바로 다음처럼 말입니다.

빅 워크 – 크라우드 소싱 기반의 사회적 기업의 오늘과 내일

빅워크는 한국의 젊은 사회적 기업의 이름이면서 모바일 앱의 이름입니다. 우리가 일상에서 걷는 별 특별한 것도 없는 행위가, 우리 개인의 자신 건강을 위해 걷는 일이 뭔가 의미 있는 일로 변하게 해주는 어플리케이션입니다. 예를 들어 제가 집을 나와 직장으로 걸어가는 길이 한 1.5km 되는데요, 집을 나설 때

빅워크 앱을 켜면 GPS가 제 위치를 잡구요, 걷는 동안 제가 걷는 거리를 계산합니다. 그리고 100미터에 10원씩 적립을 하죠. 그럼 이 경우엔 150원이 아침에 적립되고 저녁에 또 걸어오면 또 150원, 그렇게 며칠, 몇 주… 작은 걸음들이 쌓이겠죠. 제 것도 쌓이고 어디선가 지금도 걷고 있는 앱 사용자의 걸음들도 모이고 모여 작은 걸음들이 큰 걸음이 되는 그림을 생각하시면 빅워크의 이름의 의미를 알게 되시는 겁니다. 기술적으로는 시속 5km 이상의 상황이 생기거나, 10분 이상 움직이지 않으면 자동으로 앱은 데이터를 받아들이지 않습니다.

그럼, 적립된 금액들은? 기부로 돌립니다. 앱 사용자들의 주머니 돈으로 하면…, 그것도 좋지만 우리는 좀 게으르기도 하고, 변덕도 심하고 해서 개인적으로 좀 믿지 못할 부분들이 있죠. 그래서 빅워크 앱은 앱의 스폰서 기업들이 그 적립된 금액을 내게 하는 CSR을 활용한 비즈니스 모델을 갖고 있습니다. 크라우드 소싱과 사회적 기업의 형태가 너무나 잘 만난 성공적인 콘텐츠가 아닌가요?

빅워크는 걸음과 관련된 앱이라는 상징성을 현실에 대응시키면서 처음에는 기부금을 선천적으로 걸음을 걷지 못하는 어린이들에게 수술비를 지원하거나 인공 보철 기구들을 기부하는

활동을 했었는데요, 현재는 좀 더 다양한 영역에서 기부금을 사용하고 있습니다. 예를 들면, 우리 모두가 어처구니 없어했던 뉴스가 있었죠, 소방대원들이 스스로 소방 장갑과 조끼 등 소방 작업 도구를 사서 써야 한다는. 그런 곳에 소방 도구들을 사서 기증한다거나 얼마 전 네팔에서 지진이 일어났을 때 구호금을 보내거나 하는 방식으로 그 영역을 조금씩 넓히고 있습니다.

생각처럼 기부가 실천으로 옮겨지기 어렵다는 인간의 행동 양식과 일상적인 걷기라는 행위를 데이터로 전환하고 그것을 기부가 가능한 가상 적립금으로 전환시킨 아이디어와 기업 스폰서들이 그 가상 적립금을 실제 화폐로 전환하여 실제 세계에 건강한 영향력을 행사할 수 있다는 스토리텔링을 생각한다면 정말 멋진 인문기술융합콘텐츠이자 가치 디자인이 실천된 사례입니다.

Fühlometer: 크라우드 소싱 기반 인터랙션 콘텐츠

독일의 린다우(Lindau)라는 작은 마을은 관광객 수입이 주된 먹거리인 마을입니다. 그런데 몇 년 전 이 마을에 특이한 구조물이 설치되었습니다. 크루즈가 마을 항구로 들어오는 길목 등대 위에 설치된 이 구조물 콘텐츠는 감성측정기(Fühlometer(Feel-o-meter))라는 뜻을 가지고 있구요, 웃는 얼굴, 찌푸린 얼굴, 무표정한 얼굴 등의 감정, 정서를 표현할 수 있는 커다란 얼굴 형태의 철제 구조물입니다. 하지만 단순히 철제 구조물은 아니구요, LED 램프가 같이 설치되어 있는데, 린다우 마을 사람들의 얼굴

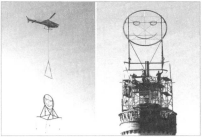

표정들을 실시간으로 반영해 주는 재밌는 콘텐츠입니다.

　실제는 복잡하지만 작동 원리를 간단히 설명해 드릴게요. 우선 마을에 사람들이 제일 많이 지나가는 곳에 카메라를 설치합니다. 그리고 이 카메라는 얼굴 인식 기능을 가진 프로그램과 연동되어 사람들의 표정을 실시간으로 캡처하는 겁니다. 이렇게 일정한 시간을 기준으로 마을 사람들의 표정을 캡처해서 웃는 얼굴이 많으면 웃는 표정으로 얼굴 구조물이 바뀌구요, 무표정한 표정이 많이 캡처되면 무표정한 표정으로 얼굴 구조물 표정이 바뀌는 그런 방식입니다.

이 컴퓨터 비전 인식 프로그램은 프라운호퍼연구소(Fraunhofer Institut)에서 개발하여 제공하였구요, 컨셉을 기획하고 제작에 참여한 작가는 율리우스 폰 비스마르크(Julius von Bismarck), 벤야민 마우스(Benjamin Maus)와 리햐르트 빌헬머(Richard Wilhelmer)입니다. 이 디자이너들은 이미 2008년 베를린 쇤베르그에 개소미터(Gasometer, 가스탱크)라는 구조물을 제작한 팀으로 명성을 쌓은 팀이었습니다.

이 구조물이 흥미로운 것은, 도시를 나타내는 아이덴티티 디자인을 이 인터랙션 콘텐츠가 충분히 해내고 있다는 것과 그것이 바로 그 마을의 주민들의 얼굴 표정으로부터 만들어진다는 컨셉입니다. 어떤 의미에서는 크라우드 소싱을 기반으로 설계된 작품이기도 하고, 많은 에너지를 써버리는 조형물이 아닌 에너지 사용을 최소화하고 그 최소한의 에너지 사용을 가능하게 만든 와이어 무빙 시스템을 활용한 콘텐츠라는 점도 흥미로운 점입니다. 마을 주민들의 표정에 따라 일정한 시차를 두고 실시간으로 변하는 얼굴 표정은 와이어를 감고 풀어주는 운동만으로 가능하게 하여 최적화된 메커니즘을 자랑하기도 합니다. 단순한 움직임만으로 인간의 표정을 잡아내는 메커니즘을 설계, 제작한 일은 '독일 사람들이 겉으로는 말이 없고, 차갑고 보수적인 느낌이 나는 것과는 달리 유머 코드를 적극적으로 활용할 줄 아는 사람들이구나'라는 생각을 갖게 합니다. 크루즈를 타고 마을로 들어오는 관광객에게 가식적이고 만들어진 마을의 이미지가 아니라 실제 마을 사람들의 표정을 보여주는 방식으로 손님들을 맞이하는 유머를 쓰고 인정받는 것입니다. '어, 오늘 린다우 사람들 기분이 좋은가?' 혹은 '어, 어제 축구 경기에 졌다고 하더니 린다우 사람들 오늘은 표정이 무거운데!'라고 하며 관광객들은 이미 마을 주민들의 솔직한 인사를 받고 입항하는 것이죠.

마을은 작고 아날로그적인 느낌이 짙게 나는 곳이지만, 이 감성측정기(Fühlometer) 덕분에 마을은 자신의 정체성과 브랜드를 형상화하고 홍보하는 일들을 하게 되었네요. 한 도시나 행정 구역을 홍보하거나, 어떤 특정한 주제 아래서 뭔가를 개발하고자 할 때 우리가 건물을 짓거나, 참신하지 않은 홍보물들을 어수선하게 설치하는 우를 범하지 않았다는 점에 훌륭한 가치가 있다고 생각됩니다. 전시 행정이 아닌, 유머 코드를 나누며 주민들과 함께 상호소통하는 콘텐츠를 갖게 되면서 우리는 작지만 즐겁고 특색 있는 마을의 여유를 얻게 된 셈입니다.

실존적 가치의 훈련과 '따로 또 같이'의 힘

보신 것처럼 현대의 창의적인 활동은 기존의 장르들 간, 기존 학제 간의 벽을 허물고 이루어지고 있습니다. 21세기 예술 역시, 더 이상 전통적인 시각과 접근으로는 다가가기 어려울 만큼 이질적인 것들의 융합과 조합들이 창조적으로 교직되는 과정에서 탄생하고 있기에, 가치 디자인 활동을 고민하는 과정은 초학제적, 탈장르적인 창조적 안목과 활동을 훈련하는 일이기도 할 것입니다. 작은 것에서, 작은 일에서부터 시작해도 좋습니다. 아니, 그렇게 시작해야 할 것인지 모릅니다. 앞으로 '따로 또 같이'의 활동들은 그러한 곳에서부터 가치를 하나하나 만들어가는 훈련을 해야 할 것입니다.

위에서 살펴본 빅 워크 모바일 앱을 개발하고 사회적 기업으로 성장하고 있는 그들의 이야기가 우리에겐 중요한 모델이 될 수 있을 거라 생각합니다. 왜냐하면 우리의 창조적인 '따로 또 같이'의 실천은 실존적 성찰과 이상적 관념 사이에서 균형감 있게 배치해야만 가능하기 때문입니다.

빅 워크 팀은 자신들의 아이디어가 너무도 신선하면서 이상적이고 윤리적 이슈에 최적화된 것이기에 처음부터 큰 성공을 생각했었다고 합니다. 하지만 현실은 그렇지 않았죠. 처음 아이디어가 떠올랐을 때는 너무 아이디어가 좋아서 금방이라도 모든 사람이 호응해 주고 바로 멋지게 사회적 기업 활동을 창업할 수 있을 거라고 생각도 했었지만, 실제 눈으로 볼 수 있는 데이터와 행위들이 없었기에 좋은 아이디어가 적힌 문서 취급을 많이 받은 거죠. 수많은 기업에게 제안서를 보내봤지만 보기 좋게 퇴짜를 맞았구요. 그나마 함께 의기투합했던 사람들도 하나 둘 떠나가는 상황이 왔고, 창업자는 이제 이 프로젝트를 접어야 하는구나 생각한 순간, 아이디어와 지금까지 애쓴 것이 아까우니, 접을 때 접더라도 시작이라도 해 보자라는 생각이 들었다고 합니다. 그래서 자신들이 3백여 만 원의 돈을 가지고 빅워크 앱을 시작했다고 합니다. 주변의 SNS친구들과 미력하게나마 시작하게 된 것이죠. 하지만 처음에 많지 않았던 사용자들이 자신들의 리듬에 맞게 걸었을 뿐인데 꽤 빠른 시간 안에 3백만 원에 해당하는 걸음들이 모였고 자신들의 돈으로 기부를 했구요, 그 결과물들을 다시 기업들에게 제시했을 때 그제서야 조금씩 기업들의 반응이 오기 시작했던 것이죠.

즉, '따로 또 같이'의 실천은 가치 디자인의 작업이고 이것은 궁극의 현실적 상황에서부터 시작해야 하는 일인 듯합니다. 이 궁극의 현실 안에서 이상적 가치와 실존적 훈련들이 균형을 기우뚱 잡아가며 부딪히고 무너지고 엎어지다 일어나거나 다시 시작점으로 가는 일이 생성합니다. 그 생성의 공간은 아직 누구에 의해서도 점유되지 않았습니다. 여러분들의 떨침이 그곳으로 가고 있습니까?

아시아적 재난과
안전공동체를 생각한다

김영근

Profile

글로벌 위기관리 및 재해 안전학, 동아시아 국제 관계, 국제기구 등을 연구해
왔다. 진재학을 한국에 본격적으로 도입하며 아시아 안전공동체 논의를 개척
해 가고 있다. 도쿄대학에서 박사학위를 받았으며, 고려대학교 글로벌 일본
연구원 교수로 재직하고 있다. 『국제적 상호 의존』, 『일본 원자력 정책의 실
패』, 『일본 대재해의 교훈』, 『일본의 재해부흥』 등 다수의 재해 관련 서적을
번역 소개했다.

아시아적 재난과 안전공동체를 생각한다

전후(戰後)가 끝나고 재후(災後)가 시작되었다

글로벌한 환경에서 만나게 되는 재난과 협력에 대한 이야기를 해보고자 합니다. 구체적으로는 〈아시아적 재난과 안전 공동체〉라는 주제를 중심으로, 대학의 역할, 청년의 고민과 해결 방안, 안전문화 확보를 위한 과제, 재난이라는 아젠다를 통한 새로운 아시아 협력, 나아가 안전공동체 모색 등을 논의해 나가겠습니다.

일본은 물론 전 세계에 크나큰 충격을 주었던 '3.11 동일본대지진(東日本大震災)'이 발생한 지 벌써 5년이 훌쩍 지나고 있습니다. 3.11 이후 일본에서는 "전후가 끝나고 재후가 시작되었다(「戰後」가 終り,「災後」가 始まる)"는 말이 회자되고 있습니다. 일본

의 저명한 정치학자인 미쿠리야 다카시(御厨貴) 도쿄대학 교수가 한 말입니다. 일본에서 제2차 세계대전의 패배 이후 '전후 체제'를 확립했던 것처럼, 재해 이후의 피해를 복구할 새로운 체제의 필요성을 역설한 것입니다. '재후 체제'라는 말에는 피해를 복구하고 더 나아가 일본 재생 혹은 일본 재건을 지향한다는 전환기적 중요성에 대한 의미가 내포되어 있습니다.

3.11 이후 일본의 위기관리 시스템이 제대로 작동하고 있는가에 대한 의문이 제기되었습니다. 거버넌스가 제대로 작동하고 있지 않다는 비판의 목소리도 높았습니다. 그런 가운데, 다양한 각도에서 재해·재난·진재 연구가 이뤄지고 있으며, 그 결과물 또한 봇물처럼 쏟아져 나오고 있습니다. 일본사회가 미증유의 대재난을 다루는 연구회를 통해 발 빠르게 재해를 진단하는 한편 대재해의 교훈을 분석하는 등 대응책(제언)을 내놓을 수 있는 '재해(연구) 선진국'으로서의 면모를 갖추고 있다는 점은 우리에게 시사하는 바가 큽니다.

재난과 안전 관리라고 하는 시각에서 동일본대지진에 관한 검증 결과를 바탕으로 한 일본의 교훈 및 재해로부터의 부흥을 위한 시도를 발신하고 공유하는 과정이야말로 척박한 한국의 재해문화를 고려할 때 매우 중요한 것으로 생각됩니다. 또한 일본의 대재해는 일본의 국내적 문제만이 아니라, 초국가적 재난이며, 세계 여러 나라가 지속적으로 관심을 가지고 해결해 나가야 할 사항이라는 것도 고려해야 합니다. 넓게는 글로벌 시대의 재난과 안전 거버넌스 구축을 상상하면서, 한국형 재해학·재난학 구축에 대해서 함께 생각해 보도록 하겠습니다.

진재학의 확산과 연구 성과는 무엇인가

'진재학(震災學)'이란 지진과 재난 전반을 연구하는 학문 분야입니다. '진재학'의 출발점은 지진(地震)학이나 지질(地質)학, 기상(氣像)학, 방재(防災)학, 감재(減災)학, 경관(景觀)학 등입니다. 진재학은 지질이나 기후 연구를 통한 지진피해의 예방, 그리고 지진 발생 이후의 도시경관이나 경제부흥의 문제와도 밀접하게 연계되어 발전해 왔습니다. 진재학의 분석대상은 재해(진재 및 전재[戰災]) 부흥 역사를 통해서 본 재해지역의 경관은 물론이거니와 정치·경제·사회·문화·역사·교육·의료·복지 등의 변용까지도 포함합니다.

진재의 분석 또한 다변화·다각화되어 가고 있습니다. 개인안전(humane security)—국가안전—지역(local)안전—'트랜스 로컬(trans-local)'안전—국제·글로벌(international)안전—초국경(trans-national)안전 등과 연계되어 논의되고 있습니다. 재해피해지역뿐만 아니라 주변지역, 국가 전체, 나아가 국가를 넘어선 트랜스내셔널적인 이슈로 확대되고 있습니다. 또한 진재 정책을 추진하는 데 있어서도 행위 주체들이 달라지고 있습니다. 즉 진재에 대응하는 주요 행위자가 전통적으로 주요 역할을 담당해 왔던 정부에서 벗어나 NGO, NPO 혹은 커뮤니티 등의 비정부조직이나 비영리집단으로 확대되고 있다는 뜻입니다. 또한 재해를 당한 어떤 특정한 지방의 경계를 넘어서 다른 지역들이 협력하는 '트랜스 로컬리즘(trans-localism)'도 대두되고 있습니다.

진재학은 이처럼 대지진이나 전쟁과 같은 대재해가 발생한 이후 자연 재해의 피해뿐만 아니라, 인적 재해와 사회적 재해, 나아가 경제구조와 경제정책 같은 큰 변화의 문제까지도 융복합적으로 분석하는 학문이라 할 수 있습니다. 동일본대진재라는 미증유의 재해 문제는 비단 자연공학적인 지진·쓰나미 대책이나 방재(防災), 감재(減災)에 그치지 않고, 경제생활과 관련된 재해부흥이 주된 이슈인 사회적 재해 및 사상이나 이념의 변화까지를 포함하는 인문적 재해 문제로 확대되고 있습니다. 이런 상황에서 진재학이라는 우리에게는 일견 낯선 학문 영역에서 다각적이며 융합적·학제적인 연구가 적극적으로 수행되고 있다는 점은 눈여겨 볼 필요가 있습니다. 동일본대지진을 둘러싼 진재학 연구 분야의 성과를 간단하게 소개해 보겠습니다.

『일본 대재해의 교훈』에 귀 기울이자

일본은 물론 전 세계에 크나큰 충격을 주었던 '동일본대지진'(일본에서는 '東日本大震災'라고 함)이 발생하고 1년이 되어 가는 시점에서 『일본 대재해의 교훈』이라는 책이 번역 출간되었습니다.[1] 동일본대진재(재해)라는 미증유의 재해 문제가 비단 일본만의 문제가 아니라 동아시아의 지역적 문제, 나아가 전 세계적인 이슈로 대두되고 있는 상황 하에서 일본이 대재난에 대해 어떻게 대처하였으며, 이를 통해 어떠한 교훈을 얻을 수 있는

---

1) 竹中平藏·船橋洋一編, 『日本大災害の教訓: 複合危機とリスク管理』, 東洋経済新報社, 김영근 옮김(2012), 『일본대지진의 교훈』, 도서출판 문, 2011년.

가?"라는 문제의식에서 출발해 그 해답을 제시하려는 의도에서 집필된 책입니다.

'일본은 안전하다'는 일종의 신화가 일본사회에 뿌리 깊게 존재해 있었습니다. 즉 지진이 빈번함에도 불구하고 건물의 내진설계가 잘 되어 있을 뿐 아니라 쓰나미 대책도 잘 갖춰져 있어서 걱정이 없다는 것입니다. 한국에서 신행주대교와 성수대교(1994), 삼풍백화점(1995) 붕괴사고가 잇달아 발생했을 때 한국의 안전 불감증을 비웃었던 일본이었던 만큼, 2011년 3월 11일에 발생한 동일본대진재의 충격은 실로 컸을 것입니다. 일본의 안전신화는 하루아침에 무너져 내렸습니다. 일본 국민들은 자국 정부의 발표를 신뢰하지 못하게 되었으며, 일본의 위기관리 시스템이 제대로 작동하고 있는가에 대한 의문이 강력하게 제기되었습니다.

이 책에서 저자들은 3.11 동일본대진재를 일본 사회의 복합위기로 규정하고 있습니다. 그리고 그 실체가 무엇이고 어떻게 전개되어 왔으며, 이 복합위기에 대해 일본 정부와 관료, 민간부문이 어떻게 대응했는가를 정리하고 있습니다. 일본 재무성이 발표(2012년 1월 25일)한 자료에 따르면, 2011년 일본의 무역수지는 오일쇼크 직후인 1980년(2조6000억 엔) 이후 31년 만에 적자(2조 4927억 엔, 약 36조 원)를 기록했습니다. 무역적자를 초래한 주원인은 3.11 동일본대진재였습니다. 일본의 대표적인 저널리스트인 후나바시 요이치(船橋洋一) 게이오대학 교수(일본재건이니셔티브 재건 이사장)는 '거버넌스 위기의 해부'라는 글을 통해 동일본대진재를 계기로 "안전하고 안심할 수 있는 나라"라는 일본의 국가브랜드가 상실되었다고 지적합니다. 특히, 위기 발생 이후 총리를 비롯한 일본 정부 지도부와 정치권의 리더십 부재를 강력하게 비판하면서 이를 일본적 거버넌스의 위기로 규정하고 있습니다. 일본인의 국민성, 정치풍토, 행정시스템, 위기관리 체제, 경영시스템, 정치와 관료 관계, 미일관계 등 일본의 국가 시스템을 뒷받침하는 분야 전반에 걸친 패러다임 변화의 필요성을 강조하고 있는 점은 주목할 만합니다.

이외에도 국토와 방재, 부흥과 재생, 재해대응력과 국제경쟁력, 기업경영, 원전사고, 전력공급체제, 소비행동, 정보통신 등의 분야에서 일본이 직면한 다양한 문제에 대한 궁금증을 풀어주고 있는 이 책은 일본의 '복합적 연쇄 위기'를 종합적으로 이해하는 데 중요한 역할을 하고 있습니다.

『제언 동일본대지진』 지속 가능한 부흥을 위하여 안전 처방전을 마련하자

'3.11 동일본대지진'은 2011년 3월 11일 오후 2시 46분 일본열도 동북부 미야기 현의 먼 바다에서 발생했습니다. 매그니튜드 9.0의 대지진과 거대 쓰나미로 약 2만 명의 고귀한 생명이 죽거나 실종되고, 건물의 파괴와 인프라 붕괴 등으로 피해액은 20조 엔을 상회하고 있습니다. 지진과 쓰나미 피해에 그치지 않고 후쿠시마 제1원자력발전소의 제1·2·3호기가 전원(電源)상실에 의해 핵연료가 녹아내려 원자로가 파괴되었고, 그 결과 원자물질이 바다와 공기 중으로 배출되는 방사능 오염 피해도 발생하였습니다.

2011년 3월 하순에 대지진에 대한 제언을 모집하고, 이를 토대로 출판을 위한 기획회의가 4월 중순에 열렸으며, 6월 말에 출간된 책이 『제언 3.11 동일본대지진』[2]이었습니다. 이것은 일본이 미증유의 대재난에 대해 얼마나 준비된 조직이며, 또한 발빠르게 대응책을 내놓을 수 있는 재해연구 선진국인지 그 면모를 여실히 보여줍니다.

이 책에서는 재해를 계기로 백일하에 드러난 미증유의 문제적 상황, 즉 일본 사회의 기반이 지극히 취약하다는 문제를 풀어나갈 방안을 제시하고 있습니다. 가치관의 근간을 흔들 정도의 충격 가운데서, 일본은 무엇을 해야 할 것인가, 어떻게 대처해야 하는가?"라는 질문에서 출발하여 경제학·도시론·산업론 등 각 분야에서 활약하고 있는 학자 50명의 제언을 모은 것입니다. 말하자면, 3.11 이후(災後) 일본의 지속 가능한 경제사회 구축을 위한 처방전이 제시된 것입니다.

"3.11 대재난 이후 일본은 어떠한 변화를 맞고 있는가? 또한 어떠한 사회를 지향하는가?"라는 의문에 알기 쉽게 답하고 있습니다. 실제 이 책이 말하는 다수의 제언은 일본의 정책결정 과정에서 검토되어 정책 입안에 활용되었습니다. 일본이 대지진 피해를 복구하고 일본재생 혹은 일본재건을 지향하는 중요한 전환기적 기로에서 50인이 공통으로 제시하는 키워드는 바

---

2) 伊藤滋·奥野正寛·大西隆·花崎正晴編, 『東日本大震災 復興への提言—持続可能な経済社会の構築』, 김영근 외 옮김, 『제언 3.11 동일본대지진』, 고려대학교 출판부, 2013.

로 '사회적 공동자본으로서의 커뮤니티'입니다. 다양한 제언 중에서도 공통으로 제시되고 있는 관점이나 견해를 집약하면 다음의 아홉 항목으로 정리해 볼 수 있습니다. ① 지역사회 중심의 부흥정책 수립, ② 지역 간 연대방안 모색과 협력 거버넌스의 구축, ③ 부흥을 위한 사회변혁(Soft Change), ④ 부흥과정에 민간 부문 활력과 시장 메커니즘의 활용, ⑤ 전력부족 대책 마련, ⑥ 다양한 채널의 미시금융(micro-financing) 방안 마련, ⑦ 부흥을 위한 정보와 통계 정비, ⑧ 산업혁신, 현장력, 기업가 능력 배양, ⑨ 재난 리스크 관리 능력의 배양 등입니다.

이 책은 일본의 선진화된 재해 연구 즉, 다양한 각도에서 진행(축적)되어 온 일본의 재해·재난·진재 연구(결과물)를 제공하고 있으므로 한국의 전문가들은 물론 일반 시민들이 대재난을 이해하고 대응하는 데에도 크게 도움이 될 것으로 생각됩니다. 특히 "인문·사회과학적 연구 성과의 중개역할을 수행하는 정보 제공"이라는 관점에서도 의미 있는 작업이라 할 수 있겠습니다.

한국의 재해문화와 안전교육에 있어서의 대학의 역할은 무엇인가?

일본의 교훈과 제언을 바탕으로, 한국의 재해문화와 안전교육에 관한 공감대를 형성해 갈 필요가 있습니다. 우선 한국의 안전피라미드 구축을 위하여 일본의 교훈을 비교하여 제시하고, 다음으로 한국의 재해문화와 안전교육에 관한 대학의 역할에 관해서 논의해 보겠습니다.

한국적 안전피라미드 구축하자

최근 20여 년간 한국에서는 '인적 재난(人災)'이 반복적으로 일어났습니다. 취약하기 짝이 없는 '재난 자본주의' 시스템을 그대로 답습해 온 것이 재난의 가장 큰 원인이라 할 수 있을 것입니다.

주지하다시피 한국의 재난안전사고는 부실한 관리와 안전불감증에 기인한 인적 재난(人災)이 두드러집니다. 불가항력의 천재지변이라 할지라도 인명사고로 이어질 불안전 요소를 사전에 제거한다면 피해를 최소화할 수 있습니다. 그러나 사소한 것이라고 방치하여, 결국 귀중한 생명을 잃고 나서야 때늦은 반성을 하는 일이 우리 사회에서는 일상적으로 반복되어 왔습니다.

개인의 생명을 그리고 사회를 안전사고로부터 지켜내기 위해서는 '안전의 생활화'를 반드시 실현해야 합니다. 우리 주변에는

〈표 1〉 한국의 인적 재난(人災) 사례

재 난 명	일시 및 피해	사고원인	재정부담(억 원)
서해페리호 침몰	1993. 10. 10 사망 292, 부상 70명	-기상특보 무시 -초과 승선	국비 121
성수대교 붕괴	1994. 10. 21 사망 32, 부상 17명	-부실공사 -정경유착(부정부패)	
삼풍백화점 붕괴	1995. 6. 29 사망 502, 부상 938명	-구조계산오류 -감리·시공부실 -무모한 설계변경	국비 500 시비 1,774
대구지하철 화재	2003. 2. 18 사망 197, 부상 148명	-방화	국비 1,605 시비 558

평소 인지하지 못하지만 시간이 경과될수록 관리를 잘해야 하는 위험물들이 매우 많습니다. 교통기관(선박, 자동차, 기차 등 운송 수단 자체를 포함)의 운영시스템, 전기줄(電線), 가스배관, 수도 배관, 옥외광고물 등이 대표적인 것들입니다. 전선을 예로 든다면 우리나라의 전기공급선로에는 땅에 매설된 지중선로와 전주를 이용한 가공선로가 있습니다. 우리가 흔히 보는 전주에 매달린 전깃줄은 특고압전선인데 절연전선이지만 피복에 쓰인 PVC가 20년 정도 외부에 노출되면 표면에 높은 전압이 유도되어 근처에만 가도 인명에 치명적인 해를 입히는 무시무시한 살인 도구가 되어 버린다고 합니다. 그러나 실제 주변 전선을 보면 그런 위험을 고지하는 표지판은 보기 어렵습니다. 언제 어떻게 사고가 날지 모르는데도 말입니다. 그렇다고 엄청난 비용을 투자해서 노후화된 전선을 다 교체하라는 것이 아닙니다. 적어도 국민들 스스로가 위험에 대처할 수 있도록 모든 전선에 (경고) 표지판을 설치함으로써 방재 혹은 감재를 위한 조치가 취해져야 한다는 것입니다.

우리 사회는 2년 전 4.16 세월호 재해를 경험했습니다. 모두가 잊지 않겠다고 바꾸겠다고 외치고 다짐했지만, 제대로 된 대응책을 마련한 위기관리 선진국이 되었다고 자신할 수는 없는 노릇입니다. 우리는 사회의 안전피라미드 구조를 제대로 이해하고 있는 것일까요? 안전피라미드의 넓은 최하층에는 물, 불, 전기, 공기 등의 기저문화를 다루는 정부와 공공기관이 자리하고, 그 위에 기업, 대학과 연구소, 법과 언론이, 그리고 최상층에는 국민들의 안전 생활화가 순서대로 배치되어야 합니다. 그리고 각 층들이 서로 유기적으로 작동해야만 안전피라미드는 비로소 제대로 기능을 발휘합니다.

그런데 이런 구조를 무시한 채 4.16 세월호 재해를 공직사회의 무능과 안전시스템의 부재만으로 한정적 혹은 자의적으로 해석하고 해결하려는 성급함 또한 없지 않았다고 생각됩니다. 어쩌면 행동으로 옮길 수 없는 공염불만 외쳐댄 셈일지도 모릅니다. 사회 전반에 만연한 안전불감증을 극복하고 내재하는 리스크 요인을 관리하는 데 주안을 두어야 할 것입니다.

제2의 세월호 재해를 예방하기 위해 지금 우리가 시급히 해결해야 할 과제는 실천이 뒷받침되는 유기적인 안전피라미드 구조를 완성하는 것입니다. 그 일환으로 사회 전반에 대한 안전재난관리 시스템을 연구하고 전문가를 양성함으로써, 정부와 기업, 법과 언론, 나아가 모든 국민들이 일사분란하게 재난안전에 대응할 수 있는 안전체계를 학문적으로 확립하는 것은 중요합니다. 이러한 노력은 정부와 공공기관이 작은 일부터 실천함으로써 모범이 되어야만 실효를 기대할 수 있습니다.

따라서 전선에 설치되는 표지판 하나가 갖는 의미는 안전피라미드 구조 완성에 있어 디딤돌 역할을 할 수 있습니다. 국민 모두가 자신이 속한 분야에서 묵은 안전불감증 요소들을 찾아내 해결해내야 합니다. 작은 변화들이 사회 곳곳에서 점차 자리를 잡아갈 때, 변화는 일상의 삶으로 이어질 수 있습니다.

최근에는 중동호흡기증후군(MERS) 의료재해를 혹독하게 경험하기도 했습니다. 연속되는 재해에 고통을 겪어온 한국인들은 누구나 안전한 국가를 염원할 것입니다. 우리 사회의 목표가 모두가 살기 좋은 안전한 국가의 건설에 있다는 것은 두말할 필요가 없을 것입니다. 국민 모두가 안전하게 살 수 있는 사회를 위한 밑그림을 그려나가기 시작해야 합니다. 안전피라미드 구축을 위해 모두가 새로운 마음으로 출발해야 할 것입니다.

일본의 교훈과 재해에 관한 대학 교육의 중요성을 상기하자

사회 안전문화를 구축하고 나아가 이것을 교육과 연계시키기 위한 체계적인 노력과 제도적 뒷받침이 긴요합니다. 그렇다면 일본 3.11 후쿠시마의 재해현장에서 얻은 안전문화와 관련된 교훈은 무엇일까요?

첫째, 3.11 동일본대지진의 복구·부흥·재생 과정에서 보여준 일본 재해문화의 교훈은 직업윤리 등의 심리교육적 측면이 필요하다는 점입니다. 둘째, 재해가 문화에 영향을 미친다는 점에 착안한다면, '재해문화' 혹은 '재해와 문화'라는 아젠다(agenda)는 '재해인류학', '재해예방사회학', '재해경제학', '재해인지심리학', '재해사상학', '재해역사학', '의료재해학', '예방재해의학' 등 다양한 학문영역(discipline)과 연계하여 논의되고 재해부흥 과정에 도입되어야 합니다. 셋째, 국가 혹은 기업, 지역커뮤니티 등 다양한 행위자들의 사회적 책임(CSR)이야말로 안전문화의 창출 및 실천을 위해서는 매우 중요한 요소입니다.

한편, 재해복구·부흥·재생 과정에서 재해(재난)학의 유형과 재해 거버넌스의 변화요인은 다양합니다. 예를 들어, 재해로부터의 복구·부흥·재생 과정에서 일본의 재해문화는 도시부흥,

사회부흥, 산업부흥, 가족부흥이라는 융복합적 재해복구와 밀접하게 관련되어 있습니다. 또한 재해의 공간(피난소, 가설주택 등) 및 재해 관련 행위자(지방자치체, 시민·기업, 국가 등), 재해 이후의 물적·심리적 지원 체제와 연계되어 재해문화는 변화하기도 합니다.

'4.16 세월호 재해' 이후 여러 사회갈등 요인들을 살펴보면 (〈그림 1〉 참조), 정부의 미숙한 대응은 물론이거니와 갈등상황을 부각시킨 정치권·언론의 역할도 개선되어야 할 것입니다. 특히, 위험사회에 내던져질 사회에서 안전생태계를 설계하고 가꾸어 나가야 할 인재를 육성할 책임이 있는 대학은 한국의 안전을 위해 더욱더 깊이 있는 고민을 해야 할 것입니다.

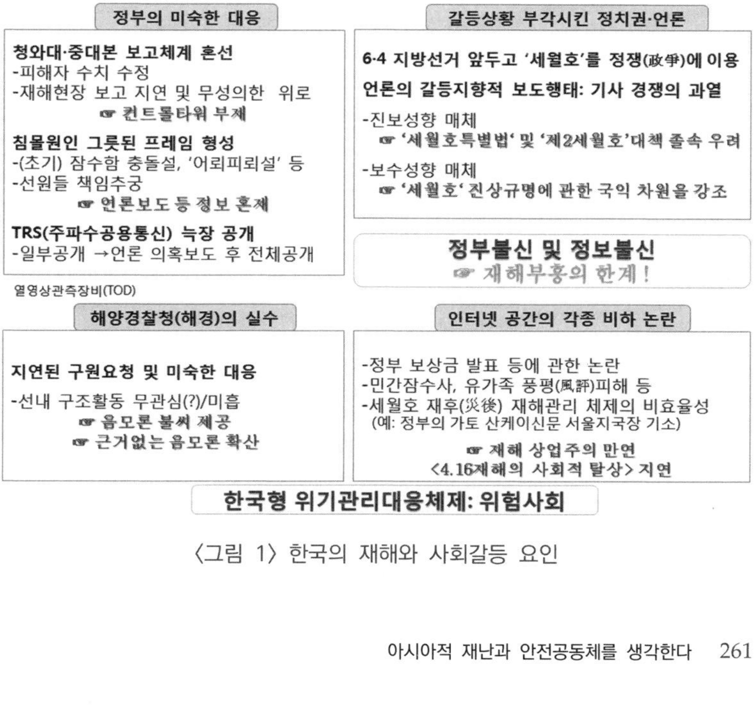

정부의 미숙한 대응

청와대·중대본 보고체계 혼선
-피해자 수치 수정
-재해현장 보고 지연 및 무성의한 위로
  ☞ **컨트롤타워 부재**

침몰원인 그릇된 프레임 형성
-(초기) 잠수함 충돌설, '어뢰피뢰설' 등
-선원들 책임추궁
  ☞ **언론보도 등 정보 혼제**

TRS(주파수공용통신) 늑장 공개
-일부공개 →언론 의혹보도 후 전체공개

열영상관측장비(TOD)

해양경찰청(해경)의 실수

지연된 구원요청 및 미숙한 대응
-선내 구조활동 무관심(?)/미흡
  ☞ **음모론 불써 제공**
   ☞ **근거없는 음모론 확산**

갈등상황 부각시킨 정치권·언론

6·4 지방선거 앞두고 '세월호'를 정쟁(政爭)에 이용
언론의 갈등지향적 보도행태: 기사 경쟁의 과열
-진보성향 매체
  ☞ **'세월호특별법' 및 '제2세월호'대책 졸속 우려**
-보수성향 매체
  ☞ **'세월호'진상규명에 관한 국익 차원을 강조**

정부불신 및 정보불신
  ☞ 재해부흥의 한계!

인터넷 공간의 각종 비하 논란

-정부 보상금 발표 등에 관한 논란
-민간잠수사, 유가족 풍평(風評)피해 등
-세월호 재후(災後) 재해관리 체제의 비효율성
  (예: 정부의 가토 산케이신문 서울지국장 기소)
  ☞ 재해 상업주의 만연
  〈4.16재해의 사회적 탈상〉지연

한국형 위기관리대응체제: 위험사회

〈그림 1〉 한국의 재해와 사회갈등 요인

그렇다면 3.11 동일본대지진(2011) 이후, 일본은 후쿠시마의 교훈을 교육현장에서 어떻게 활용하고 있는 것일까요? 최근 일본에서는 효고 현립대학의 방재대학원 개설(2017년 4월), 일본대학과 치바과학대학의 위기관리학부 설립(2016년 4월) 사례에서 보듯이, 재해 및 안전에 관련된 교육과정이 인기를 얻고 있습니다. 물론 이는 일본이 재해연구 선진국으로서 지금까지 축적해 온 현장경험과 '부흥(復興) 이론'이 낳은 결실이라 할 수 있습니다.

세월호 재해를 계기로 포스트 '5.31 교육개혁'에 관한 관심이 높아지고 있는 가운데, 한국도 새로운 '4.16 교육체제' 구축을 서둘러야 합니다. '4.16 교육체제'가 절실합니다. 안전 의무교육을 확대하고 안전사회 구현을 위한 교육의 역할을 본격적으로 제고(提高)해야 할 시점입니다. 그래야만 재해와 재해 사이에 살아가는 재간(災間) 시스템에서 살아남기가 보장될 수 있다고 생각합니다.

아시아적 안전공동체 구축을 위해서

3.11 이후 아시아의 과제로 대두된 '안전공동체의 구축'이라는 문제의식은 매우 중요하다고 생각됩니다. 다행히도 글로벌 위험 사회에 대한 문제의식에서, 동아시아를 아우르는 재난과 안전에 관한 공동 대처가 논의되고 있습니다. "일본의 진재학과 재해 거버넌스를 제대로 이해하고 한국형 재난학 혹은 재해학 구축을 위해 무엇을 할 것인가"라는 질문에서 도출된 다양한

과제는 새로운 평화공동체를 꿈꾸는 아시아의 청춘들, 바로 여러분들의 몫이라고 결론짓고 싶습니다. 우선 일본의 재해복구 거버넌스 및 일본의 변용을 정리해 보겠습니다. 둘째, 결론을 대신하여 한일 양국을 넘어 아시아적 관점에서 국제협력의 모색 등 한국형 재난학 구축을 위한 네 가지 제언으로 글을 맺고자 합니다.

'일본의 재해복구 거버넌스'에서 한국형 부흥을 꿈꾼다

3.11 이후 일본의 복구 및 부흥, 재생에 관한 한국에서의 논의는 일본 국내의 피해상황과 복구상황, 부흥정책의 소개와 대재난에 대한 일본의 대처과정 분석 등에 그치고 있는 것이 현실입니다. 그러나 실제 일본이 직면한 거대복합위기관리, 재해복구 및 부흥은 자연과학·사회과학·인문과학 등 다양한 각도에서 축적된 재해 전문지식을 바탕으로 NGO, NPO 중심의 민간부문의 담당 역할이 증대되는 가운데 진행되고 있습니다. 이는 정부주도의 재해 정책 혹은 거버넌스와 현장의 재해부흥을 위한 수요가 서로 교차하고 있는 현상이기도 합니다.

우선 사회과학적 관점에서 3.11 동일본대지진을 지진과 쓰나미, 그리고 원전문제가 종적·횡적으로 발생한 복합재해로 규정하고 그 재해의 특징과 연동되는 광역지진에 대비한 다양한 제도 및 정비 마련에 힘쓰고 있습니다. 아울러 복합재해는 결국 방재보다는 감재(減災), 자연과학적 대응보다는 사회과학적 대응의 필요성이 강조되고 있습니다. 더 나아가 재난 이후의 부흥과 재생을 위한 구체적인 모델의 제시를 통해 재난 그 자체를 넘는 교훈과 부흥을 위한 메시지를 던지고 있습니다.

또한 인문과학의 관점에서 진재(震災)와 안전에 관해서도 일본인의 재해관, 일본의 재해와 안전문화라는 새로운 시각을 바탕으로 3.11을 검증하고 제언하고 있는 점은 주목할 만합니다. 특히 3.11 동일본대지진의 경험을 교훈으로 삼아 전문적 지식과 지혜가 충분히 활용되도록 안전을 둘러싼 사상을 재검토하고 탈경계·융복합적 연구 축적을 위한 노력을 촉구하고 있는 점은 귀담아 들어야 할 것입니다.

이외에도 자연과학적 관점에서 쓰나미의 메커니즘과 특성, 후쿠시마 제1원자력발전소 사고와 그 영향에 관해 분석하고 대응마련을 위해 노력하고 있습니다. 사회과학적 관점에서 라이프라인의 피해와 복구 문제, 주택재건과 지역부흥, 재해를 입은 사람의 심리적 영향과 스트레스 치료, 재해시의 이재민에 대한 건강지원활동, 일본의 소방행정, 기업의 위기관리 등 3.11 이후 일본이 직면한 다양한 문제에 대해 적극적으로 대응하고 있습니다. 3.11 이후 일본의 부흥정책을 추진한 주요 정책결정자의 주체 및 역할이 민간 부문으로 바뀌고 있다는 점은 부정할 수 없으며, 재해선진국으로서 일본의 연구축적이나 재해복구활동은 매우 미시적인 것으로, 피재지역 주민 밀착형이라 평가할 수 있습니다.

그러나 현장의 목소리를 접해 보면 일본의 재해부흥을 위한 과정에서 재해피해지역의 목소리와 재해부흥 관련 정책결정자 및 연구자들의 인식의 차는 엄청난 듯합니다. 피상적인 재해복구에 머무르지 않고 재해현장이 필요로 하는 제도적 지원 등이 조속히 정비되어야 할 필요가 있을 것으로 보입니다.

일본의 재난대응시스템이 잘 되어 있긴 하지만 2011년 3.11 동일본대지진이라는 큰 재해 이후, 불과 5년 만에 다시 구마모토 지진(2016년 4월)을 겪은 어려운 상태입니다. 더불어 큐슈지역이 비교적 지진발생 확률이 적었던 지역이라는 의외성이 불안을 더 가중시키고 있습니다. 당시 아베 정부의 발 빠른 대처능력이 주목을 받았습니다. 4월 14일 1차 구마모토 지진 발생 이후, 26분 만에 언론 인터뷰를 진행하며 국민 안심시키기에 나섰고, 이후 위기관리센터로 이동하여 피해 상황 파악에 전력하고 재난대응 전면에 직접 나서 발 빠르게 행동한 것입니다. 초기대응에 긍정적인 평가를 이끌어 낸 아베 총리가 재해 이후 마무리까지 현재의 평가와 지지를 이끌고 갈 수 있다면 앞으로 남은 임기 동안 더 단단한 지지와 탄력이 될 수도 있을 것이라고 예측할 수 있습니다. 재해가 정치와도 얼마나 민감하게 결착되어있는가를 잘 보여주는 예입니다.

아시아적 안전공동체 구축을 위한 한국의 과제와 역할에 집중할 시기이다

동일본대지진 발생 이후 사회안전망이 필수불가결하다는 사회적 합의가 자연스럽게 형성되었습니다. 그리고 일국의 문제를 넘어 '글로벌 시각에서 재난을 통한 안전공동체 모색'이 요구되고 있습니다. '재난과 안전'이란 아젠다가 국경을 넘은 아시아 공동체 나아가 전 지구적 인류 공동체적 관점에서 논의되어야 할 것입니다.

• 한국형 진재학 구축을 위한 제언

한국의 재해연구는 다양한 과제를 안고 있습니다. 예를 들어, 일본의 재해에 대한 안전대비책과 재해 거버넌스 혹은 위기관리 문화의 수용과 한국형 진재학 구축을 위한 인문, 사회학적 방안 모색은 중요합니다. 아카데미즘을 넘어선 재해로부터의 '부흥의 청사진' 혹은 다양한 선험적 제언을 한국형으로 활용하고 대재해를 전후로 하여 사례별로 대응(경제) 정책을 모색하는 것은 중요한 과제라 할 수 있겠습니다. 인문·사회학적 한국형 진재학 구축을 위한 제언은 다음 네 가지로 요약될 수 있습니다.

첫째, 한국의 재난학(재해학) 연구현황 및 과제에 관한 이해가 선행되어야 합니다. 일본의 재해연구(진재학)는 세계 어느 나라도 경험하지 못한 대진재와, 복구 및 부흥이 언제 끝날지 알 수 없는 현재진행형의 위기 극복 과정(프로세스 및 메커니즘)을 통해 축적된 결과물입니다. 이를 '재난과 안전에 관한 학제적 융복합적 대응체제를 구축하려는 한국으로서는 재해연구 선진국인 일본의 사례(경험)를 지속적으로 참고해나갈 필요가 있습니다. 특히, 재해 아젠다가 정치·경제·사회·문화·문학·언어·의료·공학·복지·재정·환경·민관관계·예술 등으로 다변화되고, 자연적 재해, 사회적 재해 및 인문적 재해를 아우르는 융복합형 재해부흥으로 연구관심과 정책대응이 변화하고 있다는 점을 감안해야 할 것입니다. 특히 이러한 상황 하에서 번역출판을 통해 소개되고 논의·축적된 재해에 관한 일본의 부흥 노력(검증-교훈-제언)들을 한국형으로 소화해내려는 창조적 재해부흥을 위한 기반이 마련되어야 할 것입니다. 무엇보다 일본의 재해연구에 관한 선행연구 고찰 및 정보의 축적 등 재난학, 재해학 구축을 위한 다양한 노력이야말로 한국형 사회안전학 연구를 위한 중요한 계기가 될 것입니다.

둘째, 한국형 진재학 구축을 위한 제도 등 구체적 이론구축 및 실천방안이 새롭게 모색되어야 합니다. 특히 일본의 선진적인 진재학을 창조적이며 건설적으로 수용하여 한국형 재해 거버넌스를 구축하는 것이 중요합니다. 예를 들면, 재후(災後)와 재전(災前)의 경제정책 혹은 재해 거버넌스에 있어서 차별화 및 특성화가 필요할 것으로 보입니다. 단적인 예로 진재 후의 부흥경제와 재해를 대비하는 경제정책의 차이점을 상정하는 것은 중요합니다. 재후의 회복경제에 비해 재전의 성장경제가 추구하는 데에는 서로 다른 정책 및 거버넌스가 필수불가결할 것입니다.

셋째, 재해 거버넌스의 국제협력을 모색하고 네트워크를 구축하여야 합니다. 한 국가를 넘어서 동아시아, 나아가 글로벌 차원에서 후쿠시마 원전사고의 체계적 이해가 선행되었을 때 비로소 보다 더 효율적인 한국의 원자력발전소 운영 및 원전사고 대비책도 제시될 수 있습니다. 예를 들어, 사회과학자와 원자력공학자가 공통된 시점에서 후쿠시마 원전사고 혹은 한국 내 원전사고를 점검하고 앞으로의 효율적 (원전) 재해 거버넌스 구축을 위한 한일 간 국제협력을 해나갈 경우, 이는 좋은 네트워크 구축 사례가 될 것으로 생각됩니다.

넷째, 3.11 동일본대지진을 계기로 한일 간의 공동위기관리체제 정비 및 재해전문가 양성 등 실천적 국제협력의 모색이 절실합니다. 2011년 3월 11일 동일본대지진에 따른 쓰나미와 후쿠시마원전의 방사능 문제는 '인류애'적 연대라는 의미에서 국제협력을 다시 모색하게 했고, 자연스럽게 동아시아 국가들의 유대감을 형성하는 계기로 작용했습니다. 향후 한국사회에 발생할지도 모르는 재난에 대비한 대응 논리와 극복 논리를 '인문사회과학적·제도적·정책적'으로 수립하기 위해 한국과 일본이 '동아시아 공동체적 입장'에서 '실체적 대안'을 공동으로 연구하고 국제협력을 모색하는 계기가 되고 있습니다. 한일 국제협력의 방안으로써, 예를 들어 초국가적 재해와 안전문제에 관한 글로벌 대응체제로서, 인재(人災)를 관리할 수 있는 인재(人才)가 필요합니다. 3.11 대지진 이후 일본으로부터 얻은 교훈 중 급선무인 것은 한국 또한 원전사고 발생을 상정하여 복합연쇄위기를 관리할 전문가 양성 혹은 공동 위기관리체제를 정비하는 일이라 할 수 있습니다.

• 글로벌 시각에서 재난을 통한 안전공동체 모색

글로벌 시각에서 재난을 통한 안전공동체를 모색하기 위해서는 다음 네 가지 요인이 중요합니다. 첫째, 탈지정학적 스탠스, 즉 '트랜스내셔널리즘(trans-nationalism)'이 고양되어야 합니다. '안전혁명'을 위한 새로운 행위자의 역할이 중요하다는 점입니다. 둘째, 국가를 넘어선 국제공조의 확산이 당연시되는 트랜스

내셔널 협력이 외교의 일환으로 자리매김 되어야 합니다. 재해부흥 프로세스에서 자조(自助)−공조(公助)−공조(共助) 이외에 국가 간 대외협력, 즉 외조(外助)도 중요한 요소로 대두되고 있습니다. 셋째, 재해 거버넌스의 국제적 파급과정에 주목하고, 국가별 상황에 적합한 창조적 수용 및 실천이 중요합니다. 넷째, 재해부흥 프로세스에 있어서의 '현장력(現場力)'의 중요성은 아무리 강조해도 지나치지 않습니다. 물론 재후 부흥의 '현장력', 즉 경험은 결과적으로 사전(事前)부흥, 즉 방재 혹은 감재를 위한 거버넌스에 크게 공헌할 것으로 기대됩니다.

결론적으로 '재난과 안전'이란 아젠다가 국경을 넘어 아시아 지역공동체 나아가 글로벌 차원에서 인류 공동체적 관점에서 논의되어야 합니다. '국제안전협력 네트워크' 구축을 위한 여러분의 역할을 기대합니다.

재해부흥에 있어서의 사회문화·정치경제적 구조의 변화: 제도의 선택			
일본 대재해의 검증·교훈·제언 분석을 통한 동아시아에서의 〈재해 거버넌스 협력〉 및 〈한국형 진재학〉 구축			
⇧	⇧	⇧	⇧
선진적 재해연구 도입 및 응용	재해정책체제의 경제학적 분석	동아시아의 재해에 관한 융합적 협력	재해 관련 글로벌 네트워크 강화
〈재해부흥 거버넌스와 정책변용의 프로세스 및 메커니즘〉 ⇔ 역(逆)이미지 이론			
일본의 선험적 재해연구 분석 → 동아시아 위기/재난 진단과 거버넌스 분석 → 한국형 재해연구 방법론/진재학 구축과 발신			

〈그림 2〉 재난학 연구 체계 및 분석결과의 활용 프로세스

Social Business for Asian Women

이지혜

Profile

이화여자대학교 대학원에서 철학을 공부하고, 서울시 대안교육센터와 하자센터에서 일하다 사회혁신기업 오요리아시아를 창업했다. 아시아 이주 여성들의 교육 및 일자리 창출에 주력하고 있다. 현재 오요리아시아 대표이사로서 북촌에서 떼레노 레스토랑을 운영하고 있고 네팔과 태국에서도 카페를 열어, 현지 빈곤여성들의 직업훈련과 자립에 힘쓰고 있다. 이화여자경영연구소 CEO 겸임교수로도 활동하고 있다.

Social Business for Asian Women

사회적 기업 오요리아시아를 시작하게 된 이유

(주)오요리아시아는 한국에서는 아시아 각국에서 결혼으로 이주 온 여성들과 네팔과 태국에서는 아시아 빈곤여성들과 함께 외식업을 하면서 이분들의 경제적 자립을 돕는 사회적 기업을 운영하고 있습니다. 저는 2008년에 '오가니제이션 요리'라는 사회적 기업을 창업하였고, '오요리아시아'는 2012년에 두 번째로 제가 창업한 사회적 기업입니다. 많은 분들이 한국에서 사회적 기업을 하다가 '왜 아시아로 사업을 전환하게 되었나'를 궁금해 합니다.

제가 결혼이주여성들과 함께 한국에서 일한 지 10년이 되어 갑니다. 처음에는 일자리가 필요한 이주여성들과 만나고 일하는 정도였는데, 제가 이주여성들을 만나면서 느낀 건 이분들의 삶이 몇 년이 지나도 그렇게 나아지지 않았다는 것입니다. 사회적 기업을 운영한 지 4~5년이 되었을 때, 이혼을 하는 결혼이주여성들은 늘어나고, 성적으로 언어적으로 가정에서 폭력적으로 자신들을 대하는 남편에 대한 험담도 줄어들지 않았습니다. 자신의 나라에 돈을 보내기 위해 열심히 일하고 싶으나 일자리 상황은 나아지지 않았습니다. 전국에 많은 다문화지원센터 등 많은 직업체험들이 있는데 이분들의 삶은 왜 나아지지 않는가가 저에겐 고민이었습니다.

제가 경험한 아시아 각국의 여성 이민자들의 삶을 볼 때, 결혼으로 이주한 여성들에 대한 지원은 우리나라가 많은 편인 것 같습니다. 가까운 일본의 이민자 적응정책은 정부지원보다 민간 차원의 지원들이 더 많습니다. 우리나라처럼 동네 센터에서 아이돌보미, 한글 교육 등 한국 생활 적응을 위한 정책은 상당히 다양하고 좋은데, 이분들은 보다 나은 삶을 사는 것으로 보이지 않았습니다.

그러던 중 제가 사회적 기업을 시작하면서 초기에 생각하지 못했던 부분을 발견하게 되었는데, 바로 "이분들이 왜 우리나라에 오게 되었을까"였습니다. 결국 이분들이 한국 남자들을 사랑해서 결혼으로 한국 이주를 결심하게 된 것도 있지만, 자신이 태어난 나라에서 '경제적인 빈곤 상태를 벗어나기 위해' 결혼으로 이주를 하게 되었다는 것입니다.

한국이라는 나라는 자신의 빈곤한 상태를 벗어나기 위해 합법적인 결혼을 이용해 이주하려는 여성들에게 TV 드라마에 나오는 환상의 나라입니다. 하지만 결혼 후, 한국에 도착하자마자 평균 15살 나이차의 한국 남자와 결혼생활을 시작하며, 시댁식구들을 돌보는 것이 당연하며, 아이는 2~3명은 낳고 살고 있습니다. 즉, 40대의 남자와 20대의 여자가 만나 결혼생활을 하는 것이 다반사이며, 아이가 3~4학년쯤 되면 50대인 한국 남편은 일자리를 쉽게 얻을 수 없는 상황이 되어 버립니다. 제가 함께 일했던 분들 중에는 남편은 실업자가 되고 부인이 최저임금, 4대 보험을 가지고 일을 겨우 하면서 가정의 생활을 유지하는 것을 종종 봤습니다.

저는 옆에서 이분들에게 좋은 일자리를 마련한다고 생각했는데, 결국 구조적인 문제를 보지 못하고 이 일에 뛰어들었다는 생각이 들었습니다. 이분들은 자국의 빈곤 극복을 위해 한국행을 감행했고, 국가는 한국인들의 가족 만들기 정책의 일환으로 이분들의 합법적인 결혼 이주를 장려하는 구조 말입니다. 그 상황을 알아버린 제가 "내가 해야 할 일은 뭔가? 당신들이 네일아트, 커피 배우면 직장이 생기니 좋은 거에요. 아빠는 늙어가지만 국가에서 도와줄 거에요"라는 거짓말은 못하겠더라구요. 경제적으로나 심리적으로 더 행복해지기 위해 한국이라는 나라로 이주한 건데, 이분들의 삶은 점점 더 불행해지는 거죠. 그래서 더 이상 이분들이 한국이라는 나라에 오면 안 되겠다라는 결론을 내렸습니다. 여성의 경우, 빈곤상태를 벗어나기 위해 하는 행동들이 극단적으로 가면 인신매매나 성매매를 통해서 빈곤상태를 해결하게 됩니다.

저는 외식업 사업을 하고 있기 때문에 외식업으로 아시아에서 사회적 기업을 하면서 이분들이 빈곤이라는 문제 때문에 자신의 나라를 벗어나지 않도록 하는 것이 좋겠다고 생각을 했습니다. 자국을 벗어나더라도 자기가 돈을 벌 만큼의 어떤 욕구와 능력을 갖게 하면 좋겠다 해서 제가 2013년부터는 네팔과 태국에 아시아 지사를 만들어서 사업을 하고 있습니다.

오요리아시아 사업 소개

오요리아시아는 한국과 네팔, 태국에 외식업장을 운영하고 있습니다. 외식업장은 2009~2014년 아시아 퓨전 레스토랑 '홍대 오요리'를 운영했고, 2014년부터는 스페인 레스토랑 '북촌 떼레노'를 운영하고 있습니다. 2015년부터는 '서울여성플라자'라는 공공기관의 시설을 위탁운영하고 있습니다. 서울여성플라자는 대형 급식, 웨딩, 연회, 연수시설까지 운영하는 대형 컨벤션센터라고 보시면 됩니다. 해외 사업은 네팔과 태국에서 진행하고 있고, 한국에서는 외식업장을 기반으로 청소년, 결혼이주여성의 인턴십과 직업체험을 운영하고 있습니다. 즉, 간단하게 보면 아시아에서 외식업을 기반으로 취약 여성들에게 직업훈련을 하고 고용하는 것이 회사 운영 모델이라고 볼 수 있습니다.

저희 회사가 해외사업을 하다 보니 여러분처럼 청년 중에서 아시아로 진출하고 싶은 소셜벤처나 인턴들이 많이 문의를 하기도 합니다. 이분들은 대부분 2개 국어씩 하고, 한국 상주 직원들도 그렇습니다. 저희 셰프도 4개 국어, 네팔 파견자도 일본어,

중국어, 영어, 한국어 4개 국어를 합니다.

북촌 떼레노는 2014년 11월에 오픈한 파인 다이닝 하는 스페인 레스토랑입니다. 1인당 평균 단가 5만 원이 넘는 파인다이닝 코스요리를 하는 곳입니다. 2015년에는 한국 미식가들이 선정한 KOREAT의 대한민국 TOP 50(한식, 양식, 일식, 중식 포함)에 들었습니다. 북촌 떼레노의 셰프는 외국에서 15년 정도 셰프 생활을 해 온 분입니다. 그래서 결국 자신도 '이주 노동자'였다면서, 결혼이주여성의 자립을 돕는 홍대 오요리 레스토랑의 주방 교육을 돕다가 저희 회사에서 함께 일하게 됐습니다. 이주민의 이슈나 근무조건, 이분들의 학습에 관심이 많아서 오요리아시아에서 3년째 같이 일을 하고 있습니다.

서울여성플라자는 대기업인 삼성에버랜드가 5년 동안 운영하던 곳을 2015년부터 입찰 받아 운영하고 있습니다. 직원은 현재 35명이고, 2015년 매출은 28억원이었습니다.

홍대 오요리 레스토랑에서 함께 일한 '보티녹년' 씨 이야기

보티녹년 씨는 베트남에서 왔고 저와 함께 일한 지 4년차 된 올해 2016년 4월에 퇴사했습니다. 이분도 현재 창업을 준비하고 계십니다. 싱글맘이고 4년 동안 홍대 오요리, 떼레노 파인다이닝 레스토랑까지 거쳐서 '이제 나는 더 배울게 없다'라며 자신감 있게 퇴사하셨습니다. 결국 우리 회사는 누군가의 자립을 돕는 것이 목적인데, '자꾸 제가 필요하다'고 그러면 안 된다고 생각합니다. 이분이 드디어 퇴사하겠다고 했을 때 얼마나 기뻤는지 모르겠습니다.

홍대 오요리 레스토랑은 2009년도부터 2014년도까지 홍대 상수동 극동방송국 근처에 위치했던 아시안 퓨전 레스토랑입니다. 홍대 오요리는 결혼이주여성들과 일하기 때문에 운영 초기부터, 우리는 취약한 사람들과 일하기 때문에 일 문화를 학습하는 것이 가장 중요한 일 중 하나였습니다. 주방에서 '욕하지 말 것, 차별하지 말 것' 등을 강조했습니다.

보티녹년 씨는 싱글맘이었기 때문에 평일 오전 9시부터 오후 6시까지 근무하고, 휴일에 쉬고 아이가 방학이면 일찍 퇴근하게 했습니다. 외식업은 주말근무가 필수이고, 보통 2~3교대는 기본으로 해야 근무할 수 있는 곳인데, 아이를 혼자 돌봐야 하는 분에게는 사실 적합한 근무지가 아닐 수도 있었습니다. 이런 근무조건을 가진 분들과 일하는 것에 대해 사업초기엔 함께 일하는 한국인 근무자들은 별로 좋아하지 않았습니다.

베트남 출신의 보티녹년 씨,
한식조리사 자격증을 땄고 자립을
준비하고 있다.

제가 사회적 기업을 하면서 살펴본 바에 따르면, 우리 사회가 아직 '다문화' 혹은 다른 문화 친화적인 회사 문화는 많이 없는 것 같습니다. 우리나라는 보수적이어서 다른 나라의 문화를 이해하는 데 열려 있는 일의 구조도 아니고, 다른 문화의 사람들과 소통할 만한 기회가 없습니다. 회사에서 일하면, 일의 목적이 있고 팀으로 일을 해야 하고, 의견교환을 제대로 해야 하고, 문화가 다른 것을 극복해야 합니다. 우리나라는 아직 거기까지 못 간 것 같습니다.

문화가 다른 사람들이 기업으로 들어와도 서양 고학력자들인 경우가 많고, 여기 계신 분들이 공장으로 가서 다른 문화의 사람들과 일할 경우는 거의 없는 것으로 보입니다. 몸으로 일하는 공장에 가면 파키스탄, 네팔 노동자들이 많고 반말과 욕설이 난무하기 때문에 부드럽고 다른 문화에 열려 있는 문화가 없습니다. 홍대 오요리만 하더라도 처음엔 저조차도 어떻게 이분들을 대해야 할지 몰랐습니다. 결국, 이분들과 함께 만들었던 것은 한국사회에서 '일하는 문화 적응' 그 자체였던 것 같습니다.

보티녹년 씨는 저보다 결혼이주여성계 사이에서 유명한 분입니다. 19번 만에 한식 조리사 자격증을 땄고, 일하면서 그 어렵다는 귀화 시험도 합격했습니다. 아이 혼자 키우면서 4년간 한국 사람과 똑같이 일하면서 월급을 받았습니다. 저희 회사에서 오랫동안 함께 일했던 분들은 퇴사할 때 긴 인터뷰를 합니다. 퇴사 전에 인터뷰하면서 "내 인생을 사는 게 매우 중요한 것 같다"라는 이분의 말씀이 가장 기억에 남습니다. 사실은 보티녹년 씨가 우리와 함께 일하면서 '자기를 찾은 것' 같습니다. 일하면서 '나는 누구인가, 나는 아이를 돌보는 엄마이지만 여자다' 이런 식의 얘기를 했을 때 아 이제 내가 이분을 보내도 되겠구나 생각했습니다.

홍대 오요리에서 3년간 일했던 나탈리아라는 러시아 출신 결혼이주여성도 이런 과정을 거쳐서 지금은 동해에서 재혼해서 잘 살고 있습니다. 생각해 보면 제가 하고 있는 일은 요리사를 만들거나 하는 일은 아니라고 생각합니다. 이분들이 한국에서 생활하면서 자기 문화 그리고 한국에 있는 사람들과 잘 어울려서 살 만큼의 자존감이 생기는 것이 상당히 중요합니다. '나는 이런 사람이 되고 싶다'까지가 제가 할 수 있는 일인 것 같습니다.

사실 저 혼자 보티녹년 씨의 자립을 돕고 있는 것은 아닙니다. 이분이 싱글맘이 되면서 쉼터에서부터 돌봐 온 수녀님이 계십니다. 동작구 상도동 꼭대기에 있는 싱글맘 이주여성 쉼터를 운영하고 있는 수녀님은 보티녹년 씨의 주거 문제, 아이 돌보기 등을 함께하면서 보티녹년 씨가 안정적인 회사활동을 할 수 있는 도움을 주고 있습니다. 그리고 지금은 창업을 함께하려고 수녀님과 준비를 함께하고 있습니다.

카페 미티니에서 일하는 바리스타 '다와' 씨 이야기

네팔은 100여 개의 민족과 종교가 존재하는 다양한 문화와 사람들이 살고 있는 나라입니다. 관광과 농업이 주요 산업입니다. 수도인 카투만두는 매일 지역마다 8시간씩 물과 전기가 끊깁니다. 하루에 3천 명씩 이주 노동자들이 다른 나라로 이주노동을 떠납니다. 이제는 민주사회라고는 하나, 경험한 바에 의하면 일하는 곳곳에 계급이 존재합니다. 청소하는 계급은 별도로 있거나, 여성에게 일자리의 기회가 많이 주어지지 않는 것도 그

중 하나입니다. 이혼한 엄마들의 아이들은 주민등록이 법적으로 이뤄지지 않고 있습니다. 현재 카투만두에서 여성의 권리를 주장하는 이들의 이슈는 이런 여성의 '법적' 권리 획득과 같은 이슈들입니다.

2013년 5월에 오픈한 카페 미티니 직원들은 20대 초반의 여성들이었고, 바리스타 훈련과 제과제빵 직업훈련을 받았습니다. 아시아에는 여성, 청소년들의 경제적인 자립을 돕고 직업훈련도 서로 교환하는 사회적 기업들이 많습니다. 사회적 기업, NGO끼리 직업훈련 교환 프로그램도 많습니다. 그것을 위해 카페 미티니가 하는 일이 꽤 있습니다. 작년에는 지역의 길거리 청소년들을 위한 릭샤(손수레) 카페를 인큐베이팅 및 훈련을 도왔고, 여성들을 위한 베이커리 카페 바리스타 훈련을 했습니다. 네팔은 컵 닦는 사람, 빵 만드는 사람, 커피 만드는 사람, 한 사

네팔의 카페 미티니 직원들, 바리스타교육과 제빵교육도 받고 있다.

람이 한 가지 일만 하는데, 카페 미티니에서는 빵도 굽고 핸드 드립도 하고 에스프레소 기계도 다루게 하고 있어, 직업훈련 후 스카우트가 많이 되고 고용 조건이 좋은 곳으로 취직되는 등, 직업훈련에 대한 신뢰도가 카트만두에서 높습니다.

다와라는 이 분도 이곳에서 일한 지 4년째 되어 가고 있습니다. 2013년 근무를 시작하면서 아침에 대학교 다니면서 월급으로 학비, 생활비를 충당하였습니다. 2015년 4월에 있었던 네팔 대지진으로 인해 아직 육로로는 마을을 방문하지 못하고 있습니다. 근무 4년차가 되는 다와 씨는 요즘 다른 사회적 기업으로 청소년 바리스타 교육을 가고, 저희 카페 미티니에서도 일을 하고 다른 훈련생들 훈련을 주도적으로 하고 있습니다. 카트만두에서 여성으로서는 굉장히 독보적인 존재로 트레이너 작업을 하고 있습니다. 이분도 보티녹넌 씨처럼 내년에는 저희 회사에

3년간 미티니에서 일하면서, 대학공부도 하고 동생도 가르치고 있다는 여성.

서 창업을 하는 것을 도울 계획이 있습니다.

카페 미티니는 네팔 사회적 기업 센터(Social Enterprise Activation Center, SEA센터)에서 오요리아시아, 페어트레이드(공정무역), 트레블러스맵(공정여행), 3개 한국 사회적 기업이 성공회대와 대학 협력 사업으로 공동으로 진출한 사업입니다. 2013~2014년 코이카의 지원을 2년간 받은 후, 2016년 현재 코이카의 지원 없이 운영하고 있는 사업이며, 한국에서는 사회적 기업이 공동으로 아시아에 진출한 사례입니다.

오요리 타일랜드의 사회적 기업 이야기

태국에서 오요리아시아 사업(오요리타일랜드라는 태국 법인)은 치앙마이에서 2013년 9월에 오픈한 레스토랑 '오요리 더 그릴'이 시작이었습니다. 그리고 2015년 2월에 문을 닫았습니다. 치앙마이는 전 세계적인 휴양지로, 요즘 중국사람들에 의해 땅값이 올라 저희 회사가 있던 건물의 모든 세입자들이 다 쫓겨났습니다.

태국의 북부는 아시아 트라이앵글, 아편, 마약, 무기밀거래의 온상이었습니다. 그래서 태국 북부지역에서는 전 세계적으로 유명한 NGO가 많습니다. 인신매매 등의 사회적인 문제가 많으니 이런 문제를 해결하려는 NGO와 관련자들이 많이 살고 있는 것입니다. 레스토랑인 '오요리 더 그릴'을 운영하면서 많은 고산족과 약물 경험 청소년들을 만났습니다. 직업훈련을 하면서 만난 친구들인데, 고산족이라고 하는 라오스, 중국의 가난한 민족들이 아이 때 태국국경 쪽으로 넘어와 신분증 없이 태국에서 태국 사람으로 살고 있는 청소년들입니다.

이 친구들을 채용하기 위해서는 회사로서는 돈도 많이 들고 굉장히 복잡한 과정을 거쳐야 합니다. 고용 허가를 받기 위해 공무원과 5번 정도 만났는데, 고산족 친구는 결국 고용 허가증을 받지 못했습니다. 즉, 이 친구들이 지역을 옮기거나, 옮긴 지역에서 일을 할 때에는 법적으로 허가를 받아야 하는 절차를 거쳐야 합니다. 하지만 계속해서 태국에서 어떠한 합법적인 인정(신분증, 고용허가증 등)을 받지 못하기 때문에 이 친구들이 갖고 있는 생각은 "내가 뭘 한다고 되겠어?"입니다. 대학을 나와도, 최저임금도 차별이 당연히 있습니다.

치앙마이에서는 고산족 고아나 약물경험 청소년, 이런 친구들이랑 같이 레스토랑을 열었고 치앙마이에 우리나라 신사동 가로수길 정도 되는 곳에서 사업을 잘했습니다. 제가 가자마자 현지에서 한 일은 빈곤 청소년들을 돌보는 단체들과 만나는 일이었습니다. '그레이스 홈'이라고 한국의 선교사 분들이 18년째 치앙마이에 계신데, 고아원을 운영하면서 30명의 아이를 7살 때부터 지금 대학 졸업까지 계속 시키고 있습니다. 지역에서 이런 청소년들을 돌봐 온 분들은 이 친구들에게 제대로 된 일자리와 급여를 줄만한 회사가 없는 것에 답답함을 느끼고 있었습니다. 사회적 기업인 우리 회사는 일자리가 필요한, 일의 기회가 필요하면서 함께 교육도 시켜 줄 '오요리 더 그릴' 레스토랑을 만들어서 함께 이 청소년들의 일자리를 만들었습니다.

혹시 아쇼카 재단(Ashoka foundation)을 아십니까? 미국에 있고, 전 세계 사회혁신가들을 지원하는 재단입니다. 태국에서는 20년이 넘은 단체이며, 수십 명이 넘는 아쇼카 펠로우가 활동을 하고 있습니다. 저희 회사는 태국에서는 아쇼카 재단의 펠로우들이랑 일하고 있고, 실제 아시아에서 오요리아시아가 아쇼카 펠로우들과 함께 일한다는 것은 어느 정도 신뢰를 인정받았다고 보입니다.

태국에서 제 파트너들은 모두 아쇼카 펠로우입니다. 여기 NDR(No more DRUG)의 대표인 할머니가 계십니다. 이 할머니는 별명이 뭐냐 하면 Mother of Gangster입니다. 자기 손자가 NDR에서 같이 일하는데 20년 전에는 Gangster였습니다. 그래서 할머니가 손자 찾으러 돌아다니다가 할머니가 활동가가 되셨습니다. 이 할머니의 집에 가면 애들이 오토바이 타고 옵니다. 뭐라 그러냐 하면 "할머니 누가 임신했어. 어떡해야 돼", "어디 병원 가봐" 이런 식으로 20년째 북부에서 활동하고 계신 아쇼카 펠로우입니다. 그리고 옆에 계신 분이 제 파트너이자 투자자인 수닛(Sunit)입니다. 아시아에서 이렇게 활동하고 있는 것이 개인적으로 저 혼자서 뭔가를 다 하고 있는 것은 아닙니다.

아시아 사회적 기업가 이야기

아시아에는 오요리아시아처럼 아시아에서 사회적 기업을 하거나 투자를 받고 싶은 혁신가들을 지원하는 센터도 있고 많은 펀드도 있고 파트너도 있습니다. 35세인 이 젊은 분이 20살 때부터 혁신가들을 위한 사업을 해 오고 있습니다. 아시아에서 활동하는 혁신가들 사이에서는 모르는 사람이 없을 정도입니다. 한국 방문도 자주 하는 편이고, UN, ASEAN 등 큰 조직들과도 많은 일을 해 온 사람입니다. 제 파트너이자 투자자이기도 합니다.

실제로 아시아나 해외에서 일을 하려면 눈이나 관심이 밖으로 나갈 수밖에 없습니다. 저는 한국에서 사업을 한 지 4~5년째 되면서 '우리 사회의 어떤 문제들을 해결하지 못했다, 왜 변화하지 않지?' 자문하면서 했던 일 중 하나가 해외 컨퍼런스에 다니는 일이었습니다. 2011년 가을에는 소셜 캐피털 마켓(Social Capital Market, SOCAP)이라고 미국 캘리포니아에서 전 세계 60개 국 이상에서 소셜 이노베이터, 사회적 기업가, JP모건, 골드만삭스 같은 투자자들이 모이는 행사에 참가하고 난 후, 제 사업이 왜 안 되는지를 알 것 같았습니다. 돌아오자마자 회사를 분할했고, 오요리아시아라는 주식회사를 만들었습니다.

그다음 싱가폴 컨퍼런스에 갔고, 그곳에서 태국 파트너인 수닛을 만났지요. 아시아에서 혁신가로 활동하는 사람들은 굉장히 많은데 그 사람들이 대부분 연결되어 있고, 누가 무슨 일을 하는지 알고 있을 정도로 신뢰를 갖고 만나는 커뮤니티가 형성되어 있습니다. 제가 경쟁적인 관계를 가지고 일을 하는 게 아니라 실제 아시아 지역의 사회 문제를 해결하기 위해서 아시아를 돌아다니고 있기 때문에, 예를 들어 네팔의 어떤 문제, 치앙마이 고산족의 어떤 문제들이기 때문에 대부분 현지에서 굉장히 많은 도움을 받고 있습니다. 투자도 함께 유치하는 등 사회적 기업의 사업에 대해서 아시아에서 굉장히 협력적인 일들이 많이 일어나고 있습니다.

그래서 한국에서 여러분들이 큰 꿈을 가지고 혹은 아시아에서 나도 무엇을 해 보고 싶다고 생각하면 혼자 여행 한 번 가보고, 한국에서 여기랑 관련된 어떤 사람들이 있는지 살펴보고 계속 돌아다니면, 결국엔 다 만나게 되어 있습니다. 다 만나게 되어 있다는 의미는 '아시아에서 이런 문제들을 해결해 보고 싶다'라는 생각이 모이면, '사람들을 만날 수 있다'라는 뜻인 것 같습니다.

다시 제 경험인 결혼이주여성 이야기를 하자면, 여성들이 왜 자신의 나라를 벗어나 아시아를 돌아다니는가. 결국 자국의 빈곤상태, 자본시장의 문제에서 자기가 어떻게 살 것인가의 문제이기 때문에 제가 지금 아시아에서 특히 어느 나라에서 이런 것을 해결하고 있다는 생각이 들지 않습니다. 결국에 저도 마찬가지고 우리나라에 온 이주여성도 마찬가지고 제가 네팔이나 태국에서 이주 노동자로 살아도 아주 비슷한 결론들을 내고 있다고 생각합니다. 사람에 대한, 노동자에 대한 인식들은 우리나라만의 문제가 아니라 자본주의를 기반으로 하는 아시아 전체의 문제이기도 합니다.

청년들의 질문과 답변의 메시지

📁 질문 1

저는 아시아 청년들 모아서 같이 네트워킹하는 커뮤니티 만들고 싶어 하는 학생입니다. 제가 이전에 고등학교 때 이주 노동자 한국말 알려드리기 해외 봉사단을 하면서 고등학생도 이주 노동자를 도울 수 있는 방법이 있구나라는 생각을 많이 했었습니다. 대학에 와서 한국말 알려드리기 외에 청년들이 이주 노동자들을 위해서 할 수 있는 것이 무엇일지 생각했는데 딱히 떠오르는 것이 없었습니다. 좀 아이디어를 주시면 감사하겠습니다.

📁 답변 1

실제 이주 노동자들의 삶이 어떠냐 하면, 경기도 부천 쪽이 이주 노동자의 메카 중의 하나인데, 토요일 일요일 공장이 쉽니다. 잔업이 없을 때 진짜로 할 일이 없습니다. 그리고 제가 알던 이주 노동자는 경남 김해에서 주말마다 서울로 왔다고 합니다. 너무 할 일이 없어서. 그래서 좀 '놀아주면' 좋을 것 같습니다.

실제로 이분들이 네팔에서는 굉장히 상위 계급입니다. 네팔 최저임금 매월 8만 원입니다. 태국 대졸자 초임 38만 원입니다. 이런 상황에서 이분들이 우리나라에 올 정도면. 비행기값 120~150만 원. 그 정도의 돈이 있으려면, 동네에서 돈을 다 모아서 보내는 것입니다. 부자되려고. 그래서 실제 이주노동 많이 하셨던 분들은 이주노동을 합법적으로 5년 하고, 그다음 10년 정도 불법으로 있다 보면 집을 몇 채를 짓습니다. 그 돈으로 식구들이 엄청 잘 먹고 살 수 있습니다. 그 정도로 이분들은 정말 돈 벌려고 이주 노동을 하고 있습니다. 그런데 실제 얘기를 좀 해보면 이분들의 생활이 굉장히 외롭고 힘듭니다. 지식인이고 돈도 좀 있고 상류계층이고 한국어를 배울 수 있을 정도의 지식인 네팔 남자분들이 한국에 왔을 때 여가 생활이라고 하는 것은 아주 척박합니다. 화장실 시설조차 잘 갖추어지지 않은 공장 기숙사에서 사는 분들도 많습니다. 솔직히 '네팔보다 더 안 좋은 화장실에 갔다'라는 이야기를 들었을 때 너무 창피했습니다. 그 정도이기 때문에 그분들도 주말에 거기 있고 싶어 하지 않습니다. 대부분 농촌이나 화성, 경기도에서도 시골에 가까운 곳에 있습니다. 그래서 주말엔 도시로 많이 와서 자신의 여가 생활을 찾습니다.

아무리 우리가 노동이 필요해서 월급을 주는 정당한 임금노동자로 이 사람들을 살게는 하지만 결국에 이 사람한테 한국이라는 나라가 어떤 나라로 인식될 거냐라는 키워드를 생각해봐야 한다고 생각합니다. 청년들이 맨날 술만 먹는 건 아니고, 한국어 교육만 받는 것도 아니라고 생각합니다. 그러면 조금 건전한 놀이문화, 산도 가고 정말 많은 것을 할 수 있을 것이라고 저는 생각합니다.

우리가 배낭여행 가면 서양 사람들과 유스호스텔에서 잘 놀지 않습니까? 어느 때는 윷놀이도 하고 그런 것처럼. 그래서 이분들이랑 같이 뭔가를 하면서, 잘 놀면서 한국 사람이 어떤 사람인지를 알려주시면 좋을 것 같습니다. 왜냐하면 그렇게 공장

생활만 한 분들은, 저도 네팔에 가서 귀국한 한국말을 잘하는 이주 노동자들을 많이 만납니다. 두 부류예요. 한 부류는 정말 독한 인간들. 자기네들을 그런 식으로 하지만 나는 돈 벌었으니까 한국욕은 안 합니다. 그리고 제가 한국 사람이니까. 근데 어떤 분은 '로케트 보일러'에서 과장까지 하시던 분이 계십니다. 회사에서 대우도 잘해 주고 가족끼리도 오게 해주고 집에도 갔다오게 해줘서 10년 이상을 로케트 보일러에 헌신하셨는데 그분은 한국사람에 대한 인식이 굉장히 좋다고 이야기했습니다.

그래서 일자리가 중요하고 일문화가 중요합니다. 실제 자원봉사하려고 하는 여러분들이 어떤 태도로 이분들과 같이 생활하고 놀아줄 거냐가 중요할 것 같습니다. 그리고 마음을 좀 오픈하면서 내가 이 사람을 도와야 해 이렇게 생각하지 않았으면 합니다. 네팔 말을 배워보는 것도 방법이에요. 네팔 말이 배우기 쉽습니다. 제가 여러 나라 말을 접할 수밖에 없는데 네팔 말은 높낮이가 없고, 단어만 알면 되고, 우리나라랑 어순이 같습니다. 네팔 말을 배워본다거나 음식을 같이 만들어 본다거나 이런 식으로 쉽게 일상적인 것을 배워 보려면 그분들도 굉장히 마음이 열릴 것 같습니다. 도와주기만 한다는 생각으로 하는 자원봉사는 길게 가지 못할 것 같습니다. 나에게도 재미라는 것이 있어야 할 수 있습니다.

📁 질문 2

큰 기업을 만들었다고 생각합니다. 처음 시작하셨을 때 초기 자본금을 어떻게 마련하셨습니까? 기업의 지원이나 펀딩을 받으신 건지, 다른 방법이 있었던 것입니까? 처음 시작하셨을 때 상황이나 상태는 어떠했는지, 어떻게 발전시키셨는지 궁금합니다.

📁 답변 2

실제 제가 사업을 아무 생각 없이 시작했습니다. 제가 원래 좀 꽂히면 그냥 미쳐서 가는 스타일이어서 제가 여태까지 커리어를 보면 예전에 IT 비즈니스 초기에 주식 많이 받고, 주 7일제로 했던 IT 기업에 있었습니다. 그 이후에 하자센터라고 연세대 문화인류학과 조혜정 교수님이랑 프로젝트하면서 어떻게 하면 좀 대안적으로 살까 이런 생각을 하곤 했습니다.

하지만 사회적 기업은 정말로 아무 생각 없이 시작했습니다. '재미있을 것 같아' 정도였습니다. '외식업 사업이래', 뭐 이 정도였습니다. 처음에 청소년들이랑 이 사업을 시작했고 그러다가 이제 이주여성들이랑 일을 하게 되었는데 초기엔 자본금이 없었습니다. 공공이라고 말하는 하자센터에서 사무실 공간 정도를 인큐베이팅해 주었습니다. 저는 처음부터 돈은 좀 벌었던 것 같습니다. 외식업은 워낙 현금흐름이 좋은 부분이 있잖아요. 그리고 2012년 오요리아시아 시작하면서는 투자를 받았습니다.

투자를 받으려면 실제로 회사가 어느 정도 준비가 되었는가, 대표가 어떤 생각으로 이 일을 하는지도 상당히 중요한 것 같습니다. 저는 제 사비를 털어 지분율 51%를 확보했습니다. 실제 대표가 자신의 회사에 지분을 투자 하지 않으면 투자자는 관심이 없는 것 같습니다. 대표조차 투자하지 않는 회사에 제3자가 투자할 리 만무합니다.

여러분들도 아시겠지만 초기의 창업투자를 3F들이 한다고 합니다. 'foolish, friend, family' 이 세 부류만 한다는 게 농담처럼 있습니다. 실제 저도 저희 가족인 남편이 개인 통장을 털어줬고, 다음 단계로 가려니 이 사업을 '제대로 하고 있다'는 증명을 CEO로서 해가야 하는 시점이 오게 됩니다. 그 단계는 굉장히 어려운 것 같습니다.

대학생으로서 스타트업을 하시려면 정부 자금이 정말 많다고 생각합니다. 기본 2~3천만 원은 초기 창업할 때 아주 비싼 IT창업이나 큰 제조업을 하지 않는 이상 간단하게 친구들끼리 모여서 창업하기에는 좋은 자금과 기회입니다. 여성분들은 창업할 기회가 많이 없을 것 같습니다. 솔직히 말하면. 사업하는 선배들이 많다는 건 투자의 기회가 굉장히 많다는 것을 의미하기도 합니다. 선배들이 이끌어주고 밀어주고 이거 별거 아닌 것 같지만 엄청납니다. 그래서 투자를 받거나 스타트업하려 할 때 정부의 지원을 찾아보시고 선배그룹들이, 5~10년차 선배들이 뭐 하는지 보시면 좋겠습니다.

참고로 스타트업이 동아리 활동이라고 저는 생각하지 않습니다. 기본적으로 자기가 생각하는 것이 동아리랑은 상관없어요. 사업하는 선배들 찾아가서 '지금 내가 이런 일을 하고 싶은데 이런 일을 하고 있는 사람이 누구냐' 뭐 이런 것도 물어보고, '이런 것을 위한 자금을 어디서 가져오나요?' 이 정도까지 질문에 대해서는 온라인에서도 5~10개 정도는 답을 구할 수 있습니다.

요즘 대학생 창업이나 이런 것들은 워낙 다들 지원하는 분위기이기 때문에 뭔가를 시작하기에는 좋은 시기라고 생각합니다. 특히 여성분이 질문하셨기 때문에 저도 여성 CEO니까 말씀을 드리면 어쨌든 남자들끼리는 상당히 친합니다. 졸업하고 제 주변 남자 선후배들은 사업을 시작하면 남자들은 술자리 만들어 후배들에게 자연스럽게 사업 소개해 주고, 서로 명함 돌리고 다음날부터 선후배 찾아 영업합니다. 여성들끼리는 그런 일의 기회가 흔치 않습니다.

사업도 네트워크이기 때문에 인맥이 좋은 걸 떠나서 내가 어떤 사람들이랑 이 일을 도모하고 돌파할거냐 이런 고민들이 중요해지는 시점이 있습니다. 그런 면에서 여기 있는 남자 동기들과도 잘 지내고, 무엇보다 여성 동기들과도 여성들끼리 연대하는 것이 상당히 중요합니다. 사실은 저 같은 경우는 투자자들에게 공격을 상당히 많이 받습니다. "아니 그건 국가가 해야 할 일이지 여성을 위해서 당신이 투자까지 받아야 하나." 근데 여성, 워킹맘인 제가 보기에는 굉장히 중요한 일이 너무 많습니다. 여성의 자립과 빈곤상태를 극복해야 하는 일들이. 실제 투자 라인에서 심사위원 중에 여성이 많지 않습니다.

즉, 여성들이 문제시하는 스타트업의 사회적인 문제, 핵심적인 문제나 과제들에 남성투자자들은 잘 모르거나, 관심이 없고 결국 투자받기 어렵다는 이야기입니다. 그 라인업에서 생각할 수 있는 건, 제대로 사업을 하는 여자 CEO선배들이 좀 잘했으면 좋겠다, 많아졌으면 좋겠다. 잘 버텨야지, 잘 보여줘야지, 잘 네트워크해야지 이런 생각이 좀 있습니다.

동남아 결혼이주여성을 역량 강화하는 사업을 했을 때, 어떤 사회적 의미가 있는가?

일단 저는 딸아이를 가진 엄마입니다. 보통 사회문제를 해결하는 사람들은 자기 문제부터 시작하는 경우가 많습니다. 넬슨 만델라처럼 국가적으로 나아가 전 세계를 아우르는 사회적인 미션이 있는 사람도 있지만 대부분은 저처럼 내가 무슨 문제가 있으니까 어떤 걸 해결해야지 이런 식의 생각에서 출발한 경우가 많습니다. 질문 실제 UN통계로 나와 있습니다. 여성에게 경제적인 자립을 했을 때, 그 수혜는 아이 그리고 가정으로 돌아갑니다. 가정을 돌보거나 아이의 교육에 힘을 쓴다거나 이런 식으로, 여성이 돌봄과 공감의 능력이 강하기 때문에 결국에 가족과 아이에게 돌아가기 때문입니다.

실제 전해들은 사례인데 인도의 어떤 여성 공동체에 가면 굉장히 사회적으로 어렵게 살았던 할머니들만 모아 놓은 커뮤니티가 있답니다. 할머니들이 평생 지역에서 어렵게 여성으로서 살았던 분들인데 그 여성공동체에 가서 힐링 교육을 받고 돌아가면 동네가 더 좋아지는 경우가 있다고 들었습니다. 여성에게는 돌봄의 정서적인 영향이 있고 나누는 데 유능한 것 같습니다. 실제 경제적인 자립을 하게 되면 저희 보티녹넌 씨도 그렇고 아이와 가족에게 대부분의 자원이 들어갑니다. 실제 베트남에 있는 가족들에게 돈을 엄청나게 보내고 있습니다. 그 저임금에도. 어쨌든 빈곤의 상태에서 기회는 여성에게 덜 돌아가기 때문에 제가 보기엔 그렇습니다.

📁 질문 4

이주여성들을 어떤 경로로 고용하시는지 궁금하고요. 대체로 아직 우리나라가 인종차별에서 자유롭지 않은 걸로 알고 있는데 손님과의 마찰이 있었는지 궁금합니다.

📁 답변 4

저희 회사 '홍대 오요리'의 사례를 가지고 저희 매니저가 외식경영으로 논문을 대학원에서 썼는데, 홍대 오요리는 '진상고객이 별로 없었습니다'라고. 고객들에게 어느 순간부터 이 레스토랑이 이주여성이 일하는 공간이고 사회적 기업이다라는 소문이 퍼져서, 고객들이 여기 와서 진상이면 진짜 사회적인 진상이 된다는 점, 바로 고객의 태도가 확실하게 변합니다.

저희 떼레노의 경우에는 파인 다이닝을 하기 때문에 대기업 임원들이 많이 오시는데요. 각국 대사관도 주요 고객 중 하나입니다. 이분들이 저희가 홍보하지 않아도 어떻게 알고 오시거나 일부러 저희가 사회적 기업인 것을 알고 자신의 소비가 사회에 도움이 된다고 생각하는 분들이 점점 늘어나는 것 같습니다. 저는 고객들이 충분히 변할 수 있다고 생각합니다. 전략적인 차원에서도, 사회적 기업을 하면서 사람들이 가난하니까 도와주세요 라는 식의 전략을 세우지 않았습니다. 우리가 이 정도로 좋은 서비스와 상품을 갖고 있으니 다시 찾을 수 있게 만들어야 한다고 생각합니다.

우리 직원은 인종 차별을 당해 본 적은 없었습니다. 홍대 오요
리에서 일하던 나탈리아가 러시아 사람입니다. 나탈리아가 주문
받으러 다가가면 손님은 영어로 말하려고 하는데, '뭐 드시겠어
요' 한국말로 하면 사람들이 당황해했습니다. 실제 그런 상황들
을 벗어나게 서로 당황하지 않게 하기 위해서 메뉴판에 번호를
붙였습니다. 홍대 정도 다니는 젊은이들은 센스도 좋고, 외국인
이 오니까 음식 이름도 복잡하고 그분들이 오히려 '1번 주세요'
할 수 있도록 내부에서 매뉴얼화하거나 시스템화되어 있습니다.

사실은 이분들이랑 같이 일하려면 굉장히 구조적으로 일 문
화를 바꾸고 고객도 학습시키면서 굉장히 좋은 것들을 피드백
해드립니다. '감사하다, 당신들이 이주여성의 삶에 어떤 도움을
주고 있다.' 이런 식의 메시지를 해마다 보내기, 당신이 어떤 일
을 돕고 있다 훌륭하다, 감사하다 등의 메시지를 전략적으로 보
내고 있습니다.

🗁 질문 5
대학에서 철학과 교육학을 전공하셨다고 들었는데, 어떻게
외식업 경영을 하게 되었나요?

🗁 답변 5
대학교 학과가 상당히 중요하기도 합니다. 그런데 이 학과라
는 꼬리표가 진짜 회사라는 일의 현장에서는 3년 안에 끝납니
다. 하지만 일에 대한 근본적인 태도는 좀 묻어 있긴 합니다만,

어디서 어떻게 무엇을 잘 배우고 오는 것이냐의 문제지 학과의 문제는 아닌 것 같습니다. 저는 학과 성적이 좋지 않았습니다. 학보사 기자였고, 자기가 좋아하는 것을 열심히 하는 것이 중요하다고 생각하고, 제가 '하고 싶은 일'을 하는 게 중요하다고 생각합니다.

실제 저는 IT 비즈니스를 하면서, 휴대폰 결제하는 시스템, 국내최초로 인터넷에 유료화 결제 사업화하는 일을 해 본 경험이 있습니다. 온라인 유료콘텐츠 일을 회사에서 했었을 때 하루에 천만 원을 벌었습니다. 사장님이 당시에 유명한 사람이었는데, 당시에 온라인 유료사업으로 하루에 천만원 벌기 힘들었습니다. 그때 성인 인터넷 방송국, 지금은 모바일이지만, 같은 성인물로 돈을 많이 벌었고, 실제 매출의 98%는 성인 동영상이었습니다. 당시 제 마음은 여성철학을 전공한 사람이 성인 동영상 마케팅하고 있는 마케터이면, 저는 정말 제 스스로가 별로라고 생각했습니다.

그래서 회사를 그만 두고 조혜정 교수님이 일을 줘서 3년 동안 청소년 창업 관련해서 일을 했었습니다. 결국엔 자기가 어떤 일을 하고 싶으냐가 중요하고 무엇에 집중하느냐가 중요하다고 생각합니다. 그 시점에 나는 어떤 사람이 될 것이다. 이런 생각은 별로 하지 않았습니다. NGO에서는 너무 나이브하게 성과를 바라는 면이 있습니다. NGO들이 (하자센터는 그렇지 않은데) 정부 지원금이나 기부에서 오는 돈이 쓰기도 어렵지만 사업하고 나서도 사회적 성과라는 것들이 금방 이루어지는 것들이 아니기 때문에 굉장히 사업하기 어렵습니다.

그래서 저는 사회적 기업이 재미있고 할 만한 일이라고 10년째 생각하고 있습니다. 그 이유는 비즈니스를 하면서 사회적인 일을 할 수 있다는 점입니다. 저는 사회적인 일을 하고 싶은데 저한테 맞는 비즈니스라는 도구를 찾았다고 생각합니다. 비즈니스는 굉장히 좋은 물건을 만들어야 하고, 하고 싶은 것들이 많고, 좋은 사람들이 모여야 잘할 수 있습니다. 저는 그런 쪽에서 성취욕이 있었던 것 같습니다.

실제 저희 회사가 네팔에서 좋은 성과를 내고 있습니다. 이건 비즈니스로 승부를 볼 거다라는 목표가 있으면서도 이 일의 내부엔 굉장히 사회적인 목적이 있다는 것을 인식하는 것이 중요합니다. 경영이나 사람을 만나거나 사람을 변화시키거나 이런 일에는 전공이 필요한 것 같지 않고 실제 회사를 하거나 경영을 하거나는 전공을 넘어서는 것입니다. 제가 아는 게임회사 몇몇 분 외에도 많은 IT 기업을 경영하는 CEO분들을 보더라도 전공이 그쪽이 아닌 경우가 많습니다.

나아가 저는 학과를 넘어서 여러분들이 자기를 넘어섰으면 좋겠어요. 실제 다양한 일을 해 보면 좋겠습니다. 제 생각으로는 지금 30대만 넘어도 그런 것을 용납하는 사회가 아니기 때문에 대학에 있을 때 졸업하고 몇 년간은 스스로 미친 거 아니야 소리를 들을 정도의 일을 여러 가지로 많이 해봐야, 인생에서도 이런 미친 짓이 몇 번 올 때 이거 미친 짓이다 해서 하지 말거나 내가 미쳤으니까 더 해 볼래 하는 일들이 생깁니다. 지금 아무것도 안 하고 있으면 나중에 인생이 힘들어질 것 같습니다.

저는 아시아 쪽에서 활동하기 때문에 지금 한국에 당면한 문제가 여러분만의 문제는 아니다라고 생각합니다. 제가 방콕에서 친구들 만나보면 거기도 취업률 낮고, 상류층이 엄청나게 존재합니다. 범접하지 못하는 차별 요소들이 더 강합니다. 네팔은 더 심합니다. 그래서 여러분만 힘들거나 우리나라가 최악이거나 이런 것 같지 않습니다. 범아시아적인, 혹은 이 시대를 살아가는 우리가 같이 가야 할 지방덩어리 같은, 이걸 뺄 거냐 말거냐는 내 의지이지요. 계속 저주하는 내용을 만들지 말고 재미있게 이걸 한 번 넘어볼까, 아시아 가볼까, 방콕에 가볼까 가면 뭐가 있다던데, 내가 갖고 있는 문제들이 예를 들면 페이스북에서 실업 관련해서 아시아 친구들과 논의할 수 있는 것들이 많습니다. 여러분들이 방콕에 가지 않고도 충분히 할 수 있는 일들이 존재합니다.

저는 문제를 한국에만 놓지 마시고 아시아에서 풀어보면 어떨까 생각합니다. 실제 아시아에 가보면 훌륭한 한국 사람들이 많아요. 그리고 아시아 마켓에도 한국 사람들은 매우 인정받습니다. 여러분들처럼 멀티플레이어가 되는 사람이 없습니다. 그래서 외국기업에서 최고로 좋아합니다. 방콕에 굉장히 많은 외국기업이 있는데요. 한국 사람들을 좋아합니다. 굉장히 스마트하고 일 잘하고 근데 왜 한국에만 있을 생각할까요? 꼭 JP모건이나 골드만삭스나 이런 데 가야 된다고 생각하지 말고, 다른 곳에도 많은 기회가 있습니다.

대기업에 취업하는 것에 너무 목매지 않았으면 좋겠어요. 여러 가지 신문에 나온 것은 잊어버리고, 내가 뭘 하는 사람인지 그리고 내가 뭘 좋아하는 사람인지. 이것 것들이 상당히 중요하다고 생각합니다. 스스로 능력 없는 사람으로 내몰지 말았으면 합니다. 여러분 정도면 굉장히 학력도 높고 할 수 있는 기회가 많은 사람들이라고 생각합니다. 그럼 세상을 바꿀 수 있다고 생각합니다. 단순하게 사회적인 일을 하라는 게 아니라, 내가 어떤 사람인지만 생각해 보면 굉장히 좋은 일 많이 할 수 있습니다.

내가 어떤 사람이고 뭘 잘하는지 내가 어떤 면에서 빛나는 사람인지가 중요합니다. 면접을 보면 학력이 별로이지만 눈이 빛나는 사람이 있어요. 그건 자존감이에요. 기회가 없어서 기회를 달라는 애절한 눈빛이 아니라 내가 어떤 사람이니까 안 되면 말고 이런 식으로. 자존감 상당히 중요하고 여러분들은 이미 훈련이 잘 되어 있습니다. 지금 이 시점에서 중요한 건 나는 어떤 사람이 될 거다, 나는 어떤 사람이다. 자신감이 중요하다고 생각합니다.